Wirtschaftsförderung in Lehre und Praxis

Reihe herausgegeben von

André Göbel, FB Verwaltungswissenschaften, Hochschule Harz, Halberstadt, Deutschland

Die Buchreihe ergänzt das Studium der Wirtschaftsförderung an der Hochschule Harz und wurde unter der Leitung von Professor Dr. André Göbel in enger Kooperation mit Partnern aus der Wissenschaft und Praxis entwickelt. In einem modularen Aufbau werden Grundlagen-, Methoden- und Schlüsselkompetenzen vermittelt. Neue Bedingungen im kommunalen, regionalen und internationalen Standortwettbewerb erfordern eine moderne Verwaltungsinfrastruktur mit ausgezeichnet qualifiziertem Nachwuchs an Fach- und Führungspersonal. Eine hohe Serviceorientierung, effektive Methoden und Technologien und eine immer stärkere Verzahnung mit der kommunalen Entwicklung prägen das Bild der heutigen Wirtschaftsförderung. Als Bindeglied zwischen Verwaltungen und Unternehmen bieten Wirtschaftsförderungen ein vielseitiges Tätigkeitsfeld. Buchreihe und Zertifikatskurs richten sich an MitarbeiterInnen aus der Wirtschaftsförderung, der kommunalen Verwaltung sowie an politische Mandatsträger und an Interessierte aus ähnlichen Berufsfeldern.

Weitere Bände in dieser Reihe: http://www.springer.com/series/15091

Carsten Fussan

Existenzgründung und Existenzförderung in der Wirtschaftsförderung

Grundlagen für die Praxis

Carsten Fussan
Hochschule Anhalt
Köthen, Deutschland

ISSN 2569-8567　　　　　　　　ISSN 2569-8575 (electronic)
Wirtschaftsförderung in Lehre und Praxis
ISBN 978-3-658-14843-0　　　　ISBN 978-3-658-14844-7 (eBook)
https://doi.org/10.1007/978-3-658-14844-7

Die Deutsche Nationalbibliothek verzeichnet diese Publikation in der Deutschen Nationalbibliografie; detaillierte bibliografische Daten sind im Internet über http://dnb.d-nb.de abrufbar.

Springer Gabler
© Springer Fachmedien Wiesbaden GmbH, ein Teil von Springer Nature 2021
Das Werk einschließlich aller seiner Teile ist urheberrechtlich geschützt. Jede Verwertung, die nicht ausdrücklich vom Urheberrechtsgesetz zugelassen ist, bedarf der vorherigen Zustimmung des Verlags. Das gilt insbesondere für Vervielfältigungen, Bearbeitungen, Übersetzungen, Mikroverfilmungen und die Einspeicherung und Verarbeitung in elektronischen Systemen.
Die Wiedergabe von allgemein beschreibenden Bezeichnungen, Marken, Unternehmensnamen etc. in diesem Werk bedeutet nicht, dass diese frei durch jedermann benutzt werden dürfen. Die Berechtigung zur Benutzung unterliegt, auch ohne gesonderten Hinweis hierzu, den Regeln des Markenrechts. Die Rechte des jeweiligen Zeicheninhabers sind zu beachten.
Der Verlag, die Autoren und die Herausgeber gehen davon aus, dass die Angaben und Informationen in diesem Werk zum Zeitpunkt der Veröffentlichung vollständig und korrekt sind. Weder der Verlag, noch die Autoren oder die Herausgeber übernehmen, ausdrücklich oder implizit, Gewähr für den Inhalt des Werkes, etwaige Fehler oder Äußerungen. Der Verlag bleibt im Hinblick auf geografische Zuordnungen und Gebietsbezeichnungen in veröffentlichten Karten und Institutionsadressen neutral.

Coverdesign: deblik Berlin unter Verwendung der Grafik der © Hochschule Harz

Springer Gabler ist ein Imprint der eingetragenen Gesellschaft Springer Fachmedien Wiesbaden GmbH und ist ein Teil von Springer Nature.
Die Anschrift der Gesellschaft ist: Abraham-Lincoln-Str. 46, 65189 Wiesbaden, Germany

Reihenvorwort des Herausgebers

Prof. Dr. André Göbel
(Foto: Hochschule Harz)

Der vorerst letzte Band in der Schriftenreihe zur „Wirtschaftsförderung in Lehre und Praxis" soll einen Beitrag zur weiteren Professionalisierung der kommunalen Wirtschaftsförderung im deutschsprachigen Raum leisten. Die Schriftenreihe ist dabei prominent eingebettet in die Entwicklungen und angewandt-wissenschaftlichen Auseinandersetzungen beteiligter Forscherinnen und Forscher am Fachbereich Verwaltungswissenschaften der Hochschule Harz auf dem Campus Halberstadt in Sachsen-Anhalt.

Der Forschungs- und Ausbildungsbereich zur Wirtschaftsförderung ist ein interdisziplinärer Themencluster mit starkem Bezug zur öffentlichen Verwaltung. Am Fachbereich Verwaltungswissenschaften der Hochschule Harz wird dieser Themencluster unter anderem als eigenständiger Forschungsschwerpunkt intensiv bearbeitet. Der junge Fachbereich entstand durch die Externalisierung der nicht-technischen Ausbildung zum gehobenen Verwaltungsdienst in Sachsen-Anhalt im Jahre 1997 – ein damaliges Innovationsmodell zur Öffnung der Verwaltungsausbildung und Überführung in eine öffentliche Hochschule.

Bis heute wird diese Vorgehensweise als „Halberstädter Modell" bezeichnet und wurde in späteren Jahren auch von anderen deutschen Bundesländern umgesetzt (Bundesvereinigung Hochschullehrerbund 1998, S. 21). Diese Öffnung der Ausbildung ließ erstmals eine breitere Denomination der Professuren und damit auch eine Ausweitung der Ausbildung zu. Mit der Berufung des ehemaligen Dekans Prof. Dr. Jürgen Stember auf die Professur für Verwaltungswissenschaften im Jahre 1999, folgte ein erfahrener Wirtschaftsförderer dem Ruf an die Ausbildungsstätte im Harz. Auch durch andere Kolleginnen und Kollegen wurden immer wieder Themen der kommunalen Wirtschaftsförderung in die Ausbildung integriert.

Aus diesem Nukleus heraus entstanden erste Forschungsprojekte bis hin zum Aufbau des heute bundesweit viel beachteten Labors für angewandte IT in der Wirtschaftsförderung. Dieses „Wirtschaftsförderungslabor" führt inzwischen vertraglich mehr als 80 kommunale Wirtschaftsförderungen und die deutschen Markführer von System- und Beratungslösungen für Wirtschaftsförderungen als Partner zusammen. Hier werden seit dem Jahr 2011 in einer einzigartigen Gemeinschaft neue Methoden und Technologien im Anwendungsfeld der Wirtschaftsförderung analysiert, diskutiert und im Praxiseinsatz erprobt. Hinzu kam im Jahr 2013 der Aufbau eines zugehörigen Lehrlabors zur besseren Verzahnung von Forschung und Ausbildung (vgl. Göbel 2014).

Diese Leistungen wurden durch eine erfolgreiche Teilnahme am Wettbewerb „Aufstieg durch Bildung: offene Hochschulen" honoriert. Hierdurch werden seit 2014 mit Förderung des Bundesministeriums für Bildung und Forschung, kofinanziert durch die Europäische Union mit Mitteln des Europäischen Sozialfonds, erste Zertifikatskurse zur berufsbegleitenden Weiterbildung in der Wirtschaftsförderung realisiert. Diese geförderten Weiterbildungsangebote wurden ab dem Wintersemester 2016/2017 nachhaltig zu einem berufsbegleitenden und modular angebotenen Zertifikats- und Masterstudium an der Hochschule Harz zusammengeführt. Hierdurch möchte die Hochschule Harz der bestehenden Nachfrage gerecht werden, welche die vorliegenden Anfragen und die bisherigen Teilnehmer von der Geschäftsführungsebene bis zur Sachbearbeitung bestätigen.

Um diesen Ausbildungsbeitrag zur Professionalisierung des Berufsbilds der Wirtschaftsförderinnen und Wirtschaftsförderer weiter zu stärken, werden mit der vorliegenden Schriftenreihe die gewonnenen Erkenntnisse aus Lehre und Praxis sowohl als Printmedium sowie auch in Form von digitalen Auszügen über moderne Kommunikationskanäle verfügbar gemacht. Die in sehr kurzen Zyklen produzierten Bände dieser Schriftenreihe folgten dem modularen Ausbildungsziel des oben genannten Zertifikatsstudiums an der Hochschule Harz. In diesem Rahmen wurden je vier Bände mit dem Schwerpunkten Verwaltungswissenschaft, Geografie/Raumplanung sowie Wirtschaftswissenschaft entwickelt und in kurzen Abständen veröffentlicht. Somit wurde eine modulare Weiterbildung für häufig vertretene Berufsgruppen in der kommunalen Wirtschaftsförderung ermöglicht. Hierzu gehören vor allem Geografinnen und Geografen mit möglichen Weiterbildungsbedarfen in Verwaltung und Wirtschaft; Soziologinnen und Soziologen sowie Studierende mit einem Abschluss in den Verwaltungswissenschaften mit jeweiligen Weiterbildungsbedarfen in Geografie und Wirtschaft; sowie Studierende der Volks- oder Betriebswirtschaft mit denkbaren Weiterbildungsbedarfen in Verwaltung und Geografie. Diese Bedarfe werden mit der vorliegenden Schriftenreihe zur Wirtschaftsförderung in Lehre und Praxis aufgenommen und bearbeitet. Gleichermaßen galten alle Veröffentlichungen dieser Schriftenreihe als Basislektüre für das Weiterbildungsangebot zur Wirtschaftsförderung an der Hochschule Harz. Die vorliegende Schriftenreihe umfasst dabei folgende Bände:

Im Spektrum „Verwaltungswissen für Wirtschaftsförderer" sind erschienen:
- Grundlagen der Wirtschaftsförderung

- Methoden, Netzwerke und Steuerung der Wirtschaftsförderung
- Serviceorientierte Verwaltung und Wirtschaftsförderung
- Neue Technologien in der Wirtschaftsförderung

Zum Themencluster „Geografie und Raumplanung für Wirtschaftsförderer" sind erschienen:

- Entwicklung und Regionalökonomie in der Wirtschaftsförderung
- Wissen- und Innovationsgeografie in der Wirtschaftsförderung
- Standortmanagement in der Wirtschaftsförderung
- Standortmarketing in der Wirtschaftsförderung

Im Bereich „Wirtschaftswissen für Wirtschaftsförderer" sind verfügbar:

- Existenzgründung und Existenzförderung in der Wirtschaftsförderung
- Unternehmensfinanzierung und -förderung
- Kommunikation und Nachhaltigkeit im Innovationsmanagement von Unternehmen
- Unternehmensführung und Wandel aus Sicht der Wirtschaftsförderung

Mit diesen thematischen Facetten soll ein Beitrag zur breiten öffentlichen Diskussion über die Chancen der Professionalisierung sowie über die notwendigen Kompetenzen, Ausstattungen und künftigen Aufgaben der kommunalen Wirtschaftsförderung geleistet werden. Ich freue mich daher Ihnen als Leserin und Leser nun gemeinsam mit Prof. Dr. Carsten Fussan diesen Übersichtsband zum Thema Existenzgründung und Existenzförderung in der Wirtschaftsförderung in der Schriftenreihe zur Wirtschaftsförderung in Lehre und Praxis anbieten zu können. Wir freuen uns auf Ihre Rückmeldungen und wünschen Ihnen eine angenehme Lektüre.

Ihr

Dr. André Göbel, Herausgeber

Ehemals Vertreter der Professur für Verwaltungsmanagement und Wirtschaftsförderung an der Hochschule Harz und Leiter der dortigen Labore für angewandte IT in der Wirtschaftsförderung.

Heute als Geschäftsführer der DigitalAgentur des Landes Brandenburg tätig.

Literatur

Bundesvereinigung Hochschullehrerbund (1998) Halberstädter Modell der FH Harz ist bundesweit einzigartig. Die neue Hochschule 39(1)

Göbel A (2014) Möglichkeiten einer gezielten Förderung der Zusammenarbeit von Hochschulen, Wirtschaft und Verwaltung. Darstellung am Beispiel des Aufbaus eines Innovationslabors für Wirtschaftsförderung an der Hochschule Harz. In: Lück-Schneider D, Kraatz E (Hrsg) Kompetenzen für zeitgemäßes Public Management. HWR Forschung, Bd. 56/57. Edition Sigma, Berlin

Inhaltsverzeichnis

1 **Einleitung** 1
   1.1 Problemhintergrund und Aktualität 1
   1.2 Ziele des Buches 5
   1.3 Aufbau und Struktur 6

2 **Einführung in das Forschungsfeld Entrepreneurship** 7
   Literatur 18

3 **Das Gründungsgeschehen im internationalen Vergleich** 19
   Literatur 25

4 **Entwicklung von Geschäftsideen** 27
   Literatur 33

5 **Entwicklung von Geschäftsmodellen** 35
   5.1 Definition und Kontext 35
   5.2 Funktionen von Geschäftsmodellen 38
      5.2.1 Positionierungsfunktion 38
      5.2.2 Change-Management-Funktion 39
      5.2.3 Konkretisierungsfunktion 43
      5.2.4 Entwicklungsfunktion für Geschäftsideen 44
   5.3 Theoretische Grundlagen 46
   5.4 Aktueller Forschungsstatus 50
   5.5 Methoden der Entwicklung von Geschäftsmodellen 52
      5.5.1 Business-Canvas-Methode 52
      5.5.2 Prozessorientierte Geschäftsmodellplanung 56
      5.5.3 Methodenvergleich 60
   Literatur 62

6 **Marktrecherche und Planungstechniken** 65
   6.1 Planung und Unsicherheit 65
   6.2 Planungsmethoden 73
      6.2.1 Umsatzplanung 73

		6.2.1.1	Ziele der Umsatzplanung – Reduzierung von Unsicherheit	73
		6.2.1.2	Methoden der Umsatzplanung: Direkte Konkurrenzbeobachtung.........................	74
		6.2.1.3	Methoden der Umsatzplanung: Prognostik des Effektes von Kommunikationsmaßahmen	80
		6.2.1.4	Methoden der Umsatzplanung: Prognostik aus Sekundärforschung.......................	83
		6.2.1.5	Methoden der Umsatzplanung: Prognostik aus Businessplanungsdaten...........................	86
		6.2.1.6	Methoden der Umsatzplanung: Prognostik aus empirischen Befragungen........................	88
		6.2.1.7	Methoden der Umsatzplanung: Prognostik aus Crowd Intelligence	91
		6.2.1.8	Methoden der Umsatzplanung: Prognostik aus Lean Startup...	93
		6.2.1.9	Methoden der Umsatzplanung: Prognostik aus Marktaustritten	94
		6.2.1.10	Bewertung der Methoden der Umsatzplanung	96
	6.2.2	Investitionsplanung		99
	6.2.3	Kostenplanung		100
	6.2.4	Liquiditätsplanung und Bestimmung des Finanzierungsbedarfes ...		101
6.3	Planungsergebnis und Identifikation des betriebswirtschaftlichen Strukturmusters			104
Literatur..				108

7 Die Unternehmerpersönlichkeit und Zusammensetzung von Gründerteams 111
Literatur.. 118

8 Erfolgsfaktoren für die Entwicklung von Unternehmensgründungen 121
Literatur.. 125

9 Gründungsförderung und ihre empirische Wirksamkeit 127
Literatur.. 135

10 Fördermaßnahmen für den Gründungsbereich........................ 137
Literatur.. 144

11 Planung von Fördermaßnahmen im Gründerbereich.................. 145

Einleitung

1.1 Problemhintergrund und Aktualität

Unternehmensgründungen transportieren neue Handlungsoptionen in die Märkte, sei es, dass ein junger Handwerker seine selbstständige Arbeit aufnimmt oder sei es, dass eine technische Weltneuheit erstmalig produziert und international verkauft wird. In allen Fällen realisieren Menschen dabei ihre Vorstellungen eines marktfähigen Angebotes. Diese Vorstellungen basieren dabei auf individuellen Überzeugungen, ein Produkt oder eine Dienstleistung mindestens so gut beziehungsweise besser erschaffen zu können, als die Wettbewerber oder als die Kunden selbst. Wenn sich diese Erwartung bestätigt, gelingt es meist, mindestens die eigene Existenz der gründenden Personen sichern zu können, vielleicht aber auch deutliche Mehreinnahmen durch großen Erfolg am Markt zu erlangen. Etwas genauso gut tun zu können wie andere oder es sogar besser tun zu können ist dabei Ergebnis menschlicher Lernprozesse, menschlicher Kreativität und Spezialisierung. Insofern ist auch ein Austausch der Ergebnisse dieser Lern- und Spezialisierungshandlungen am Markt zur jeweiligen Vorteilsgewinnung ein typisch menschlicher Vorgang und Teil unserer soziologischen Realität. Entsprechend häufig ist dieses Phänomen. Entsprechend häufig erkennen Menschen ihre eigenen Lern- und Spezialisierungsvorteile und entsprechend häufig versuchen sie das auch in Form von Gründungsunternehmen formgerecht umzusetzen. Entsprechend häufig scheitern sie aber auch aus vielerlei Gründen.

Insofern sind Unternehmensgründungen nicht nur ein permanenter Bestandteil gesellschaftlichen Lebens, sondern sie sind auch von erheblicher volkswirtschaftlicher Bedeutung. Gelingt es all den motivierten Spezialisten ihre Angebote erfolgreich am Markt zu platzieren, zieht das in der Summe erhöhten regionalen Wohlstand, neue Arbeitsplätze in den Gründungsunternehmen, technischen Fortschritt durch Innovationen, Investitionen in staatliche Infrastruktur finanziert durch höhere Steuereinnahmen sowie positive Effekte durch Generationswechsel von Unternehmen und noch vieles mehr nach sich.

Diese Bedeutung von erfolgreichen Gründern wurde international erkannt und ist seit langen Jahren fester Politikbestandteil moderner Ökonomien. In der EU, der Bundesrepublik, den Bundesländern und den Kommunen genießt daher auch gründungsunterstützende Wirtschaftspolitik höchste Priorität. Ein Ergebnis dieser höchsten Priorität sind unter anderem erhebliche Summen staatlicher Gelder, welche zur Unterstützung von Gründungen auf allen Ebenen nationaler wie internationaler Verwaltungen ausgereicht werden. Ziel dabei ist es primär, Lern-, Ideen- und Technologietransfers in Gründungsunternehmen anzuregen, Probleme und Hürden auf dem Weg der Gründerentwicklung zu reduzieren und die Anzahl der Gründer sowie ihre Qualität zu erhöhen. Mit deutlichem Abstand zu diesen genannten Zielen streben einige Unterstützungsprogramme auch die Verringerung der Marktaustritte an.

So nachvollziehbar die Wünsche nach prosperierenden Gründerlandschaften und Clusterbildungen ähnlich dem Silicon Valley in den Regionen auch sein mögen, so schwierig ist es, sie auch zu erreichen. Unter anderem in der Bundesrepublik sind einige Flächenbundesländer durchaus seit 30 Jahren und länger damit beschäftigt, erhebliche öffentliche Gelder in geschickte Unterstützungsprogramme für die Gründerförderung auszureichen und zeigen dennoch bei allen gründungsrelevanten volkswirtschaftlichen Indikatoren nur mäßige Positionierungen. Dabei sind die jeweiligen Förderprogramme durchaus intelligent. Förderprogramme werden aufgrund ihrer kameralistischen Zyklizität regelmäßig neu erdacht und neu aufgelegt, wobei die durch sie intendierten Wirkungen der ausgereichten Gelder jeweils immer neu zu begründen und zu beschreiben sind. Beobachtungen der Wirkung der Förderprogramme seitens der Fördermanager führen bei Neuauflage insofern auch zu einer Verbesserung der Maßnahmen. Bei der Förderprogrammgestaltung werden natürlich auch Erkenntnisse der Gründerforschung berücksichtigt und in fördergerechte Programm-Regularien übersetzt. Allein, es bringt in vielen Fällen alles nicht so viel wie die Programmverantwortlichen zuvor erhofft hatten.

Der Grund liegt in einer inkonsistenten Erwartungshaltung, was das Ergebnis der Förderung anbelangt und in der fehlerhaften Positionierung vieler Fördermaßnahmen. Einerseits ist die Vorstellung missverständlich, Gründer könnten als Motoren der wirtschaftlichen Innovativität und Entwicklung von Regionen quasi vorausgeschickt werden, in der Hoffnung, durch eine genügende Anzahl von Neugründungen, durch damit verbundene Clusterbildungen analog dem Silicon Valley und durch entsprechende nachfolgende Innovations-, Beschäftigungs- und Arbeitsmarkteffekte die wirtschaftliche Entwicklung voranzubringen.

So volkswirtschaftlich bedeutsam Gründer aufgrund ihrer Quantität auch sind: sie sind keine Entwicklungspioniere von regionalen Wirtschaftssystemen, sie sind deren Ergebnis.

Genau wie menschliche Lern- und Spezialisierungsprozesse Ergebnisse des Erkenntnisniveaus der jeweiligen Gesellschaften sind, so sind auch die hieraus folgenden Gründungen Kristallisationen ihrer Zeit. Kreative Konstrukte vielleicht auch mitunter, aber noch immer Kristallisationen des Wissens ihrer jeweiligen Epoche und dem jeweils geteilten Erkenntnisniveau. Wenngleich die überwiegende Mehrheit von Neugründungen insbesondere Altbekanntes neu sortiert und anbietet, so gibt es auch einige wenige Gründer, die durch marktverändernde neue Ideen, durch innovative technische Neuerungen oder durch pfiffige Dekonstruktionen angestaubter Wertschöpfungsketten merkbare Veränderungen am Markt auslösen, aber auch diese Gründer können nicht in der Wüste wirken. Sie brauchen ein entsprechendes Niveau an Fachkräften, Infrastruktur, Zulieferern, vorbereiteten Finanzpartnern und technisch offenen Kunden um sich herum, sonst kann es auch hier nicht funktionieren. So war es auch im Silicon Valley. Dessen Pioniere 1951 waren nicht die Gründungsunternehmen, sondern die Basis für deren spätere Konzentration legten zunächst Luftfahrtunternehmen und die Einrichtung eines universitären Forschungs- und Industriegebietes. Und nicht zuletzt sind Gründer auch soziale Wesen. Sie wollen nicht in einer Industriebrache 100 km vor den Toren jeder Stadt ihre Kreativität umsetzen, sondern in einer attraktiven Umgebung mit Freunden spannende Freizeit- und Kulturangebote nutzen. Insofern haben Fördermaßnahmen, die beispielsweise High-Tech-Technologietransfers in einer ansonsten landwirtschaftlich geprägten und von Arbeitslosigkeit sowie demografischem Wandel geplagten Region anregen wollen, mit hoher Wahrscheinlichkeit nur eine geringe Wirksamkeit.

Andererseits fokussieren viele Förderprogramme sehr direkt gründungsrelevante Erfolgsfaktoren und intendieren beispielsweise, angenommenes Marktversagen im Sinne einer Reduzierung bürokratischer Gründerhürden, einem Ausgleich benachteiligender Startup-Finanzierungsmöglichkeiten, einer Stärkung der Wissensbasis kleiner Gründungsunternehmen durch Coachings oder ganz grundsätzlich durch Abbau unnötiger Probleme auf dem Weg zu neuen Unternehmen, möglichst effektiv zu reduzieren. So nachvollziehbar und lobenswert diese Förderabsichten auch sein mögen, sie versanden erfolglos, wenn die anvisierten Förderziele für Unternehmensgründungen gar nicht durch externe Maßnahmen beeinflussbar sind. Wenn beispielsweise ein Gründerteam keine der so wichtigen eigenen Erfahrungen mit der fokussierten Abnehmerzielgruppe oder -branche hat, so lässt sich dieses Defizit auch nicht durch drei subventionierte Coaching-Workshops beheben – so ehrbar die Idee dieser Wissens-Förderung auch sein mag. Oder wenn ein Team keinen Finanzierungserfolg bei privaten Kapitalgebern hat, ist es ebenso fraglich, ob der Wechsel zu einem Entscheidungsgremium aus Förderprogrammverantwortlichen für die Gewährung nicht rückzahlbarer Zuwendungen zur Finanzierung wichtiger Basisinvestitionen gesamtwirtschaftlich besser ist. Grundsätzliche Defizite eines Gründungsvorhabens werden durch Wechsel des Entscheidungsgremiums nicht behoben.

Marktversagen reduzieren, es allen so einfach wie möglich machen wollen, viele Hürden beiseite räumen wollen und alles optimal vorbereiten wollen ist sicherlich staatlicherseits löblich und von guten Absichten getragen. Wenn aber ganz simpel nicht genügend wettbewerbsfähige Gründungsideen in einer Förderregion vorhanden sind oder wenn sich vorwiegend unternehmerisch ungeeignete Gründer für eine Förderung bewerben, versanden die ambitioniertesten Förderprogramme erfolglos. Das grundsätzliche Problem hierbei liegt in der Logik des Systems: Sofern Förderprogramme haushalterisch finanziert sind, folgt daraus eine Motivation der Programmverantwortlichen, das Geld auch auszugeben. Denn: es nicht auszugeben – weil möglicherweise zu wenige geeignete Fördernehmer da sind – hieße, am Ende der Förderperiode zugeben zu müssen, dass die ursprüngliche Diagnose des Marktversagens und die Notwendigkeit des entsprechenden

Förderausgleiches falsch war. Was aber noch viel schlimmer ist als das: die Förderprogrammverantwortlichen, bzw. ihre Dienstleister bekämen keine Anschluss-Förderprogramme mehr finanziert und wären ohne Aufgabe. Und es gibt auf der Welt viele Förderprogrammverantwortliche.

„Unternehmer" leitet sich vom Wortstamm „etwas unternehmen" ab und ist mit der grundsätzlichen Vorstellung verbunden, es handele sich um visionäre und stark durchsetzungsfähige Koordinatoren von Angeboten, deren Realisierung in Form von Produkten oder Dienstleistungen üblicherweise mit diversen Schwierigkeiten verknüpft ist. Wenn man nun jedem Weichei das eigene Unternehmen ermöglicht, ist zu befürchten, dass im Ergebnis zum einen zwar die Gründungsraten zunehmen, aber mit etwas Verzögerung zum anderen eben auch die anschließenden Liquidationen – ein sehr negativer volkswirtschaftlicher Effekt.

Diese einleitenden aktuellen Kontroversen zu öffentlicher Gründungsförderung sollen keinesfalls den Eindruck erwecken, bei den verantwortlich Handelnden der Förderbranche fehle es an Verständnis oder kritischer Distanz ihren Förderprojekten gegenüber – ganz im Gegenteil. Im Laufe der Jahrzehnte diverser Förderprogramme ist eine regelrechte Industrie sehr professionell arbeitender, hoch qualifizierter Fachspezialisten der Programmentwicklung und -abwicklung entstanden. Es gibt ministerial Verantwortliche, die strategische Politikunterstützung durch Fördergestaltung betreiben, Investitionsbanken oder Projektdienstleister, die per Geschäftsbesorgungsverträgen die Administration von der Antragsprüfung über die Auszahlung bis hin zur Verwendungsnachweisprüfung übernehmen, es gibt regionale Gründungs- und Förderberater und viele mehr. Viele tausende Beschäftigte finden in der Förderprogramm-begleitenden Servicewirtschaft ihre Beschäftigung. Und sie sind gut. Es sind Fachspezialisten und sie verbinden ihre Arbeit mit kreativem Gespür für die Förderziele und verändern, variieren und verbessern ihre Förderangebote ständig.

Das Verständnis dieses Buches ist es also nicht, fördertechnische Spezialfragen zu reflektieren und verbesserte verwaltungsrechtliche Wege der Verwirklichung komplexer Programme zu inspirieren, sondern es soll für die interessierte Leserschaft primär die Perspektive der Gründungsprojekte selbst eröffnen und betonen. Zu diesem Zweck bietet das Buch einen gründungsfachlich basierten Argumentationsfaden, in dessen Entwicklung auch neueste Methoden referiert werden, mit umsetzungsbezogenen Herausforderungen auf dem Weg zum neuen Unternehmen fördermäßig umzugehen.

Das Buch möchte die Förderdiskussion aus betriebswirtschaftlicher Perspektive bereichern, um öffentliche Unterstützungsangebote für Gründer damit noch besser zu machen.

Der Autor ist dem Verlag Springer Gabler und insbesondere seiner Lektorin Frau Rosenbaum sowie dem Herausgeber der förderbezogenen Publikationsreihe, Herrn Göbel, zu großem Dank verpflichtet, hat doch die Erarbeitung dieses Buchprojektes nicht zuletzt aufgrund von Verpflichtungen des Autors im Bereich der Leitung von gründungsbezogenen Förderprojekten mit einem Volumen von insgesamt gut 2,2 Mio. Euro parallel zu den verschiedenen Erarbeitungsphasen des Buches erhebliche Verzögerungen verursacht. Trotz dieser Verzögerungen standen alle Partner immer mit voller Unterstützung zur Verfügung und haben die Erstellung des Buches nicht aus den Augen verloren. Ihnen allen gebührt der besonders herzliche Dank des Autors.

1.2 Ziele des Buches

Das Buch enthält zu ca. 11 % allgemeine und einführende Inhalte zur Thematik Unternehmensgründungen, zu ihrer Entwicklung, Alleinstellung und zu ihrer nationalen wie internationalen Bedeutung. Etwa 69 % der Inhalte des Buches sind betriebswirtschaftliche Informationen zu den verschiedenen Vorgründungsphasen, ihren Besonderheiten, zu Methoden der Lösung jeweiliger phasenbezogener Herausforderungen und zu Erfolgsfaktoren der einzelnen Handlungsfelder von Gründerteams. Die übrigen 20 % des Buches knüpfen an diese betriebswirtschaftlichen Erkenntnisse an und leiten daraus Empfehlungen zur förderbezogenen Programmgestaltung ab.

Der Sinn der schwerpunktmäßigen betriebswirtschaftlichen Vertiefung ist es, die wichtigsten Erkenntnisse vorgründungsbezogener Methodik für die Leser nachvollziehbar zu referieren und die Leser mitzunehmen in die recht komplexe Welt sich entwickelnder Geschäftsideen, Geschäftsmodelle sowie ihrer Validierung. Der Autor ist überzeugt, dass nur durch eine profunde Kenntnis dieser betriebswirtschaftlichen gründungsrelevanten Wissensgebiete genügend richtige und ausreichend viele Ideen für die Gestaltung von Fördermaßnahmen inspiriert werden können. Wenn Entscheider und Praktiker von Gründerförderung die besondere Betriebswirtschaft junger Gründungsteams nicht hinterfragen, wie sollen sie dann in der Lage sein, sinnvolle externe Interventionen zur Förderunterstützung der Gründerszene zu gestalten? Der Autor steht auf dem Standpunkt, dass die verantwortlichen Programmgestalter für Gründungsförderung die Betriebswirtschaftslehre von jungen Vorgründungsteams aktuell bereits sehr gut verstehen, dass es jedoch sehr nützlich ist, diese Kenntnisse kontinuierlich zu vertiefen, zu diskutieren und zu reflektieren.

Das vorliegende Buch ist begleitend zu einem Studiengang zur Weiterbildung von Praktikern aus Förderinstitutionen hervorgegangen, dessen ursprünglicher Leiter der Herausgeber dieser Buchreihe war. In diesem Sinne verfolgen die dargestellten Inhalte zur Gründungsförderung auch die Intention einer eigenen Lerndidaktik. So sind neben dem inhaltlichen Aufbau zusätzlich vor den einzelnen Abschnitten jeweils kurze Zusammenfassungen und im Abschluss der Kapitel jeweils Kontrollfragen aufgeführt. Das Buch kann insgesamt als studienbegleitendes Skript für die gründungsbezogene Fachfortbildung im Förderbereich seine Verwendung finden.

Die betriebswirtschaftlichen Informationen nehmen Bezug auf die aktuelle internationale gründungsrelevante Diskussion im wissenschaftlichen Kontext und sie bieten daher auch Studierenden mit Schwerpunkt Entrepreneurship (Unternehmensgründung) eine Orientierung sowie Argumente. In einigen Schwerpunktabschnitten des Buches wird eine Einordnung der vorgestellten Maßnahmen in den jeweiligen aktuellen Forschungshintergrund vorgenommen, was die Diskussionstiefe für betriebswirtschaftliche Hochschulstudiengänge erreicht.

Nicht zuletzt vertritt der Autor basierend auf den vorgestellten Informationen und der damit verbundenen Argumentation jeweils eigene Positionen hinsichtlich gründungsbezogener Förderpolitik und ihrer Umsetzung. Insofern ist das Buch auch eine Anregung zur generellen Auseinandersetzung zu dem Thema und zur Entwicklung dieses Wirtschaftsbereiches.

Die Förderung von Gründungen ist bisher noch nicht vollständig wissenschaftlich durchdrungen und systematisch empirisch erforscht. Von dominierenden offenen Fragen ausgehend bietet das Buch insofern Anknüpfungspunkte für eine weiterführende Bearbeitung der Thematik im Rahmen von Forschungsprojekten.

Insgesamt ist das Buch ein einführendes und vertiefendes Werk zum gründungsfokussierten Fördergeschäft. In diesem Sinne wünscht der Autor allen Leserinnen und Lesern eine anregende und inspirierende Zeit der Lektüre.

1.3 Aufbau und Struktur

Nach einer Einleitung zu gründungsbezogener Betriebswirtschaft und zur gedanklichen Einordnung der Thematik geben quantitative Indikatoren einen Überblick zur Relevanz des Forschungsbereiches. Dies erfolgt sowohl auf nationaler (Kap. 2) wie auf internationaler Ebene (Kap. 3).

Den Hauptteil des Buches bilden die Kap. 4 bis 8. Hier werden die einzelnen Phasen der Entwicklung von Grünungsideen (Kap. 4), gründungsbezogenen Geschäftsmodellen (Kap. 5), Techniken gründungsbezogener Prognose und Erfolgseinschätzung (Kap. 6), eine Einführung in die unternehmerische Persönlichkeitsforschung (Kap. 7) sowie – ausgehend von den zuvor charakterisierten Abschnitten – eine Ableitung und Zusammenfassung von Erfolgsfaktoren für die Entwicklung von Unternehmensgründungen dargestellt (Kap. 8).

Kap. 9 gibt einen zusammenfassenden Überblick über aktuelle empirische Erkenntnisse zur Wirksamkeit von Gründungsförderung. Dieses Kapitel dient der erweiternden Perspektive der Förderdiskussion in diesem Bereich und inspiriert Ansätze einer methodenbasierten wissenschaftlichen Begleitforschung zu Förderprogrammen.

Die folgenden beiden Kapitel bauen auf den Erkenntnissen der zuvor betriebswirtschaftlich dargestellten Vorgründungsphasen auf und überführen diese in eine Methodik zur Gestaltung sowie Entwicklung von Förderprogrammen in diesem Bereich. Kap. 10 ordnet dabei Gründungsförderung in ihren makroökonomischen Kontext ein und untersucht die grundsätzliche Zielstellung. Hieraus werden Erkenntnisse zur Einordnung von Fördermaßnahmen abgeleitet. Kap. 11 greift diese Einordnung auf und vermittelt ein systematisches Gerüst zur Entwicklung von Förderprogrammen im Gründungsbereich.

Das Buch schließt mit einem grundsätzlichen Modell der Betrachtung von Aufwand und Nutzen von Förderprogrammen im Gründungsbereich aus staatlicher Perspektive (Kap. 11).

# Einführung in das Forschungsfeld Entrepreneurship

> **Zusammenfassung**
>
> Das Kapitel beschreibt einführende Grundlagen der wissenschaftlichen Auseinandersetzung mit gründungsrelevanter Betriebswirtschaft. Neben einer allgemeinen Definition wird unternehmerisches Handeln als immanenter Nukleus der menschlichen Entwicklung – beginnend in frühen prähistorischen Phasen über das römische Reich bis in die heutige Moderne – charakterisiert. Argumente hierfür sind Lernergebnisse, welche zu Spezialisierung in menschlichem Handeln sowie zum Austausch hieraus resultierender Arbeitsergebnisse (entsprechend entwickelte Produkte) zur jeweiligen Nutzenmaximierung führen. Im Anschluss werden Unternehmen nach grundlegenden quantitativen und qualitativen Dimensionen differenziert. Dabei wird die Bedeutung von Gründungsaktivitäten makroökonomisch eingeordnet und die Art der Gründungen nach ihrem jeweiligen Innovationsgrad und ihrem Pionierstatus, bzw. Folgestatus am Markt unterschieden.

Die Beschäftigung mit Phänomenen unternehmerischen Handelns – insbesondere in frühen Entwicklungsphasen vor sowie kurz nach dem Gründungszeitpunkt – ist modern und wird in zunehmendem Umfang von verschiedenen Interessenten geführt. Zum einen ist eine wachsende Gemeinschaft wissenschaftlicher Spezialisten mit der Thematik befasst, zum anderen greifen sowohl Volkswirte als auch Politiker das Thema gern auf und weisen auf die positiven Auswirkungen einer hohen Zahl sich regional ansiedelnder Unternehmensgründer hin. Gedanken an erfolgreiche regionale Gründungscluster wie beispielsweise das Silicon Valley mit seinen herausragenden Arbeitsplatz-, Steuer- und Wohlstandseffekten[1] regen hierbei die Fantasie an und führen zu Überlegungen, wie sich ähnliche oder kleinere Strukturen wohl auch an anderen Standorten realisieren ließen. Einige Regionen, die von rapide wachsenden Gründungsclustern positiv überrascht wurden, wie beispielsweise Berlin oder Tel Aviv mit einer plötzlich stark wachsenden Gründerszene (vgl. Startup Genome 2020), schüren Hoffnungen anderer Regionen auf eine aktive Beeinflussbarkeit solcher Gründungskonzentrationen und ihrer Entwicklung. Gründerbezogene Förderprogramme werden in allen Bundesländern mit der Hoffnung auf sichtbare Startup-Erfolge angeboten. Schließlich sind auch etablierte Unternehmen vom Gründungsboom ergriffen, denn in vielen Branchen erleben sie ernstzunehmende Innovationsentstehung in Start-ups, welche damit oft in der Lage sind, etablierte Wertschöpfungsketten zu dekonstruieren und angestammten Anbietern Konkurrenz zu machen (Beispiel: Fintechs und ihr Beitrag zur Dekonstruktion der Bankenszene, vgl. Breinich-Schilly 2020). Insofern beobachten auch ältere Unternehmen nicht nur die ihren Markt betreffende Gründerszene sehr genau, sondern sie versuchen auch sich aktiv zu engagieren, indem sie sich beispielsweise an jungen Unternehmen beteiligen.

Das allgemeine Interesse am Gründungsthema und am Forschungsgegenstand Unternehmertum – betriebswirtschaftlich bezeichnet als „Entrepreneurship"- hat in den letzten Jahren zu einer Zunahme der wissenschaftlichen Stellenwidmungen in diesem Bereich geführt. Wurde die erste Professur für Entrepreneurship 1998 in Deutschland noch unter aktiver Beteiligung des Bundesministeriums für Wirtschaft eingerichtet (BMWI 2016), so waren 17 Jahre später im März 2015 bereits 128 Professuren (FGF e. V. 2015) aktiv, denen diese Spezialisierung direkt in ihr Berufungsgebiet definiert wurde. Parallel zum Forscherzuwachs in diesem Bereich stieg auch die Zahl der Veröffentlichungen zum Thema Entrepreneurship in den vergangenen Jahren rapide an.

Es kann hierdurch der Eindruck entstehen, Entrepreneurship sei ein neues betriebswirtschaftliches Phänomen. Diese Auffassung ist nicht ganz korrekt. Es trifft zwar durchaus zu, dass wir in den vergangenen Jahren einen rapiden Zuwachs sowohl von Forschern, Veröffentlichungen, Diskussionen und neu gegründeten Start-ups erleben, welche – unter anderem gepusht durch den boomenden digitalen Mega-Innovationszyklus und verfügbares günstiges Geld – gern loftartige Industrie-Immobilien in Berlin, London und Tel Aviv bevölkern. Aber Entrepreneurship ist ganz gewiss kein neues Phänomen.

Ganz im Gegenteil gibt es wirtschaftshistorische Anzeichen, dass Entrepreneurship ein sehr altes Phänomen ist und als soziologisch-immanenter Teil der Menschheitsentwicklung betrachtet werden kann. Abb. 2.1 benennt beispielsweise regionale Spezialisierungsnetzwerke von Unternehmen – in moderner Ausdrucksweise bezeichnet als „Cluster" – im römischen Reich. So gab es bereits vor gut 1900 Jahren branchenkonzentrierte Unternehmensansiedlungen im Bereich der Textilproduktion (Narbo, Byzantium), der Metallproduktion (Carthago, Tarentum) sowie der Keramik- und Glasproduktion (Massilia,

---

[1] Im Jahr 2020 gelang es 70 regionalen Startup-Konzentrationen jeweils die Grenze von 4 Mrd. US $ summarischer Unternehmensbewertungen zu durchbrechen (vgl. Startup Genome 2020), was ein erhebliches wirtschaftliches Potenzial der jeweiligen Gründungsunternehmen signalisiert.

2 Einführung in das Forschungsfeld Entrepreneurship

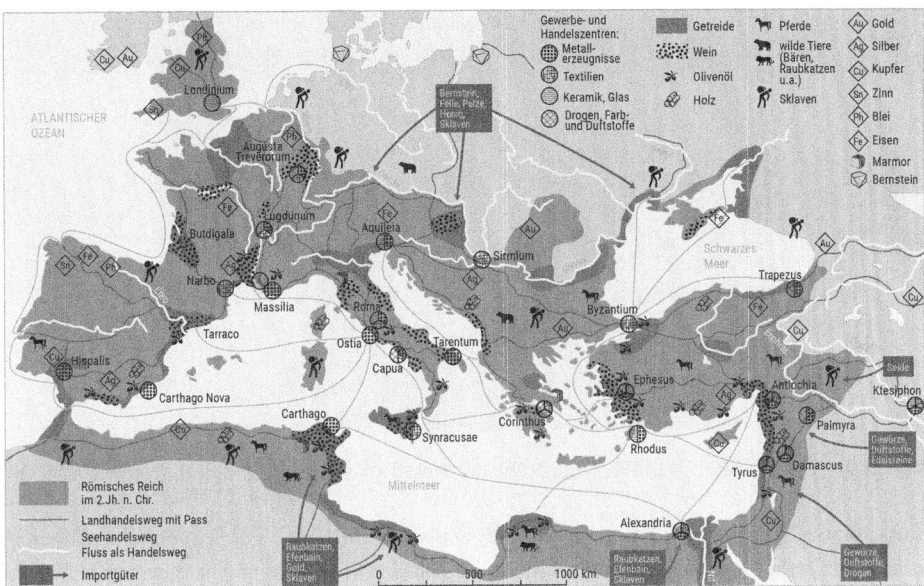

Abb. 2.1 Wirtschaft im römischen Reich. (Quelle: Ernst Klett Verlag 2009)

Londinium). Spezialisierte Produktion von Gütern ist betriebswirtschaftlich jedoch nichts anderes, als die prozessuale Nutzung von Kompetenzen einer Gruppe oder einzelner Akteure als Ergebnis von Lernprozessen zur Herstellung von marktfähigen Waren im Wettbewerb mit anderen Lerngruppen. Entrepreneurship folgt demselben Grundgedanken, nur beziehen sich dessen Inhalte auf eine frühe Phase der Entwicklung solcher sozialer Gruppen, welche Kompetenzen als Lernergebnisse teilen – genannt „Unternehmen".

Wem dieser Blick in die Vergangenheit noch nicht weit genug zurückreicht, der sei von neuesten archäologischen Forschungsergebnissen inspiriert. So wurden 2015 Artefakte gefunden, welche entsprechend ihrer Altersbestimmung vor 3,3 Mio. Jahren erzeugt wurden (vgl. Abb. 2.2). Es handelt sich dabei um Steinwerkzeuge mit zielgerichteten Bearbeitungsspuren (West Turkana Archaeological Project 2020). Da deren Herstellung kein Zufall war, müssen Lernprozesse stattgefunden haben, welche die sinnvolle Bearbeitung entsprechender Stein-Rohlinge nach und nach ermöglichten und optimiert haben. Wenn aber Lernprozesse stattfanden, so ist auch eine damit verbundene Spezialisierung der jeweiligen Träger der Lernerkenntnisse gegenüber deren unerfahrenen Landsleuten zwingend. Sofern es einen Bedarf an mehreren dieser Steinwerkzeuge gab, werden sich mit deren Herstellung also vor allem die diesbezüglichen Kompetenzträger der Gruppe beschäftigt haben, während die übrigen Gruppenmitglieder andere notwendige Arbeiten verrichteten. Die Lernvorteile jener Kompetenzträger wären schließlich marktfähig gewesen, sobald Handel (bspw. Tauschhandel) zum Austausch der hergestellten Steinwerkzeuge gegen andere begehrte Objekte stattgefunden hätte. Spätestens an diesem Punkt wären die so handelnden Akteure im modernen Forschungssinne als „Unternehmer" zu bezeichnen. Ob es vor 3,3 Mio. Jahren nach lerninduzierter Spezialisierung zu damit verbundenem

Abb. 2.2 3,3 Mio. Jahre altes Werkzeug. (Quelle: West Turkana Archaeological Project 2020)

Tauschhandel gekommen ist, ist unklar, irgendwann im Laufe der frühen Menschheitsgeschichte ist es jedoch dazu gekommen. An diesem Punkt begannen unternehmerische Tätigkeiten und deren betriebswirtschaftliche Rationalität.

Die moderne Betriebswirtschaftslehre geht davon aus, dass lerninduzierte Kompetenzvorteile von Individuen durchaus recht schnell zu einer Schaffung von (Tausch-)Märkten führen. Wenn jemand im Laufe der Menschheitsgeschichte deutlich besser Steinwerkzeuge herstellen konnte als seine damaligen Kollegen, so wird er die Nachfrage (und auch den Neid) seiner Sozialpartner vermutlich recht bald gespürt und sich überlegt haben, dass einfaches Verschenken seiner mühevollen Arbeiten wohl auf Dauer Unsinn ist.

▶ **Entrepreneurship** bezeichnet die zielgerichtete Allokation von Ressourcen, Strukturen, Prozessen und Know-how zur Herstellung verkaufsfähiger Objekte oder Dienstleistungen und zur Erlangung wettbewerbsrelevanter Vorteile. Diese „unternehmerischen" Aktivitäten können auf allen Organisationsniveaus betriebswirtschaftlichen Handelns stattfinden und reichen insofern von der wirtschaftlichen Handlung Einzelner bis hin zu unternehmerischem Handeln in großen Organisationen.

Moderne Formen unternehmerischen Handelns in der Bundesrepublik werden statistisch in zwei Kategorien erfasst: den gewerblichen und den freiberuflichen selbstständigen Aktivitäten. Gewerbliches unternehmerisches Handeln umfasst jede nicht naturgebundene Güterproduktion, wobei hierbei das gesamte Handwerk inkludiert ist (Krumme 2018). Als freiberuflich Selbstständige werden hingegen all jene Tätigkeiten erfasst, welche einem der in § 18 Einkommensteuergesetz definierten Bereiche zuzuordnen sind. Dies sind beispielsweise betriebswirtschaftliche Beratertätigkeiten, Rechtsanwälte, Ärzte, Wirtschaftsprüfer und Steuerberater sowie andere. Statistisch separat erfasst werden in beiden Kategorien die nebenerwerblichen und Kleinbetriebs- sowie die landwirtschaftlichen Gründungen.

Im Jahr 2014 wurden in Deutschland ca. 310.000 gewerbliche Unternehmen neu gegründet und ca. 348.000 liquidiert (vgl. Abb. 2.3).

2   Einführung in das Forschungsfeld Entrepreneurship

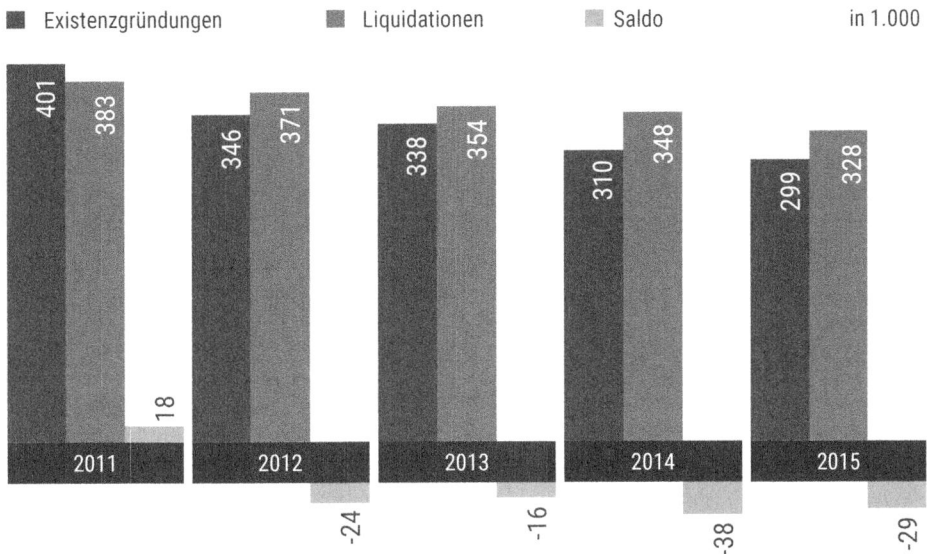

Abb. 2.3 Gewerbliche Existenzgründungen, Liquidationen und deren Salden 2011 bis 2015 in Deutschland. (Quelle: Institut für Mittelstandsforschung 2016)

Abb. 2.4 Existenzgründungen in den Freien Berufen 2012 bis 2014 in Deutschland. (Quelle: Institut für Mittelstandsforschung 2016)

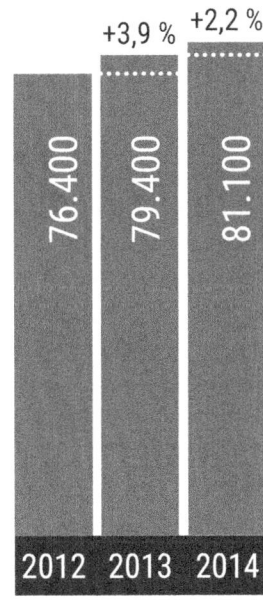

Das Niveau der freiberuflichen Gründungen schwankte in den vergangenen Jahren zwischen 70.000 und 80.000 neuen unternehmerisch tätigen Steuerzahlern pro Jahr. Für 2014 weist die Gründerstatistik des Instituts für Mittelstandsforschung 81.100 neu gegründete freiberufliche Existenzen aus (vgl. Abb. 2.4).

In der Summe addiert sich die Gesamtzahl von gewerblichen und freiberuflichen Gründern in Deutschland 2014 auf ca. 391.000 neue Unternehmen. Eine stattliche Zahl, wenn man bedenkt, dass alle diese jungen Einrichtungen durch dieselben gründungsbezogenen Problemfelder wie Finanzierung, Erfolgsprognostik, erforderlichem Marketing, interner Organisation und Planung der Erstellung eines absatzfähigen Angebotes laufen. Die Vermeidung gründungsüblicher Fehler hätte somit eine wahrnehmbare quantitative Wirkung. Wenn allein 10 % der Unternehmen bedeutsame Fehler vermeiden könnten, hätten ca. 34.000 Unternehmen ihre Wettbewerbsposition deutlich verbessert. Es erscheint also die Annahme berechtigt, dass Maßnahmen, welche Gründern oder jungen Unternehmen in ihren frühen Entwicklungsphasen helfen, eine positive gesamtwirtschaftliche Wirkung haben.

Die genannten Zahlen beziehen sich auf so genannte „Vollerwerbsgründer", also Gründer, welche mit ihrer Gründung überwiegend ihren Lebensunterhalt bestreiten und keiner anderen dominierenden Erwerbstätigkeit nachgehen. Diese Gründer werden für 2014 ergänzt durch ca. 522.000 Nebenerwerbsgründer (vgl. KFW 2015, S. 2) – hier gewerblich und freiberuflich zusammengerechnet. Insgesamt sind 2014 also ca. 913.000 Unternehmen neu gegründet worden.

Obwohl diese absolute Anzahl der Gründungen beeindruckt, ist ihr Anteil an der gesamten erwerbsrelevanten Bevölkerungsgruppe der 18 bis 65-Jährigen gering. Diese so genannte „Gründerquote" betrug 2014 nur 1,8 %[2] und schwankte auch in den Vorjahren seit dem Jahr 2000 zwischen 2 und 3 % (vgl. Abb. 2.5).

Die Gründerquote ist ein vergleichender Indikator, welcher die gründungsbezogene Differenzierung sowohl von Ländern, Regionen und Städten erlaubt und welcher sich insbesondere in Förderthemen einer breiten Verwendung und Zitation erfreut. Regionen mit geringer Gründerquote gelten in gründungsbezogenen Förderdiskursen als bedürftiger und Regionen mit vergleichsweise hohen Gründerquoten im Gegenteil eher nicht. Eine höhere Gründerquote deutet auf eine unternehmerisch aktivere Sozialgemeinschaft hin, was mitunter auch mit regionaler Dynamik assoziiert wird. Aussagen zur „richtigen", also volkswirtschaftlich idealen Gründerquote sind kontrovers und methodisch divergent. Zurzeit gilt zumindest für Deutschland die konsensuale Wahrnehmung, dass die Gründerquote noch suboptimal ausgeprägt ist. Verschiedene Förderprogramme auf den Ebenen EU, Bund und der Länder versuchen hierzu ihre Veränderungsbeiträge zu leisten.

Die Gründerquote taugt ebenso zum Vergleich der Bundesländer untereinander (vgl. Abb. 2.6). Auch diese Option einer Differenzierung kann der Politikgestaltung dienen und liefert Argumente für gründerfördernde Maßnahmen.

Wenngleich viele Gründer in ihrer Ideenphase nach einer Weltneuheit und besonderen Einzigartigkeit suchen, so ist die Originalität des allgemeinen Gründungsgeschehens in Deutschland eher ernüchternd. 84,1 % aller Gründungen waren 2014 keine Neuheit, sondern bloße Kopien bereits etablierter Unternehmensmodelle (vgl. KfW 2015, S. 14). Da

---

[2]Vgl. Statista (2016): Anzahl Bevölkerung 18–64 im Jahr 2014 insgesamt 51,07 Mio. Einwohner. 913.000 Gründer in Beziehung zu 51,07 Mio. Bevölkerungsanzahl = 1,8 % Gründerquote.

2 Einführung in das Forschungsfeld Entrepreneurship

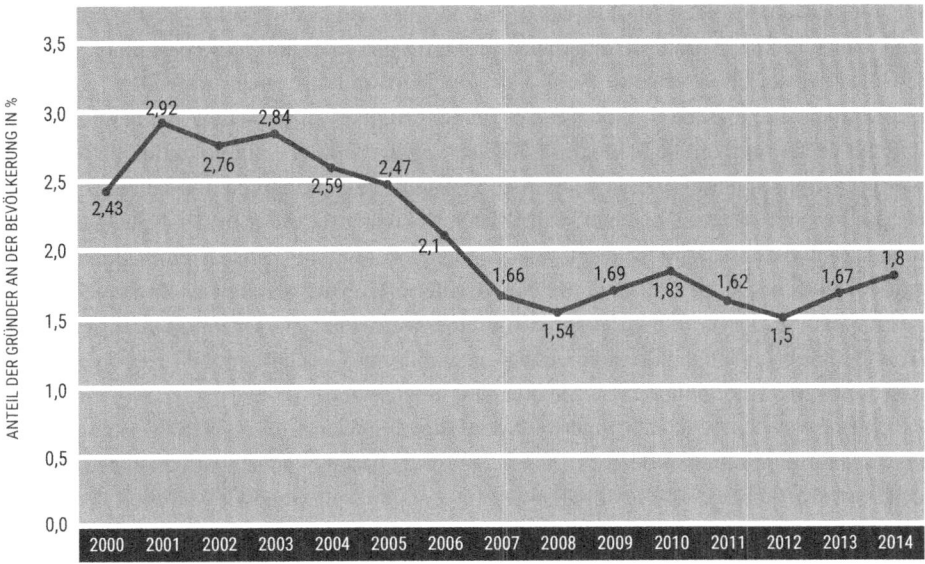

Abb. 2.5 Anteil der Gründer an der erwerbsrelevanten Bevölkerung (18–65 Jahre) in Deutschland 2000–2014 (Gründerquote). (Quelle: KfW Gründungsmonitor 2015, S. 2)

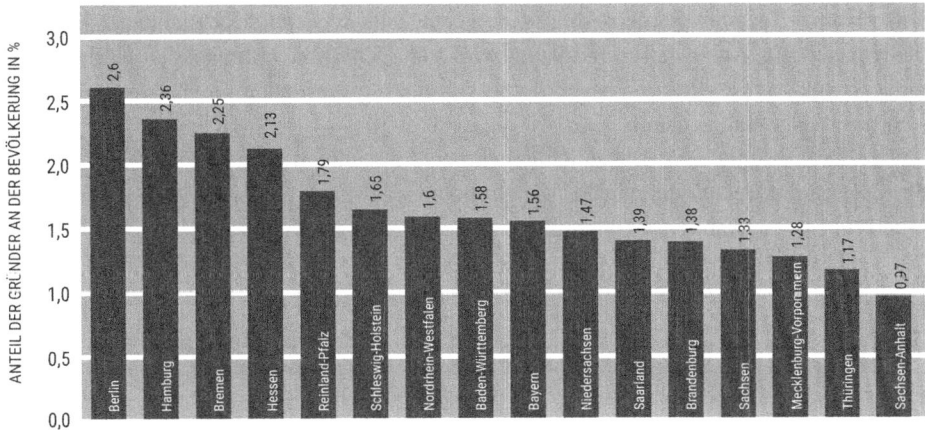

Abb. 2.6 Gründerquote nach Bundesländern im Durchschnitt der Jahre von 2012 bis 2014. (Quelle: KfW Gründungsmonitor 2015, S. 5)

Geschäftsideen patentrechtlich nicht zu schützen sind, ist eine solche Zahl rein juristisch nicht beunruhigend. Sie ist vielmehr als risikoreduzierendes Strategiemodell zu interpretieren. In betriebswirtschaftlicher Wahrnehmung sind all dies so genannte „Follower", also Unternehmen, die bereits etablierte Marktteilnehmer in ihren Geschäftsmodellen und Schwächen beobachten konnten und die später dann mit möglichst verbesserten Lösungen in den Markt eintreten (vgl. Schwartzer 2008).

Sofern die jeweiligen Märkte des „First Movers" und der „Follower" nicht disjunkt sind, haben Follower das Problem, die bereits verteilten Marktanteile übernehmen zu müssen. Dies kostet üblicherweise mehr Marketingaufwand, als einen noch nicht verteilten Markt zuerst zu besetzen. Andererseits ist das Risiko zu scheitern beim „Follower" üblicherweise geringer als beim „First Mover", weil „Follower" die Reaktion der Kunden sowie die Funktionsweise des Geschäftsmodells mit dessen Stärken und Schwächen kennen und es selbst besser machen wollen (vgl. Schwartzer 2008). In der Abwägung zwischen Risiko eines „First Movers" und tendenziell erhöhten Kosten eines „Followers" neigt die überwiegende Mehrheit der Neugründer offenbar der Follower-Strategie zu:

Nur 3,1 % der Gründer haben 2014 eine weltweite Marktneuheit realisiert (vgl. Abb. 2.7). Es ist eben deutlich einfacher, ein etabliertes Geschäftsmodell zu kopieren, als eine weltweite Marktneuheit zu erdenken und umzusetzen.

Es ist jedoch verfrüht, sich angesichts der Gründerzahlen von ca. 391.000 – im gewerblichen und freiberuflichen Bereich – über eine solide Anzahl von neuen Arbeitsplätzen und volkswirtschaftlicher Leistungsfähigkeit zu freuen. Die überwiegende Mehrheit der Unternehmen in Deutschland sind kleine Betriebe mit 0–9 Beschäftigten (vgl. Abb. 2.8).

Ebenso sind Neugründungen zumeist kleine Betriebe. Das heißt aber auch, dass bei vielen jungen Unternehmen kein spezialisiertes Team technische und betriebswirtschaftliche Detailprobleme hochprofessionell lösen könnte.

Für die wirtschaftliche Bedeutung von Regionen insgesamt kann der Indikator „Anzahl Unternehmen" bemüht werden. Abb. 2.9 zeigt eine entsprechende Übersicht nach Bundesländern sortiert. Auch dieser Indikator wird zur Definition ordnungspolitischer Maßnahmen und zur Gestaltung von Förderprogrammen insbesondere in strukturschwachen Ländern regelmäßig genannt.

Die Entwicklung von jungen Unternehmen folgt einem Phasenschema, an dessen einem Ende die Ideenfindung in der Vor-Gründungsphase und an dessen anderem Ende die Wachstumsphase etablierter Unternehmen verortet ist (vgl. Abb. 2.10).

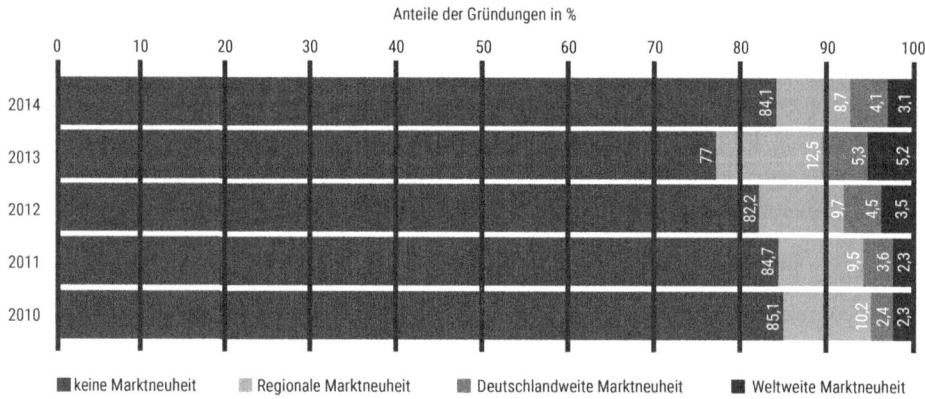

Abb. 2.7 Verteilung des Neuigkeitsgrades bei Unternehmensgründungen in Deutschland von 2010 bis 2014. (Quelle: KfW Gründungsmonitor 2015, Tabellen- und Methodenband, S. 14)

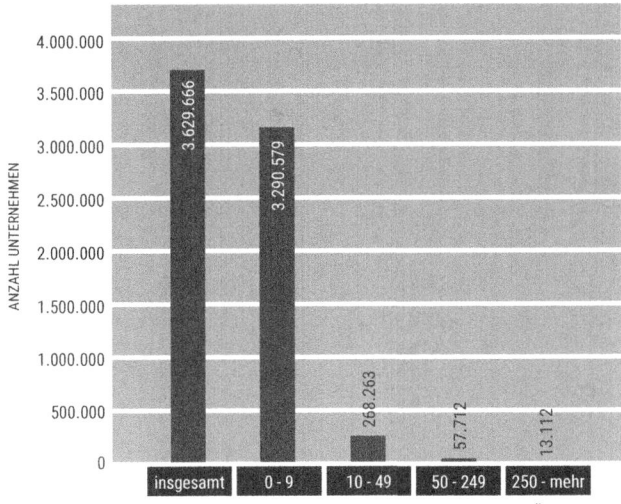

Abb. 2.8 Anzahl der Unternehmen in Deutschland nach Beschäftigtengrößenklassen im Jahr 2013. (Quelle: Statistisches Bundesamt 2015)

Für die Planung und Evaluation von Fördermaßnahmen für Gründer ist es wichtig, die betriebswirtschaftliche Anatomie von jungen Unternehmen zu beleuchten. Gründungsprojekte sind dynamisch-iterierende Phasenentwicklungen von der ersten Markthypothese bis hin zum erfolgreichen Wachstumsunternehmen. Die Vorgründungsphase umfasst hierbei die Suchprozesse zur Ideengenerierung, die Entwicklung des Geschäftsmodells und die Zusammensetzung eines Gründerteams (vgl. Abb. 2.10). Oft finden in dieser Phase bereits erste Prüfungen der Markthypothese statt – sei es im digitalen Bereich mit einer ersten unvollständigen Online-Version, welche von Teilzielgruppen genutzt und in entsprechenden sozialen Netzwerken beworben wird (im Zuge von Lean-Startup-Projekten beispielsweise, vgl. Ries 2012) oder sei es in Form eines Businessplanes, bzw. Business Cases. Alle diese Verfahren haben die Vor-Gründungs-Evaluation der zentralen Hypothese des Gründungsprojektes zum Ziel, ob ein bestimmtes Geschäftsmodell wohl Erfolg bei der Zielgruppe haben könnte oder nicht. Bei diesen Prüfzyklen werden Schwachstellen der erfolgskritischen Komponenten eines Gründungsvorhabens offenbar – mit der Folge einer Veränderung der Gründungsplanung und möglicherweise einer erneuten Hypothesenprüfung.

Im Kern reduziert sich durch die Planungsiterationen das Risiko des Gründungsprojektes. Je früher die reale Gründung und je ungeprüfter die Gründungshypothese, desto höher das Gründungsrisiko. Entsprechend der Risikohöhe sind jeweils unterschiedliche Arten finanzieller Instrumente der Gründungsfinanzierung sinnvoll. Sind es in der Vorgründungsphase primär Eigenmittel der Gründer, Crowd-Finanzierungen, Business Angels, Fördermittel oder Frühphaseninvestments, so werden in der etablierten Expansionsphase von Unternehmen umfangreichere Venture-Finanzierungen relevant.

16 2 Einführung in das Forschungsfeld Entrepreneurship

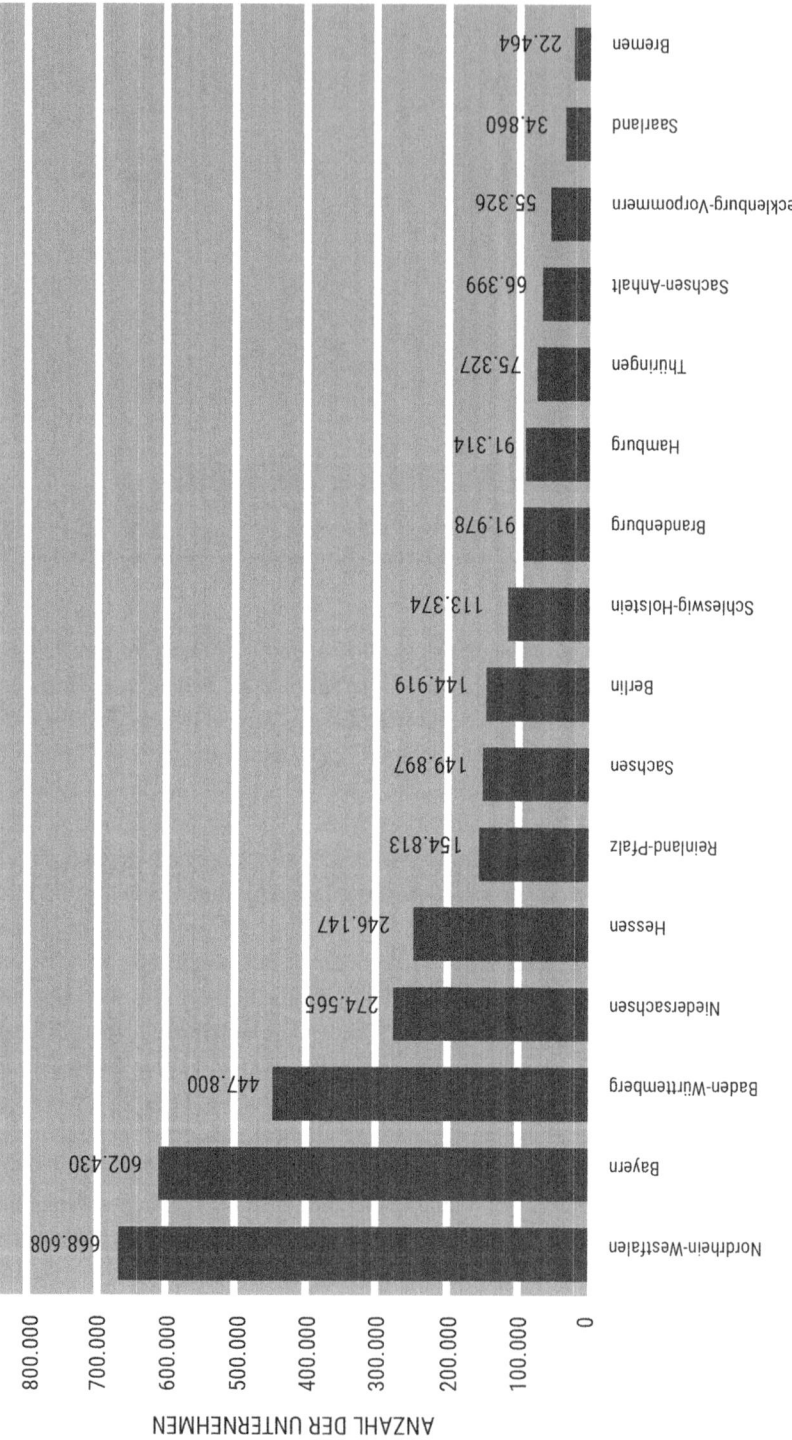

Abb. 2.9 Anzahl der Unternehmen in Deutschland nach Bundesländern im Jahr 2014. (Quelle: Statistisches Bundesamt 2016)

2 Einführung in das Forschungsfeld Entrepreneurship

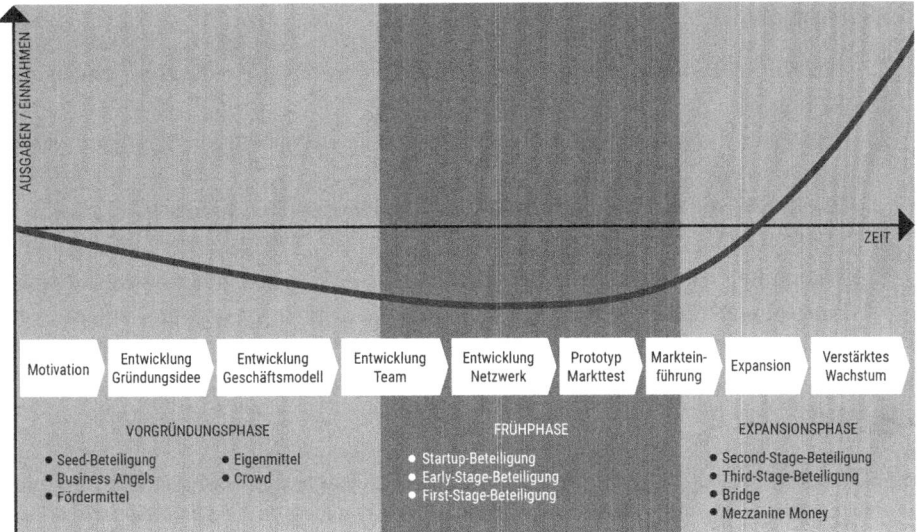

Abb. 2.10 Gründungsphasen. (Quelle: eigene Darstellung)

Für die Gestaltung von Fördermaßnahmen zur Gründungsunterstützung müssen die spezifischen Herausforderungen und Besonderheiten der einzelnen Phasen von Startup-Entwicklungen kompetent verstanden und berücksichtigt werden – ähnlich wie dies auch professionelle Finanzierungsgeber tun, indem sie ihr Angebot primär risikoanalytisch gestalten (vgl. Abb. 2.10).

Das risikovermeidende Verhalten der professionellen Finanzierungspartner für Gründungsunternehmen in den frühen Phasen der Gründungsentwicklung löst jedoch einen adversen Allokationseffekt von Finanzierungsmöglichkeiten für Gründer aus: In späteren Gründungsphasen ist das Risiko für Investoren aufgrund von ersten Kundenreaktionen und einem damit verbundenen Beweis der wirtschaftlichen Tragfähigkeit der Gründungsidee geringer, finanzielle Mittel sind also eher verfügbar und werden zu geringeren Kosten angeboten. Dagegen ist es in frühen Gründungsphasen umgekehrt: Das Risiko für Investoren ist höher, finanzielle Mittel sind kaum verfügbar und werden wenn, dann zu deutlich höheren Kosten angeboten. Dies führt dazu, dass sowohl aussichtsreiche Gründungsprojekte als auch problematische Projekte gleichermaßen Engpässe erfahren und möglicherweise nicht verwirklicht werden. Um diese Situation für die aussichtsreichen Gründungsprojekte zu entspannen, greifen oft externe Fördermechanismen in das Marktgeschehen ein. Es ist jedoch offensichtlich, dass diese Absicht nur funktionieren kann, wenn die Fördergeber in der Lage sind, die guten von den schlechten Projekten zu unterscheiden.

Um Fördermaßnahmen im Gründungsbereich demnach überhaupt konzipieren und diskutieren zu können ist es also erforderlich, die einzelnen Phasen der Entwicklung von Gründungsprojekten und deren jeweilige betriebswirtschaftliche Mechanismen zu verstehen. Anderenfalls wird es kaum gelingen, von externer Seite zur Entwicklung von Startups sinnvoll beizutragen und öffentliche Mittel effektiv zu investieren.

Kontrollfragen

1. Welche Bedeutung haben neu gegründete Unternehmen für die Entwicklung von Regionen?
2. Wie kann die gründungsbezogene Aktivität in verschiedenen Regionen verglichen werden?
3. Welche Phasen durchlaufen Gründungsunternehmen typischerweise?
4. Sind Gründungsunternehmen in Deutschland eher „Follower" oder „First Mover"?
5. Warum müssen die betriebswirtschaftlichen Besonderheiten der einzelnen Gründungsphasen für die Gestaltung von Fördermaßnahmen verstanden werden?

Literatur

Breinich-Schilly A (2020) Deutsche Banken beteiligen sich häufiger an Fintechs. Springer Professional. https://www.springerprofessional.de/fintechs/m-a-management/interesse-deutscher-banken-an-fintech-beteiligungen-waechst/17683082. Zugegriffen am 11.07.2020

Bundesministerium für Wirtschaft und Energie (2016) Unternehmensgründungen und Gründergeist in Deutschland. Zahlen und Fakten. https://www.bmwi.de/BMWi/Redaktion/PDF/Publikationen/unternehmensgruendungen-und-gruendergeist-in-deutschland,property=pdf,bereich=bmwi2012,sprache=de,rwb=true.pdf. Zugegriffen am 22.04.2016

Ernst Klett Verlag (Hrsg) (2009) Wirtschaft im römischen Reich. Leipzig

Förderkreis Gründungsforschung FGF e. V. (2015) Liste der Entrepreneurship-Professuren in Deutschland, zitiert nach: Bundesministerium für Wirtschaft und Energie (2016) Unternehmensgründungen und Gründergeist in Deutschland. Zahlen und Fakten, S 37

Institut für Mittelstandsforschung (Hrsg) (2016) Gewerbliche Existenzgründungen, Liquidationen und deren Salden 2011 bis 2015 in Deutschland. Bonn

Kreditanstalt für Wiederaufbau (KfW) (Hrsg) (2015) KfW-Gründungsmonitor 2015. Tabellen- und Methodenband

Krumme JH (2018) Gewerbe. Gabler Wirtschaftslexikon. https://wirtschaftslexikon.gabler.de/definition/gewerbe-35599. Zugegriffen am 11.07.2020

Ries E (2012) Lean Startup: Schnell, risikolos und erfolgreich Unternehmen gründen. Redline Verlag, München

Schwartzer I (2008) Strategisches Management im Spannungsfeld zwischen Theorie und Praxis: Die Auswirkungen des Markteintritts auf den Unternehmenserfolg – First Mover oder Late Follower? GRIN Verlag, München

Startup Genome (Hrsg) (2020) The Global Startup Ecosystem Report (GSER 2020). https://startupgenome.com/article/state-of-the-global-startup-economy. Zugegriffen am 11.07.2020

Statista GmbH (Hrsg) (2016) Bevölkerung – Zahl der Einwohner in Deutschland nach relevanten Altersgruppen. Hamburg

West Turkana Archaeological Project (2020). https://mpk-wtap.com/. Zugegriffen am 11.07.2020

Das Gründungsgeschehen im internationalen Vergleich

3

Zusammenfassung

Die im vorangegangenen Kapitel auf bundesdeutscher Ebene diskutierten Kennzahlen von Gründungsaktivitäten werden in diesem Kapitel in internationalem Kontext verglichen. Die unterschiedliche Gründungsintensität verschiedener Länder wird hierbei hervorgehoben und als Indikator für unterschiedliche länderbezogene Gründungsstrukturen erläutert. Auf praktischer betriebswirtschaftlicher Ebene der Betrachtung werden verschiedene Internationalisierungskonzepte für Startups erklärt und zu den in Kap. 2 hervorgehobenen Pionier-, bzw. Folgestrategien in Beziehung gesetzt sowie durch jeweilige Beispiele vertieft.

Auf internationaler Ebene gilt ebenso wie national die Gründerquote als Vergleichsmaßstab, welche beispielsweise in der Datenbank der Global Entrepreneurship Research Association als „Total Early Stage Entrepreneurial Activity – TEA" ausgewiesen wird (Datenbank der Global Entrepreneurship Research Association 2015). Deutschland ist im internationalen Ländervergleich im unteren Viertel vergleichsweise gründungsinaktiver Länder positioniert (vgl. Abb. 3.1).

Zu dieser Ländergruppe gehören neben anderen: Norwegen, Spanien, Belgien, Finnland, Vereinigtes Königreich, Schweden und Niederlande.

Ursächlich für geringe Gründerquoten entwickelter Industrieländer sind einerseits verfügbare alternative und attraktive Beschäftigungsoptionen im Angestelltenverhältnis sowie anderseits funktionierende Sozialsysteme, welche bei Arbeitslosigkeit die Existenz sichern. Dem gegenüber bleibt in vielen armen Ländern für große Teile der Bevölkerung aufgrund wirtschaftlicher Not einzig eine Selbstständigkeit zur Generierung von Einkommen.

Abb. 3.2 zeigt den Umfang „notwendigkeitsgetriebener Gründungen" an der gesamten Gründerzahl der jeweiligen Länder. Während in geringer entwickelten Volkswirtschaften

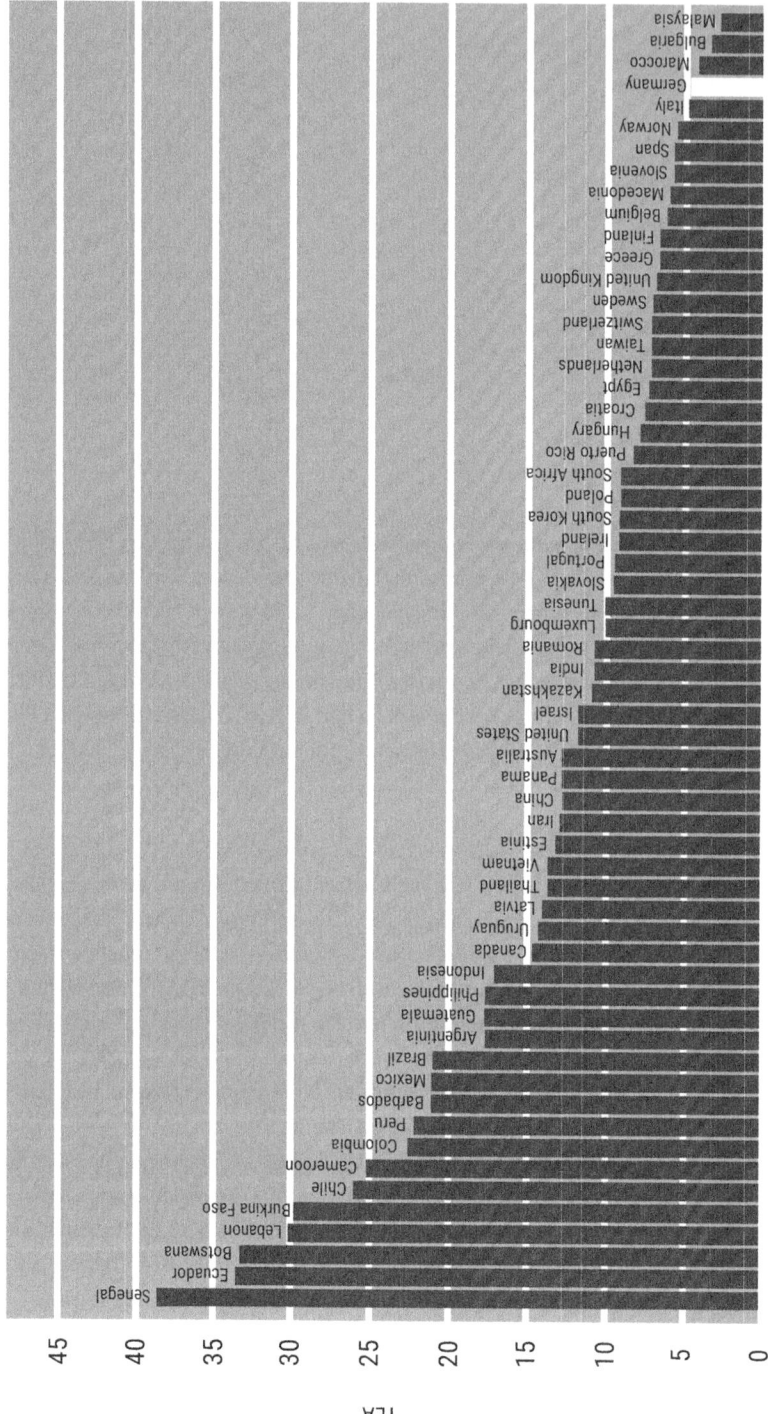

Abb. 3.1 Internationale Gründungsaktivitäten 2015 im Vergleich. (Quelle: Global Entrepreneurship Research Association 2015)

3 Das Gründungsgeschehen im internationalen Vergleich

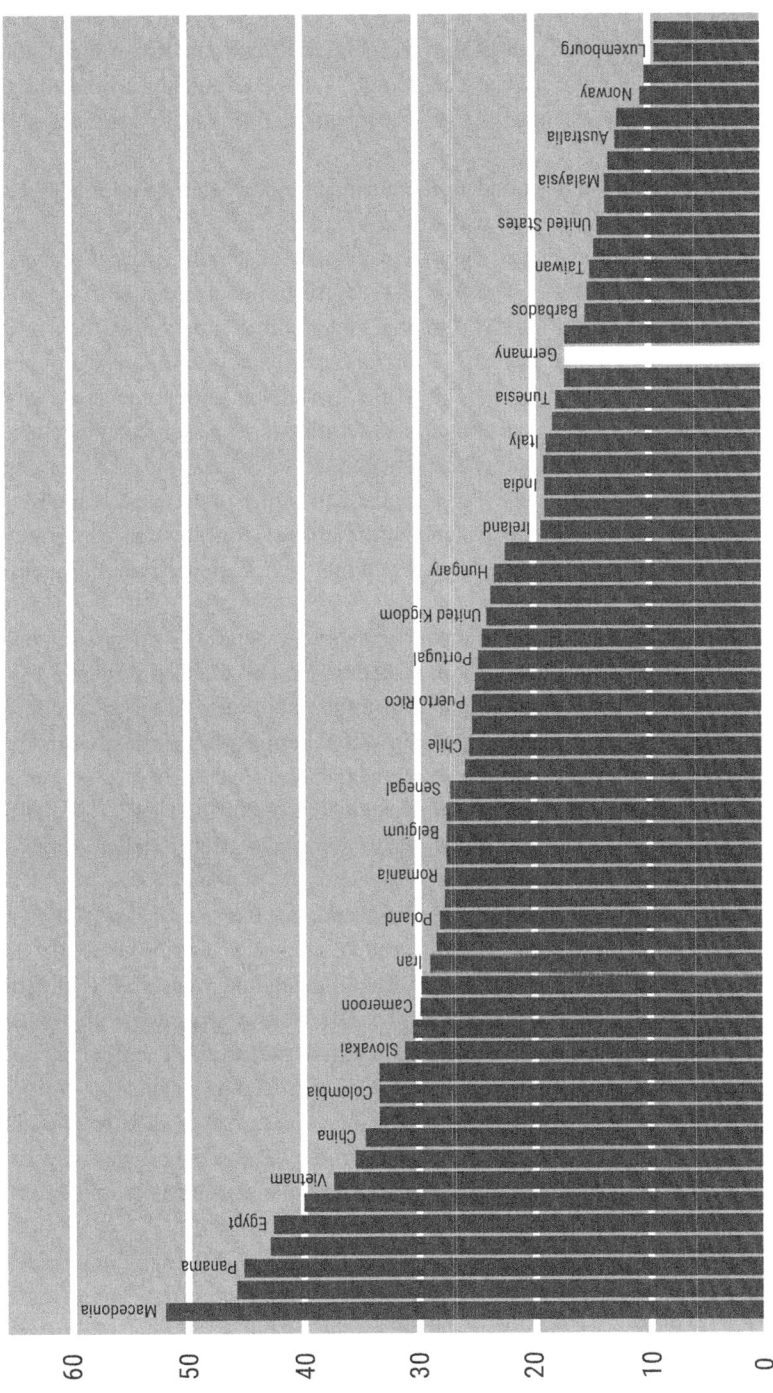

Abb. 3.2 Notwendigkeitsgetriebene Gründungen 2015 im internationalen Vergleich. (Quelle: Global Entrepreneurship Research Association 2015)

der Anteil notwendigkeitsgetriebener Gründungen bei 30–50 % aller Gründungen liegt (beispielsweise in Guatemala, Panama, Egypt, Vietnam, Botswana, Kolumbien und anderen), sind im selben Zeitraum in Deutschland nur 17,13 % Gründungen notwendigkeitsgetrieben, in Schweden sogar nur 9,22 % (Datenbank der Global Entrepreneurship Research Association 2015).

Im Vergleich industrialisierter Länder untereinander ergibt sich folgendes Bild: Kanada (TEA: 14,7 %), USA (TEA 11,8 %) und Australien (TEA: 12,7 %) haben ein wirtschaftliches Entwicklungsniveau, welches dem Deutschlands entspricht, weisen jedoch 3 bis 4-fach höhere Gründerquoten auf (vgl. Abb. 3.1). In Australien und den USA liegen dabei die Anteile notwendigkeitsgetriebener Gründer unterhalb des deutschen Niveaus (vgl. Abb. 3.2). In Australien werden nur 12,7 % der Gründer als notwendigkeitsgetrieben ausgewiesen, in den USA sind es 14,3 % (Datenbank der Global Entrepreneurship Research Association 2015). Dies indiziert strukturelle Unterschiede zwischen den einzelnen Ländern in Hinblick auf Gründungsunternehmen und deutet darauf hin, dass es offenbar Mechanismen geben muss, die entweder Gründungen fördern oder auch behindern können. Diese Mechanismen zu kennen kann ein wichtiger Ansatzpunkt für gründungsbezogene Politikgestaltung und für die Ausrichtung von Gründerförderung sein (vgl. hierzu auch Kap. 10).

Der aktuell sehr hohe Grad internationaler Vernetzung von Volkswirtschaften hat auch einen qualitativen Einfluss auf die Art von Gründungen. Die vielfach geringen Eintrittsbarrieren in nationale Märkte und die technisch-infrastrukturellen Möglichkeiten, welche insbesondere der neue Megatrend der digitalen Wertschöpfung bietet, lässt Gründer deutlich früher internationalisieren als noch vor einigen Jahren. Wenn ein Startup bereits bei Gründung viele internationale Märkte gleichzeitig erschließt (Strategie des *parallelen Direkteinstiegs* in neue Märkte) gilt es als ein so genanntes „Born Global" (Pock 2011, S. 17 ff.).

Die klassischen betriebswirtschaftlichen Konzepte der Internationalisierung sind die „Wasserfallstrategie" (vgl. Abb. 3.3 und Kleinaltenkamp und Saab 2009, S. 191 ff.) und die „kombinierte Strategie" aus parallelem Direkteinstieg und Wasserfall (vgl. Abb. 3.4 und Kleinaltenkamp und Saab 2009, S. 191 ff.). Die Wasserfallstrategie charakterisiert ein betriebswirtschaftlich vorsichtiges Internationalisierungsmodell, indem sie ein sukzessives Erschließungsvorgehen eines Landes nach dem anderen nahelegt – mit risikoreduzierender Wirkung (vgl. Abb. 3.3). Im Ergebnis dieses Ansatzes können beispielsweise Finanzierungsvorteile durch Innenfinanzierung aus nach und nach profitablen Länderengagements genutzt werden, welche externe Finanzierungsnotwendigkeiten für die Expansion deutlich reduzieren.

Die kombinierte Strategie (vgl. Abb. 3.4) ist insofern eine Mischung aus beiden Ansätzen – der Wasserfallstrategie und einem parallelen Direkteinstieg in internationale Märkte. Dieses Vorgehen ist insbesondere für solche Gründer relevant, die zusammenhängende Regionen mit dem Ziel der parallelen Marktbesetzung erschließen wollen – insgesamt jedoch keine sofortige breite globale Expansion anstreben, sondern ein eher schubweises Vorgehen präferieren (vgl. Kleinaltenkamp und Saab 2009, S. 191 ff.). Derlei bietet

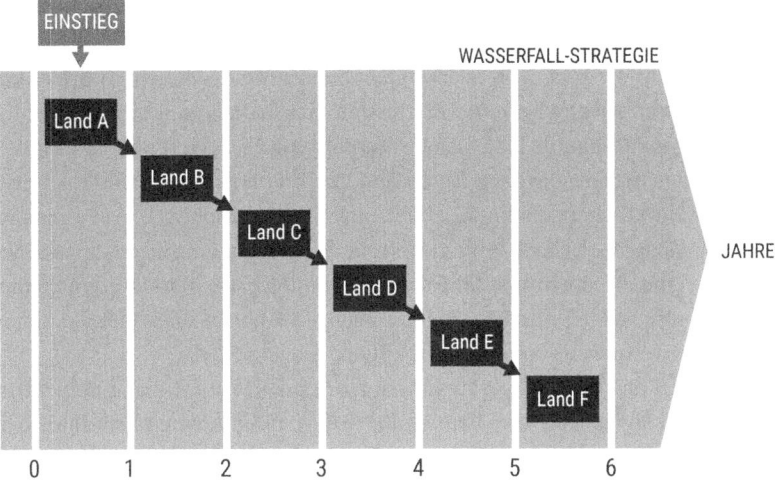

Abb. 3.3 Wasserfallstrategie. (Quelle: Kleinaltenkamp und Saab 2009)

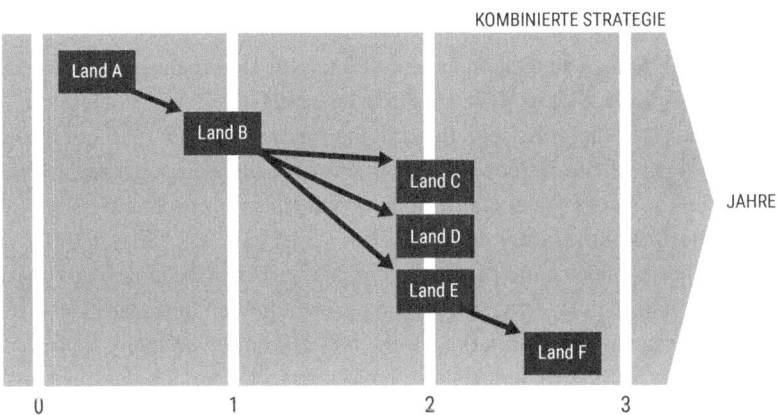

Abb. 3.4 Kombinierte Strategie. (Quelle: Kleinaltenkamp und Saab 2009)

sich auch an, wenn die Zielgruppen international entweder nicht homogen auf die angebotenen Produkte oder Dienstleistungen reagieren, weil sie sich beispielsweise in unterschiedlichen Entwicklungsstadien hinsichtlich der Produktnutzung befinden, oder wenn beispielsweise für einen globalen Paralleleinstieg in alle relevanten Länder einfach das Geld nicht reicht. Eine solche kombinierte Strategie stellt insofern einen wirtschaftlich ausgewogenen Mittelweg zwischen den zögerlichen kleinen Schritten eines Wasserfalls und dem sofortigen Riesensprung eines Born Globals (paralleler Direkteinstieg) dar.

Born Globals verfolgen vielfach die Strategie eines First Movers (vgl. hierzu auch Kap. 2) und müssen insofern möglichst viele internationale Märkte gleichzeitig erschließen (vgl. Abb. 3.4). Sinn ist es, nach einer kurzen Zeit einen dominanten Marktanteil in der relevanten globalen Zielgruppe zu erreichen. In vielen Märkten entstehen hierdurch für später eintretende Follower deutlich höhere Markteintrittskosten aufgrund der Notwendigkeit zusätzlicher Abwerbe-Aufwendungen für Marketing und Kundenakquisition. Das ist ein großer Vorteil für die First Mover und bildet quasi eine zusätzliche Barriere um deren Engagements herum. Insofern sind in den ersten Geschäftsjahren auf Marktanteilsziele ausgerichtete teure internationale Expansionen ein typisches Merkmal von First Movern in ihrer präferierten Expansionsform von Born-Global-Gründungen. Eine solche Strategie internationaler Marktbeherrschung zeichnet sich durch erhebliche Aufwendungen für Marketingmaßnahmen bei gleichzeitig noch relativ geringen Umsätzen aus und wird von vielen Venture-Capital-Gebern mit der Erwartung mittelfristig marktdominierender internationaler Positionierungen durchaus mitgetragen. Die hohen Marktanteile versprechen bei entsprechendem Ausbau schließlich erhebliche Gewinne.

Skype ist ein typisches Beispiel von erfolgreicher Born-Global-Entwicklung. Bei diesem Unternehmen wurde die Erreichung eines möglichst hohen internationalen Marktanteils gleich von Beginn der Geschäftstätigkeit an sehr stringent fokussiert. Hätte Skype beispielsweise eine Wasserfallstrategie realisiert und ein Land nach dem anderen erschlossen, so wäre es für diverse Konkurrenten möglich geworden, über die Besetzung von unbeachteten Märkten schnell eine dominierende Stellung als Follower zu erlangen.

Es gibt daneben jedoch auch noch andere Gründe für Unternehmen, gleich in der frühen Entwicklungsphase eine globale Position anzustreben. Beispielsweise ist dies für Unternehmen sinnvoll, die in Kooperation mit etablierten globalen Partnern agieren. Um der Partnerschaft gerecht zu werden, ist hier eine Born-Global-Strategie oft zwingend.

Beispiele für klassische Wasserfall-Expansionen sind viele technologisch orientierte mittelständische Weltmarktführer der deutschen Wirtschaft (vgl. Simon 2007, „Hidden Champions"), die sich über Jahre primär eigenfinanziert von Markt zu Markt entwickelt haben und sich damit eine – externe Finanzierungsquellen ignorierende – betriebswirtschaftlich kerngesunde Weltmarktführerschaft erarbeiten konnten. In diesen Fällen ist ein sukzessives Vorgehen jedoch durchaus sinnvoll: Die Innovationskraft dieser Unternehmen bildet eine Alleinstellung, die kaum oder nur sehr schwer zu kopieren ist, so dass die Gefahr marktdominierender Follower für diese Unternehmen kaum besteht.

Kombinierte Strategien findet man primär bei Unternehmen mit regional homogenen Zielgruppen. Wenn ein Unternehmen beispielsweise eine homogene Kundengruppe mit vergleichbarer Nachfragestruktur in mehreren Ländern Asiens erschließen möchte, so wäre hierfür die kombinierte Expansionsstrategie ideal. Ein Beispiel für eine solche Strategie ist Ikea. Die Expansionsschübe entwickelten sich hier zeitlich in sukzessiven regionalen Konzentration (vgl. IKEA Standorte 2000–2010, www.ikea.com).

Wie dargestellt hat die Art der Expansion von jungen Unternehmen nach ihrer Gründung eine wichtige Bedeutung für deren Finanzbedarf. Insofern ist die strategische Analyse dessen und Gestaltung einer sinnvollen Internationalisierungsstrategie auch ein wichtiges Puzzlestück für erfolgreiche Gründungsprozesse und für die Gestaltung möglicher Fördermaßnahmen.

Kontrollfragen

1. Wie lassen sich Gründeraktivitäten in verschiedenen Ländern miteinander vergleichen?
2. Was sind „Born Globals"?
3. Warum haben globale Unternehmensgründungen eine zunehmende Bedeutung?
4. Welche alternativen internationalen Expansionsstrategien gibt es für Gründungsunternehmen?
5. Warum wird der Finanzbedarf für die Unternehmensgründung auch durch die jeweilige Internationalisierungsstrategie bestimmt?

Literatur

Global Entrepreneurship Research Association, London Business School (Hrsg) (2015) 2015 APS Global Key Indicators. https://www.gemconsortium.org/data/key-aps. Zugegriffen am 11.07.20

Kleinaltenkamp M, Saab S (2009) Ausgewählte Spezialgebiete des Business-to-Business-Marketing. In: Kleinaltenkamp M, Saab S (Hrsg) Technischer Vertrieb – Eine praxisorientierte Einführung in das Business-to-Business-Marketing. Springer Verlag, Berlin, S 191–254

Pock M (2011) Born Globals – Internationale Wachstumsstrategien junger Unternehmen. Gabler Verlag, Wiesbaden

Simon H (2007) Hidden Champions des 21. Jahrhunderts: Die Erfolgsstrategien unbekannter Weltmarktführer. Campus Verlag, Frankfurt/New York

Entwicklung von Geschäftsideen 4

> **Zusammenfassung**
>
> Kap. 4 ist Teil eines übergeordneten Phasenkonzeptes der Charakterisierung der Vorgründungsentwicklung von Unternehmen und konzentriert sich auf dessen erste Phase, die Generierung von Geschäftsideen. Hierin wird zunächst Bezug auf grundlegende Theorie genommen und dargelegt, dass die Notwendigkeit neuer und hoch innovativer Geschäftsideen nicht in jeder Situation gefordert ist, sondern von der jeweiligen Zielgruppe am Markt abhängt. Für eine systematische Entwicklung von Geschäftsideen mit jeweils unterschiedlichen Innovationsgraden werden sieben verschiedene Methoden erläutert und für die praktische Anwendung empfohlen.

Wenngleich der Erfolg von jungen Unternehmen entscheidend durch innovative Fähigkeiten und von der Exzellenz ihres prozess- und produktbezogenen Wissens beeinflusst ist (vgl. Abb. 4.1 und Pawlowsky et al. 2011, S. 21), so ist dennoch die Annahme falsch, Neugründungen könnten nur über innovativste Alleinstellungen erfolgreich sein. Auch die direkte Kopie eines etablierten Geschäftes kann sehr aussichtsreich sein. In diesem Zusammenhang sei an das alte Beispiel zweier Strandverkäufer mit identischem Eis-Angebot (vgl. Hotelling 1929) und den sich hierzu ergebenden Lösungsansätzen aus Sicht von Spieltheorie und Nash-Gleichgewicht erinnert (vgl. auch Davis und Wilson 2008). Der für eine Maximierung des Umsatzes der Eisverkäufer optimale Standort ist in der Mitte des Strandes – und zwar für beide (vgl. Hotelling 1929). Würde sich einer der beiden Eisverkäufer vom Mittelpunkt des Strandes und damit vom Standort seines Konkurrenten entfernen, so könnte der zurückbleibende Konkurrent sowohl die Kunden auf der konkurrenzlosen Strandhälfte als auch die Hälfte der Kunden auf dem (sich vergrößernden) Weg zu

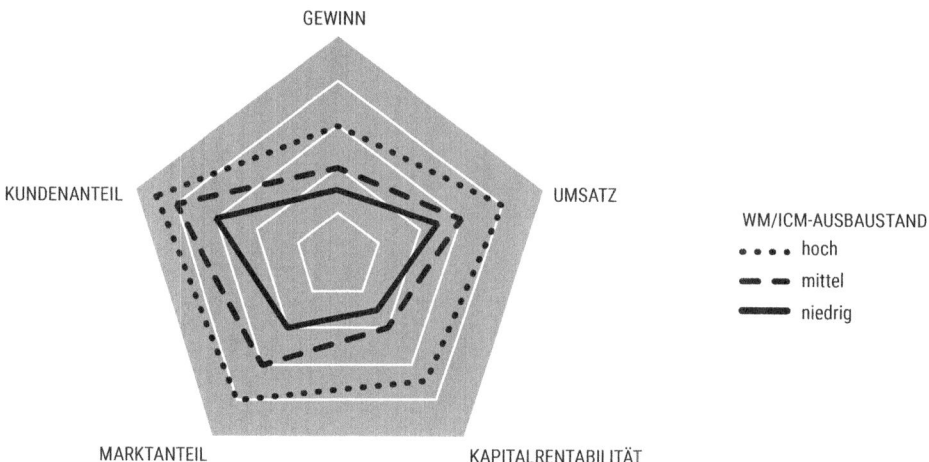

Abb. 4.1 Wirkung von Wissensmanagement (WM) und Intellectual Capital Management (ICM) auf den Erfolg von Unternehmen. (Quelle: Pawlowsky et al. 2011, S. 21)

seinem weglaufenden Mitbewerber bedienen, während der weglaufende Verkäufer neben seiner dem Konkurrenten zugewandten Hälfte der Kunden nur noch den sich mit zunehmender Entfernung vom Mittelpunkt stetig verkleinernden anderen konkurrenzlosen Strandteil zur Verfügung hätte. Da sich beide Eisverkäufer gegenüber dem jeweils anderen nicht schlechter stellen möchten, stellt die Mitte des Strandes und somit die direkte Nachbarschaft zum Konkurrenten ein spieltheoretisches Optimum – ein so genanntes Nash-Gleichgewicht – dar (vgl. Davis und Wilson 2008). Im Ergebnis werden beide ihre Verkaufsgeschäfte nebeneinander platzieren, während für die Kunden am Strand aufgrund der langen Wege – besonders für die entfernt liegenden Akteure – durchaus eine dezentral verteilte Ansiedlung der Verkäufer wünschenswert gewesen wäre. In der Realität kommen solche Standort-Nash-Gleichgewichte ähnlicher Konkurrenten durchaus nicht selten vor. So sind einander gegenüberliegende Restaurants an einer Straßenecke, Bäckereien, Tankstellen und viele andere lokale Gewerbetreibende Beispiele sowohl für spieltheoretische Lokalisations-Optima, als auch für erfolgreiches Kopieren erfolgreicher Geschäftstätigkeit ohne besondere innovative Alleinstellung. Man teilt sich einfach eine bestehende Nachfrage bei vergleichbarem Angebot auf.

Ob und inwieweit eine Geschäftsidee innovativ und einzigartig sein muss, um Erfolg zu haben, kommt sehr auf die Zielgruppe und Nachfragestruktur sowie auf den Charakter des jeweiligen Marktes an. Hoch konkurrenzintensive High-Tech-Märkte sowie Gründungen in digitalen Wettbewerbsmärkten erfordern ungleich mehr Innovationen als für den Eisverkäufer erforderlich wären – besonders, wenn es sich bei den High-Tech-Gründern um Follower handelt, denn die müssen sich im Innovations- und Qualitätswettbewerb zusätzlich noch gegenüber bereits präsente Wettbewerber durchsetzen (vgl. hierzu auch Kap. 2).

In gleicher Weise wie sich die Notwendigkeit einer Differenzierung von Geschäftsideen in verschiedenen Märkten unterscheidet, so unterscheiden sich auch die Möglichkeiten, diese Differenzierung zu entwickeln oder zu optimieren. Nachfolgend sollen wichtige betriebswirtschaftliche Methoden für die Entwicklung von Geschäftsideen vorgestellt und erläutert werden.

▶ Eine **Geschäftsidee** ist ein rahmengebender Entwurf für das geplante Gründungsvorhaben. Sie hat Orientierungscharakter und unterliegt marktorientierter Veränderungsdynamik.

Geschäftsideen beschreiben im Rahmen der Gründungsplanung das gesamte Spektrum von Dienstleistungs- bis hin zu Produktideen für die angestrebten Zielmärkte. Die Entstehung von Geschäftsideen ist der erste Teil eines – zumeist – zyklischen Entwicklungsprozesses für Gründungsunternehmen, welcher sich mitunter auch diverse Male wiederholen kann. Die Ursache für die Zyklizität gründungsplanerischer Aktivitäten liegt in der anfangs (notwendigerweise) beschränkten Rationalität von Gründern. Auf die Phase der Entwicklung einer Geschäftsidee folgen Schritte der Konkretisierung und der Umsetzung des Gründungsprojektes. Diese Arbeitsschritte führen die Gründer näher zum Markt, zu den Kunden, zu den Wettbewerbern oder lösen ganz simpel Rechercheprozesse aus und erweitern somit die Erkenntnisse der Gründer, machen diese realistischer. Natürlich kann sich im Zuge dieser Entwicklung des Gründungsvorhabens auch mehrfach die zentrale Geschäftsidee ändern. Das ist ein notwendiger und sinnvoller Vorgang für junge Gründerteams.

Geschäftsideen und ihre Konkretisierungen können nicht wie technische Erfindungen oder wie Geschmacksmuster rechtlich geschützt werden (vgl. Patent- und Markenrechtsschutz). Sie sind damit freies Marktwissen und jederzeit durch Konkurrenzunternehmen oder nachfolgende Gründer umsetzbar. Das kann besonders für kleinere und weniger finanzstarke Gründer recht unangenehme Folgen haben, wenn so genannte „Copycats" deren Geschäftsidee und wesentliche Realisierungsprozesse einfach nachahmen sowie mit erheblichem Marketingaufwand vorbei am ursprünglichen Gründungsunternehmen eine dominierende Marktposition erkaufen, was mitunter zur direkten Insolvenz des ursprünglichen Initiators des Geschäftes führen kann. Makroökonomisch werden solche Asymmetrien im Gründungsbereich als „Marktversagen" wahrgenommen und konkret als nicht erwünschte „externe Effekte" beschrieben (vgl. Brockmann und Staak 2011, S. 33 ff. und Kap. 10). Abgesehen von der Möglichkeit, solche Phänomene durch Fördermaßnahmen für das schwächere ideengebende Gründungsunternehmen auszugleichen (vgl. Kap. 10) bestehen auch betriebswirtschaftliche Handlungsoptionen, um eine solche Entwicklung zu verhindern oder in ihrer Wirkung abzuschwächen.

Diese könnten sein:
1. Suche nach starken und finanzkräftigen Partnern,
2. unternehmerische Dynamik und schnelle Veränderung, beziehungsweise laufende Anpassung und Entwicklung des Geschäftsmodells.

Geschäftsideen sind in den meisten Fällen kein Ergebnis eines meteoritenähnlichen Gedankeneinschlages, wie zuweilen heldenhafte Gründergeschichten suggerieren, sondern vielmehr Resultat einer langjährigen Entwicklung des Gründers in einem Marktumfeld oder Output eines methodenbasierten Prozesses, welcher auf relativ einfache Weise langweilige Basisideen in pfiffige Geschäftsansätze zu transformieren in der Lage ist. Nachfolgende Methoden sind eine Zusammenstellung erfolgreicher Konzepte zur Entwicklung von Geschäftsideen und wurden sowohl in Gründerzentren von Hochschulen, als auch durch den Autor selbst verfeinert und auf die speziellen Bedürfnisse junger Gründerteams ausgerichtet.

A. *Zyklischen Trends folgen*: Dieser Ansatz ist ein Klassiker der Betriebswirtschaft. Märkte und Technologien unterliegen ebenso wie Produkte und Dienstleistungen intensiver zeitlicher Dynamik – einem Lebenszyklus (vgl. Reinemann 2019, S. 56 ff.). Nach einer Phase der Einführung (des monopolartigen bzw. exklusiven Angebots mit keinen oder nur wenigen Konkurrenten) folgt eine Wachstumsphase mit deutlicher Breitenausdehnung der Nachfrage über verschiedene Käufermilieus hinweg, welche in eine Reifephase mit abnehmenden Zuwachsraten, stetiger Konkurrenzzunahme und produktlicher Differenzierung übergeht. Diese Reifephase ist möglicherweise auch der Startpunkt einer alternativen Technologie, eines Substitutes oder besserer Follower-Produkte. Jener Entwicklung folgt die Phase der Marktsättigung, wo alle primär relevanten Käufermilieus entweder den Besitz eines Produktes realisiert beziehungsweise abgewogen haben oder sich der immer stärker werdenden Konkurrenz sowie besseren Substituten zugewendet haben. In Folge mündet diese Situation in der Phase der Degeneration – dem Rückgang der Umsätze und dem Austritt der Produkte oder sogar der ganzen Technologie aus dem Markt. Diese Phase kann insbesondere durch preisreduzierende Maßnahmen verzögert werden, ist jedoch für alle bekannten Produkte und Technologien früher oder später zwingend.

   Die Entwicklung von Geschäftsideen ist in mehreren Phasen eines Produkt- oder Technologie-Lebenszyklus möglich: Steht eine Technologie in einer frühen Phase ihrer Entwicklung (in der Einführungsphase oder im Wachstum), so sind innovative Differenzierungen bestehender Geschäftsideen oder das Erdenken grundsätzlich neuer Produkte bzw. Dienstleistungen primär sinnvoll. Die Frage dabei lautet: Wie kann die neue Technologie in ein Produkt transformiert oder darin eingesetzt werden? Es ergeben sich in frühen Zyklusphasen zumeist vielfältige und kreative Optionen, desto mehr, je mehr man sich als Gründer in die Technologie und ihre Details vertieft.

   In einer späteren Phase der Zyklusentwicklung bietet sich die Positionierung eines Followers an. Die kreative Suche nach Geschäftsideen zielt hier insbesondere auf die Entwicklung von Alternativen zum bestehenden Angebot ab. Folgende Fragen können diese Überlegungen anregen:
   - Was kann an bestehenden Produkten oder Dienstleistungen verbessert werden?
   - Welche neuen Technologien können die aktuell etablierte Technologie ablösen?
   - Welche Marktnischen oder welche Märkte sind vom aktuellen Angebot noch nicht erschlossen?

B. *Systematische Entwicklung von Geschäftsideen mit Kreativmethoden*: Diese Methode hat eine hohe Bedeutung für die Entwicklung von Geschäftsideen. Es gibt eine Fülle verschiedener und sehr geeigneter Kreativmethoden für die Ideenphase, beispielsweise Design Thinking, Brainstorming, Brainwriting, Mindmapping, Morphological Grid, Bisoziation, Osborn-Checkliste, 6-3-5 Methode, Clustering-Verfahren, Kuchen-Methode, etc. (vgl. Montag 2020). Exemplarisch soll die Methode des morphologischen Kastens die Relevanz dieser Vorgehensweise verdeutlichen (vgl. Schawel und Billing 2012, S. 174 ff.). Ein morphologischer Kasten fächert beispielsweise etablierte Produkte in ihre wesentlichen einzelnen Komponenten auf und listet die unterschiedlichen Ausprägungen jener Produktteile. So setzt sich ein Fahrrad aus Rahmen, Lenker, Gangschaltung, Rädern und Reifen zusammen. Dabei kann der Rahmen aus Aluminium, Carbon, Stahl oder Kunststoff sein, die Reifen können Rennreifen, Cross-Country-Reifen, Tourenreifen oder aus sonstigen Materialien und Formen sein. Ebenso gibt es unterschiedliche Varianten der übrigen wesentlichen Produktteile. Nach einer solchen Ist-Analyse des bestehenden Angebotes auf dem Fahrradmarkt würden die einzelnen Produktkomponenten im kreativen Teil des Prozesses um weitere mögliche Ausprägungen erweitert werden. Im Ergebnis entsteht so eine n-zu-n-Matrix mit diversen Kombinationsmöglichkeiten. Vielleicht ist ein Holzfahrrad mit Rennreifen und einem Tourenlenker ohne Gangschaltung eine Innovation, welche auf dem Markt noch existiert, welche jedoch eine nachfragerelevante Zielgruppe hat. In jedem Fall ist es eine neue Geschäftsidee. So können durch bisher unbekannte Kombinationen der Ausprägungen in einfachster Ableitung diverse neue Produkte und Geschäftsideen geboren werden. Wichtig ist es, bei Anwendung dieser Methode, auch die Art des Kundenkontaktes, möglicher Services oder den Weg des Produktes zum Kunden als ergänzende Kategorien in die kreative Analyse miteinzubeziehen. Hieraus können im Ergebnis sehr kreative und umfassende neue Geschäftsansätze generiert werden.

C. *Marktlücke entdecken*: Dies ist möglicherweise die ursprünglichste und älteste Form der Entwicklung von Geschäftsideen. Ein im Alltag oder im Rahmen professioneller Tätigkeit erkennbarer Mangel wird hierbei einer Lösungsalternative zugeführt. Wer jeden Morgen zur Arbeit fährt und auf dem Weg weder eine Bäckerei noch eine alternative Frühstücksoption inmitten anderer diverser hungriger Reisender wahrnimmt, der hat es gedanklich nicht weit, um auf die Geschäftsidee eines Frühstücksservice oder eines Imbissstandes zu kommen. Diese Beobachtung von fehlendem Angebot oder neuen Geschäftsoptionen in bekanntem Umfeld hat jedoch einen sehr starken Bezug zur jeweiligen Persönlichkeit des Beobachtenden (vgl. Kap. 7). Nicht jeder geht mit einem unternehmerisch analysierenden gedanklichen Filter durch seine Umwelt (vgl. McGrath und MacMillan 2000). Wenn zu dieser Beobachtungsgabe aber noch eine ordentliche Portion Umsetzungsfähigkeit, Gestaltungskraft und fachliche Expertise hinzukommt, so sind die Ingredienzien für eine unternehmerisch starke Realisierung hoch (vgl. Kap. 8).

D. *Kombination*: Die Kombination bereits etablierter Geschäftsideen zu einer neuen und unbekannten Lösung ist eine sehr starke Methode. Etablierte Geschäftsideen unterliegen üblicherweise einer Entwicklung der zunehmenden Bekanntheit und Gewöhnung. Viele Geschäftsideen sind dem Druck auslaufender Lebenszyklen ausgesetzt, andere plagt schlicht die Konkurrenz. In Kombination können jedoch auf den ersten Blick belanglose Geschäftsideen zu neuer Blüte und allgemeiner Aufmerksamkeit gelangen. Bäckereifachgeschäfte sind im Allgemeinen keine aufregende Begegnungsstätte. Ebenso wenig innovativ und neu sind Kochkurse. In Kombination allerdings – Patisserie-Kurse in einer Bäckerei – entstehen neue und interessante Angebote. Ähnliches trifft zu für Single-Datings oder Partys in einer Fabrik, Lesungen in Museen, Konzerte in Schlossparks, Cafés oder Bars, in Bücherläden und vielem mehr. Auch im professionellen Umfeld etablierter Unternehmen herrscht eine lebhafte Crossover-Motivation. So werden beispielsweise neue Kombinationen aus PKW-Herstellungsunternehmen und Car-Sharing-Organisationen (vgl. das zu Share-Now transformierte Angebot Drive-Now von BMW) als hyper-disruptiv eingeschätzt (vgl. Hellmann 2020).

E. *Ideen-Branchen-Transfers*: In Abwandlung der Kombinations-Methode haben Ideen-Branchen-Transfers eine ähnliche Stärke und Marktwirkung. Eine neue Idee in einer alten Branche kann ebenso zu Wettbewerbsvorteilen führen wie eine alte Idee in einer neuen Branche. Als Beispiele für die alte Idee in einer neuen Branche sei die Übertragung etablierter aerodynamischer Flügeltechnologien in die Windkraftbranche erwähnt, als Beispiel für eine neue Idee in einer alten Branche taugt die Zimmervermietung airbnb (https://www.airbnb.de/) oder die 2005 in Hamburg eröffnete erste Drive-in-Apotheke (http://www.drive-in-apotheke.eu/) als Inspiration.

F. *Soziologische Innovationen*: Von zunehmender Bedeutung für die Entwicklung von Geschäftsideen ist die Beachtung von soziologischen Subkulturen oder gesellschaftlichen Nischen-Milieus. Exotische soziologische Produktnutzungen oder innovative Wertschöpfungsideen sind oftmals Vorreiter neuer Geschäftsmöglichkeiten, die ihren Weg zur Massenverbreitung möglicherweise nur noch nicht gefunden haben. In diesem Sinne können spezielle soziologische Milieus oder auch Sinus-Jugendmilieus quasi Labore für mögliche zukünftige Trends sein, welche im frühen Stadium zu verstehen und in neue Produkte oder Dienstleistungen zu übersetzen eine effektvolle Beschäftigung für werdende Unternehmer sein kann. Als Beispiele für soziologische Innovationen, welchen ihren Weg in die etablierte Gesellschaft über interessante Startup-Konzepte gefunden haben, seien erwähnt: „Bürgerenergiegenossenschaft" für Stromproduktion, Freecycling und Sharing-Economy-Organisationen (teilen und verschenken statt neu kaufen), Booksharing (tauschen statt neu kaufen), „Repair-Café" (gemeinsames Reparieren statt neu kaufen), „Umsonstladen", „Nähcafé", „Letsshare", „Foodsharing", „Urban Gardening" (Gemüse und besseres Mikroklima in der Stadt), „Sanfte Mobilität" (Fahrradverleihsysteme), Internet-Plattformen zur Vermittlung von Mitfahrgelegenheiten, „Privates Carsharing", und vieles mehr.

G. *Abhängigkeitsanalyse*: Die Abhängigkeitsanalyse bringt Probleme und ihre Ursachen in eine Wirkungsbeziehung zueinander mit dem Ziel, die jeweils problemauslösenden Umstände zu identifizieren und so die übergeordneten Kernursachen zu erkennen (vgl. Mewes 1971). Hat ein potenzieller Unternehmer die primär problemauslösende Ursache erkannt und kann eine Lösung anbieten, so ist im Umkehrschluss der Nutzen dieser

Geschäftsidee für alle damit in Verbindung stehenden Probleme und für die Zielgruppe maximal. Diese Geschäftsidee verspricht also mit höherer Wahrscheinlichkeit Erfolg. Wenn zum Beispiel eine Gemeinde zu wenig Kunden für ihr fantasievolles Schwimmbad als Problem diagnostiziert, kann die Ursache dafür in mangelhaftem Marketing liegen. Eine Ursache dafür könnte beispielsweise die Ansprache der falschen Zielgruppe sein. Möglicherweise ist ein wichtiger Teil der Zielgruppe nicht nur in der näheren Umgebung beheimatet, sondern ebenso in verschiedenen Orten in mittlerer Entfernung ohne eigenes Schwimmbad. Nunmehr wäre zu fragen, warum diese potenziellen Kunden ihren Weg noch nicht in das Spaßbad gefunden haben, was nach näherer Analyse auch an mangelnden Transportoptionen liegen könnte. Vielleicht sind es gerade junge Kunden ohne Führerschein oder im Vormittagsbereich junge Mütter mit ihren kleinen Kindern, die gern einen Besuch wagen würden, jedoch kein geeignetes Transportmittel zur Verfügung haben. Aus dieser Analysekette resultierend könnte also die Geschäftsidee eines Transportservices das ursprünglich erkannte Problem lösen. Hieraus könnte sodann in Entwicklung dieses Beispiels die Geschäftsidee eines Busservices erwachsen, der Spaßbäder oder beispielsweise auch abendliche Freibadpartys mit den Standorten der jungen Zielgruppe verbindet und der in wiederum weiterer Durchdringung die Nische europaweiter Bäderreisen anbietet, bei welchen letztlich auch das ursprüngliche Gemeinde-Spaßbad angeschlossen wäre. Die Geschäftsidee am Ende steht hier also nur noch in mittelbarem Kontext zum ursprünglichen Problem und ist dennoch eine Lösung für verschiedene Niveaus jeweils verbundener Engpässe.

Kontrollfragen

1. Sind Geschäftsideen nur dann erfolgreich, wenn sie eine komplette Marktneuerung beinhalten?
2. Welche Maßnahmen können kleinere Gründungsunternehmen ergreifen, um sich vor finanzstärkeren Nachahmern ihrer Geschäftsidee zu schützen?
3. Wie können Kreativmethoden beitragen, neue Geschäftsideen zu entwickeln?
4. Was ist eine Marktlücke?
5. Wie können alte und seit langem bekannte Geschäftstätigkeiten zu pfiffigen neuen Geschäftsideen werden?
6. Sind für die Entwicklung von Geschäftsideen nur die marktdominierenden Zielgruppen wichtig?
7. Wie entstehen Geschäftsideen im Rahmen einer Abhängigkeitsanalyse?

Literatur

Brockmann H, Staak T (2011) Gründungsförderung zur Bereinigung von Marktversagen auf Absatzmärkten – ein konzeptioneller Ansatz. In: Gründungsförderung in Theorie und Praxis. KfW Research

Cooper RG (1996) Overhauling the new product process. Ind Mark Manag 25(6):465–482
Covin JG, Slevin DP (1991) A conceptual model of entrepreneurship as firm behavior. Entrep Theory Pr 16(1):7–25
Davis D, Wilson BJ (2008) Mixed strategy Nash equilibrium predictions as a means of organizing behavior in posted-offer market experiments. In: Handbook of experimental economics results. Elsevier Verlag, Amsterdam, S 62–70
Hellmann S (2020) Digitale Transformation. In: Cassini Consulting Dortmund. https://www.cassini.de/inspire/hyper-disruptive-die-kraft-kombinierter-geschaeftsmodelle. Zugegriffen am 12.07.2020
Hotelling H (1929) Stability in competition. Econ J 39/1929:41–57
Kleinaltemkamp M (2009) Ausgewählte Spezialgebiete des Business-to-Business-Marketing. Springer, Berlin
McGrath RG, MacMillan I (2000) The entrepreneurial mindset: Strategies for continuously creating opportunity in an age of uncertainty. Harvard Business School Press, Boston
Mewes W (1971) Die kybernetische Managementlehre EKS. Mewes Verlag, Frankfurt
Meyer R, Sidler AU (2010) Erfolgsfaktoren junger Unternehmen. Eine empirische Studie zur Situation junger Unternehmen in der Schweiz. edition gesowip, Basel
Montag T (Hrsg) (2020) Gründerlexikon. https://www.gruenderlexikon.de/checkliste/suchen/geschaeftsidee-suchen/kreativitaetstechniken/. Zugegriffen am 12.07.2020
Pawlowsky P, Gözalan A, Schmid S (2011) Wettbewerbsfaktor Wissen: Managementpraxis von Wissen und Intellectual Capital in Deutschland. FOKUS prints 08/11, Chemnitz
Reinemann H (2019) Mittelstandsmanagement: Einführung in Theorie und Praxis. Springer Gabler Verlag, Wiesbaden
Schawel C, Billing F (2012) Morphologischer Kasten. In: Top 100 Management Tools. Springer Gabler Verlag, Wiesbaden, S 174–176

Entwicklung von Geschäftsmodellen 5

> **Zusammenfassung**
>
> Die zweite Phase der Vorgründungsentwicklung von Unternehmen ist die Ableitung von Geschäftsmodellen als Konkretisierung zuvor erdachter Geschäftsideen. In diesem Kapitel erfolgt nach einer Definition die Erläuterung von vier grundlegenden Funktionen von Geschäftsmodellen. Im Anschluss wird die für die Planung von neuen Unternehmen so essenzielle Geschäftsmodell-Konkretisierung sowohl in den theoretischen Kontext aktueller betriebswirtschaftlicher Forschung eingeordnet, als auch hinsichtlich empirischer Evidenz durch Studien beleuchtet. Aus methodischer Perspektive werden die beiden dominierenden Vorgehensmodelle zur Entwicklung von Geschäftsmodellen vorgestellt und im Anschluss hinsichtlich verschiedener Kriterien, die aus der aktuellen betriebswirtschaftlichen Forschungsdiskussion abgeleitet wurden, miteinander verglichen.

5.1 Definition und Kontext

Während die Geschäftsidee das kreative Gravitationszentrum und die gedankliche Basis eines Gründungsprojektes darstellt, so bietet das Geschäftsmodell einen erweiterten Blick auf das Vorhaben. Hier werden neben der Gestaltung der unternehmensinternen Strukturen auch Notwendigkeiten wirtschaftlicher Verflechtungen über die Unternehmensgrenzen hinaus in die Betrachtung integriert. Derlei interne wie externe organisationale Prozessentwicklungen sind etablierte Bestandteile betriebswirtschaftlicher Wertschöpfungsketten-Betrachtungen und gehören zum Standard-Methodenbaukasten strategischen Managements (Keuper 2001, S. 218 ff.). Die systematische Integration dieser Analyseperspektive in den Gestaltungsablauf von Gründungsprojekten und in die Entwicklung der Zukunftsvisionen neuer Ventures fand seit langem statt, jedoch ist die fokussierte wissenschaftliche Beachtung dessen und die Begriffsbestimmung „Geschäftsmodell" eine vergleichsweise neue Perspektive (vgl. Abb. 5.1).

Die Text-Mining-Analyse des Suchbegriffes „Geschäftsmodell" zeigt eine zunehmende Häufung in den späten 1990er-Jahren (vgl. Abb. 5.1). Hier erfuhr die Beschäftigung mit Startups und deren Wachstumsfantasien einen dramatischen Schub, ausgelöst durch die so genannte „Dot-Com-Bubble", einer Übertreibungsblase der Unternehmensbewertungen am seinerzeit neu etablierten Börsensegment „Neuer Markt" und seinem US-Pendent, der „Nasdaq". Verschiedene rückblickende Diskurse belegen die vertiefte Auseinandersetzung und Suche nach möglichst verlässlichen Bewertungsmethoden innovativer technologieorientierter junger Wachstumsunternehmen (vgl. Diskussion um MorphoSys, Sharedeals 2019). Im Zuge dieser Debatten erfuhr die systematische Berücksichtigung wertschöpfungsbezogener Planungen (beispielsweise im Rahmen von Geschäftsmodellen) zur Abschätzung unternehmerischen Erfolges bei Startups einen wichtigen Impuls.

Die Entrepreneurship-relevante Integration wertschöpfungsbezogener Betrachtungen durch Geschäftsmodell-Analysen erweiterte jedoch auch das diesbezügliche methodische Instrumentarium des strategischen Managements. So gelangen bei Geschäftsmodellanalysen neben zuliefer- und absatzbezogenen Planungen auch Kommunikationsflüsse, unterschiedliche Kompetenzspezialisierungen oder auch Risikopositionen in die Betrachtung. Zudem erfolgt hier eine gründerbezogene Perspektive in Hinblick auf die zu planenden verschiedenen Wachstumsphasen des Vorhabens. Erkenntnisgewinne aus einer integrierenden Vogelperspektive auf alle geschäftskritischen Variablen werden dabei in vergleichbarer Relevanz wie bei der „klassischen" Wertschöpfungsanalyse erreicht. Es ist somit auch nicht verwunderlich, dass sich beide Methoden – die Wertschöpfungsanalyse und die Geschäftsmodellanalyse – in den letzten Jahren mehr und mehr angenähert haben. So werben auch etablierte Unternehmen immer öfter mit neuen Perspektiven ihrer „Geschäftsmodelle" um Investoren und Kunden, meinen damit jedoch letztlich Gewinnvorteile in einer klug organisierten internen Prozessstruktur und einer sinnvollen externen Leistungsbeziehung zwischen diversen Zulieferern und Abnehmern.

▶ Ein **„Geschäftsmodell"** ist die Abbildung der Wertschöpfungsarchitektur eines Unternehmens oder eines in Planung stehenden Startups mit prognostisch-analytischem Ziel. Es ist ein Managementinstrument, welches der Entwicklung von Wettbewerbsvorteilen dient.

Geschäftsmodelle sind insofern Konkretisierungen von Geschäftsideen oder Visionen. Ihre Erarbeitung stellt den zweiten wichtigen Schritt systematischer Startup-Entwicklung dar.

Die Inhalte der Geschäftsmodellbetrachtung sind dabei durchaus flexibel und vorhabensbezogen gestaltbar. In erweiterter Perspektive können auch kommunikative Komponenten oder Informationsflüsse in die Analyse einbezogen werden. Ein außerordentlich aussagekräftiger Schritt im Rahmen der Geschäftsmodellanalyse stellt die Erarbeitung der Vorteilspositionen für einzelne Wertschöpfungspartner dar. Gelingt es einem Unternehmen, für wichtige Beteiligte der betrieblichen Leistungserstellung (inklusive der Kunden) spezifische Vorteile aus der zukünftigen Zusammenarbeit zu generieren, so erscheint

5.1 Definition und Kontext

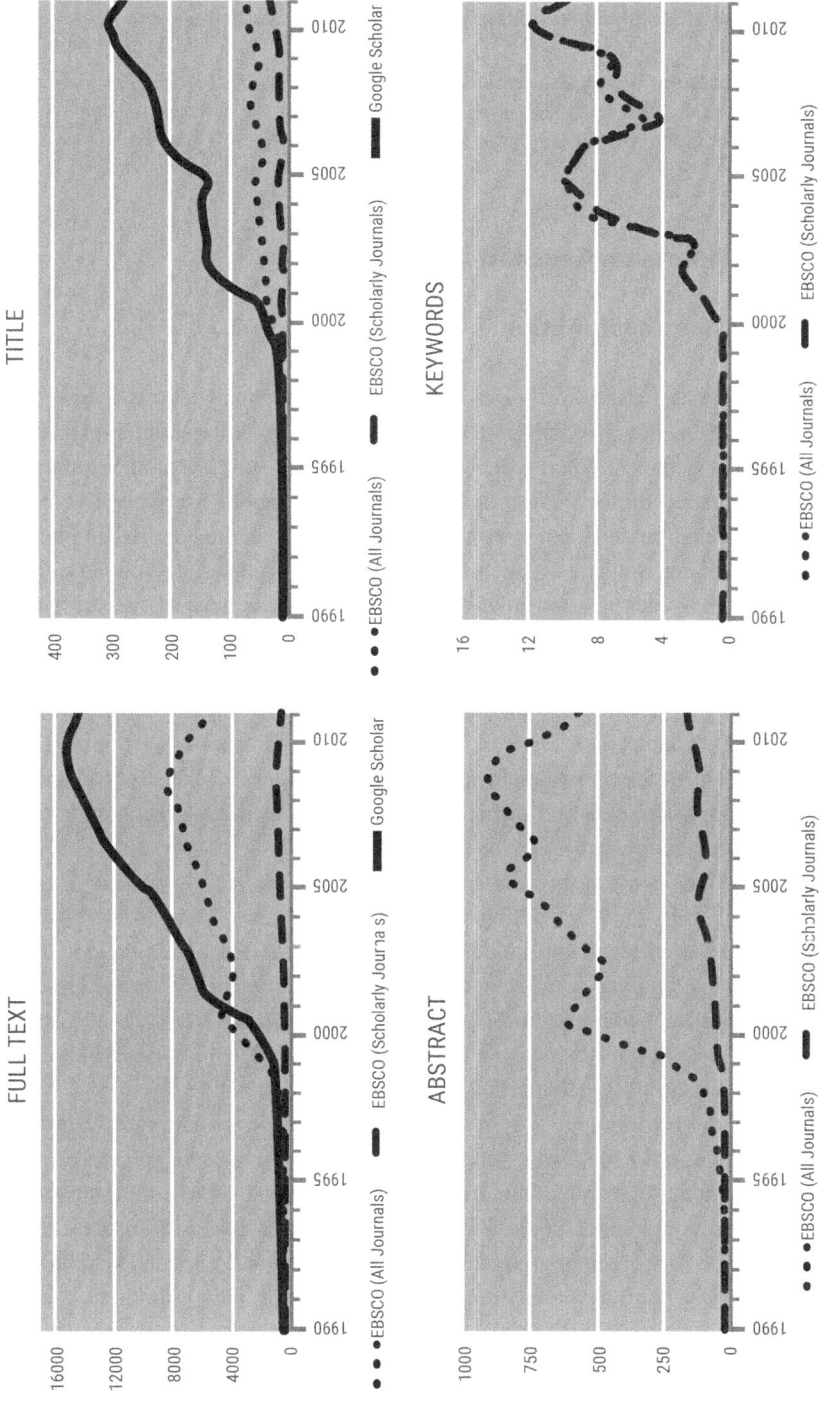

Abb. 5.1 Anzahl der Treffer des Suchbegriffs „Business Model" in EBSCO und Google Scholar pro Jahr. (Quelle: Wagner 2014, S. 10)

die Realisierbarkeit des Planungsvorhabens wahrscheinlicher, als wenn dies nicht sichtbar wäre. Ein Geschäftsmodell kann demnach auch verstanden werden als:

> „… An architecture for the product, service and information flows, including a description of the various business actors and their roles; and a description of the potential benefits for the various business actors; and a description of the sources of revenues." (Timmers 1998, S. 4)

5.2 Funktionen von Geschäftsmodellen

5.2.1 Positionierungsfunktion

Jede neue Geschäftsaktivität ist Teil einer komplexen Branchenumwelt mit diversen Wertschöpfungsbeteiligten. Für eine erfolgreiche Positionierung zukünftiger unternehmerischer Aktivitäten ist die genaue Kenntnis des Ausgangszustandes und möglicher zukünftiger Entwicklungsszenarien dieser Wertschöpfungsumwelt essenziell. Ausgehend von einem profunden Verständnis dessen kann sowohl eine kluge Positionierung des neuen Planungsprojektes innerhalb der Branche als auch eine Strategie zur Einbindung von Partnerunternehmen erarbeitet werden. Es ist unwahrscheinlich, dass ein neues Unternehmen alle Verarbeitungsstufen auf der Wertschöpfungskette selbst umsetzen möchte oder dafür überhaupt die nötige Kompetenz besitzt, insofern ist allein schon die Planung der optimalen Wertschöpfungs*tiefe* ein wichtiger Parameter zukünftigen unternehmerischen Erfolges. Ganz konkret bedeutet dies: Die Teile eines zukünftigen Produktes oder einer Dienstleistung, welche ein Unternehmen nicht selbst in marktfähiger Exzellenz herstellen kann, sollte es fremd beziehen, also von Zulieferern, bzw. von Partnerunternehmen herstellen lassen. (vgl. hierzu auch Kap. 6)

Die eigene Wertschöpfungspositionierung ist somit eine sehr wichtige Basis für wirtschaftlichen Erfolg. Diese zu definieren und sich als Planer hierüber überhaupt eine Meinung bilden zu können ist ein primäres Ergebnis der Geschäftsmodellplanung. Bereits in diesem Kontext sei darauf verwiesen, dass naturgemäß branchenerfahrene Geschäftsplaner diese Übung deutlich besser absolvieren werden als unerfahrene Anfänger. Andererseits fordert die Auseinandersetzung mit den einzelnen Subthemen dieser Methodik die Beteiligten aller Erfahrungsgrade merkbar heraus.

Zudem liefert die Bestimmung der Wertschöpfungstiefe des zukünftigen Geschäfts essenzielle Erkenntnisse für die Umsetzung des Vorhabens. Zu wissen, welche Zulieferer man zukünftig benötigt, führt nicht nur zu der Frage, wann man diese am besten direkt in den Planungsprozess einbinden sollte und ob deren Verfügbarkeit und Austauschbarkeit ggf. auch über eine Ausschreibung zu einem späteren Zeitpunkt möglich ist, sondern die Kenntnis der Wertschöpfungstiefe beeinflusst fundamental auch sämtliche betriebswirtschaftlichen Prognosen (vgl. Kap. 6). Die Ausgabenplanung ist beispielsweise unmöglich, wenn nicht klar ist, mit welchen Preisniveaus seitens der Zulieferer ein Unternehmen zukünftig zu rechnen hat. Ebenso wenig können Investitionen in Maschinen geplant werden, wenn man gar nicht weiß, in welchen einzelnen Stufen der Produktion man zukünftig überhaupt tätig sein möchte und welche und wie viele Maschinen man demnach überhaupt braucht.

Sowohl die Positionierung innerhalb eines zu entwickelnden Partnernetzwerkes als auch die strategisch fundamental wichtige Bestimmung der eigenen Prozessarchitektur sind absolut grundlegende Überlegungen für Planungsteams.

5.2.2 Change-Management-Funktion

Die in diesem Buch beschriebenen methodischen Grundsätze sind nicht nur für Start-ups und Neugründungen relevant, sondern auch für bereits bestehende mittelständische oder große Organisationen. Jedes Unternehmen kann – ebenso wie Privatpersonen – Neugründungen planen und initiieren. Dieses Buch fokussiert Prozessschritte in der Vorphase neuer unternehmerischer Aktivitäten am Markt und ist insofern methodisch sowohl für etablierte Corporate-Entrepreneure als auch für kleine Gründerteams adäquat nutzbar. Gründungsplanungen etablierter Unternehmen können jedoch unter anderen funktionalen Zuständigkeiten oder anderen Überschriften ablaufen. So würde die planerische Gestaltung zukünftiger Geschäftsideen, Entwicklung konkreter Geschäftsmodelle und ihrer prozessualen internen wie externen Verflechtungen sowie die Erarbeitung der resultierenden quantitativen Prognostik für Gründungs- oder Ausgründungsaktivitäten etablierter Unternehmen auch als „strategische Entwicklung", „Szenarioplanung", „Analytik und Prognostik" oder „Grob- und Detailanalytik" bezeichnet (vgl. Odenthal 1999, S. 177 ff. und 233 ff.). Im Prinzip geht es dabei jedoch um dasselbe Durchdenken und Prognostizieren neuer oder veränderter marktorientierter Angebote. Ob sich daraus am Ende eine komplette Neugründung oder eine strategische Abspaltung von Unternehmensteilen (vgl. Odenthal 1999) ergibt macht für die methodischen Schritte im Vorfeld von diesbezüglichen Entscheidungen keinen Unterschied. Der einzige Unterschied ist: Für bereits bestehende Unternehmen sind derartige Entwicklungen Teil ihres Wandels (vgl. Odenthal 1999, S. 145 ff.) – ihrer permanenten Veränderung – hin zu Lernvorteilen, Exzellenz und Wettbewerbsfähigkeit, für Gründungsunternehmen sind sie hingegen der Auftakt ihres Daseins.

▶ **Wandel** bezeichnet die wettbewerbsorientierte Neuausrichtung von Unternehmen und wird auch als „Change" bezeichnet.

Solche Veränderungen können dabei permanent als regelmäßiger Arbeitsauftrag im Rahmen der strategischen Anpassung von Unternehmen stattfinden, sie können aber auch krisen induziert und sehr brutal zu unerwarteten Zeitpunkten nötig werden.

Entrepreneurship-Überlegungen in bereits bestehenden Unternehmen sind im oben beschriebenen Sinne ein Bestandteil von Wandel in den Organisationen, sie können jedoch auch als Instrumente für das Management von Wandel eingesetzt werden:

Wandel ist – egal welche Ursache hierzu geführt hat – immer ein Prozess. Als solcher müssen stets mehrere Phasen der Veränderung bearbeitet werden. Das Modell von Lewin (vgl. Lewin 1947, S. 5 ff.) gibt einen guten Überblick hierüber.

So sind für organisationale Veränderungen folgende Phasen abzugrenzen (vgl. Lewin 1947, S. 5 ff.):
1. *Unfreezing*: Die Notwendigkeit beziehungsweise der Problemdruck für Wandel wird soziologisch innerhalb des Unternehmens wahrgenommen. Dabei gibt es jeweils Mitarbeiter, welche die anstehenden Veränderungen begrüßen („Driving Forces", vgl. Lewin 1947) und welche, die sie ablehnen („Restraining Forces", vgl. Lewin 1947). Überwiegen die „Restraining Forces", so wird Wandel schwieriger oder scheitert. Überwiegen die „Driving Forces", so wird Wandel erleichtert, bzw. kreativer und aussichtsreicher. Ziel der Unfreezing-Phase ist es somit, die „Driving-Forces" anzuregen (vgl. Lewin 1947).
2. *Changing*: Die Umsetzung der neuen Strukturen und Ziele wird durchgeführt. Dies kann umso länger dauern und umso kostenintensiver werden, je weniger die Mitarbeiter auf die bevorstehenden Veränderungen vorbereitet sind und je mehr „Restraining Forces" noch aktiv sind. In dieser Phase laufen auch wichtige Lernprozesse zu den veränderten Prozessen im Unternehmen ab, um das Exzellenzniveau der Produkte oder Dienstleistungen auf konkurrenzfähiges Niveau zu bringen. Je schneller dies geschieht, umso kürzer sind die Umsatzausfälle und Kostennachteile, die das Unternehmen zu verkraften hat. Dies kann jedoch nur dann schnell geschehen, wenn die Mitarbeiter den Wandelprozess unterstützen, wenn also die „Driving Forces" dominieren (vgl. Lewin 1947).
3. *Refreezing*: Das neu erreichte konkurrenzfähige Leistungsniveau muss verstetigt werden, die entwickelten „Best Practices" müssen ausgebaut und in allen Unternehmensbereichen prozessual verankert werden. Veränderungen können erst dann stabil sein, wenn sie im unterbewussten Wissen der Mitarbeiter aufgenommen wurden (vgl. hierzu auch die Ausführungen zu „Tacit Knowledge" im Lernzyklus von Organisationen: Nonaka et al. 2000, S. 5 ff.). Mitarbeiter werden diese Verankerung jedoch nur zulassen, wenn sie motiviert sind (vgl. Lewin 1947 und Streich 1997, S. 237 ff.).

Entscheidender Erfolgsfaktor unternehmerischen Wandels sind somit die Mitarbeiter. Von ihrer Motivation und der Dominanz der „Driving Forces" hängt sehr entscheidend der Erfolg von Veränderungsprozessen im Unternehmen ab.

Umso mehr gilt dies, sofern Unternehmen im Innovations- und Qualitätswettbewerb stehen. Diese Strategie kann nur dann erfolgreich sein, wenn prozessuale sowie produktmäßige Exzellenz umgesetzt werden. Das führt im Ergebnis zu Wettbewerbsüberlegenheit am Markt. Diese innovative Exzellenz ist jedoch Ergebnis von Lernprozessen und diese entstehen naturgemäß in den Köpfen der einzelnen Mitarbeiter (vgl. Nonaka et al. 2000, S. 5 ff., hier: das SECI-Modell). Wenn diese Köpfe durch Demotivation verschlossen sind, können keine Lernprozesse und keine Exzellenz entstehen.

Sofern Geschäftsmodelle von bereits bestehenden Unternehmen ersonnen und umgesetzt werden, ist deren Umsetzung immer ein Teil unternehmerischen Wandels. Umso dramatischer ist dabei der Wandel, je weiter das neue Geschäftsmodell vom ursprünglichen entfernt ist.

Da die Mitarbeiter der entscheidende Erfolgsfaktor unternehmerischen Wandels sind und da neue Geschäftsmodelle insbesondere in den Köpfen lernaffiner und kreativ denkender Mitarbeiter umsetzungsorientierte Gestalt erhalten, haben Geschäftsmodelle auch eine Bedeutung für Wandel. Im Ergebnis können sie den Erfolg von Wandel beeinflussen – sowohl hinsichtlich der Intensität der Widerstände gegen Wandel, als auch hinsichtlich der persönlichen Motivation der Mitarbeiter, also der Bereitschaft, sich selbst das mit dem bevorstehenden Wandel verbundene neue Wissen anzueignen und es weiterzuentwickeln.

Geschäftsmodelle entstehen und konkretisieren sich in drei Analyseebenen:

a. *Strategische Dimension*: Einer Gestaltung der Wertschöpfungsarchitektur muss die Kenntnis der Kundenbedürfnisse, des Wettbewerbsangebotes, der Möglichkeiten der Lieferanten, alternativer Innovationsentwicklungen am Markt sowie geschäftsrelevanter sonstiger Marktkräfte zugrunde liegen. Aus diesen Faktoren bildet sich eine strategische Vision eines neuen Geschäftsmodells unter Kenntnis der eigenen Stärken und Schwächen sowie der realen Handlungsoptionen. Entscheidend in dieser Analyseebene ist der Zukunftsbezug der Überlegungen sowie eine komplexitätsreduzierende Wirkung des entstehenden strategischen Geschäftsmodells. Die Vielfalt aller zur Erarbeitung der strategischen Dimension erforderlichen Informationen ist eingeflossen und hat sich als neue Struktur kristallisiert. Dieses Ergebnis ist ein übersichtliches Bild einer neuen Positionierung im Markt, welches quasi wie ein neues Handlungsmuster aus dem Nebel der externen Vielfalt sichtbar wird.

b. *Strukturelle Dimension*: In Konkretisierung der strategischen Vision beschreibt die strukturelle Dimension moderner Geschäftsmodellentwicklung die konkrete Organisationsarchitektur, mit welcher sich die Ziele der visionären Leistungsvorstellungen umsetzen lassen, nennt Beteiligte und Verantwortungszuordnungen sowie deren Ziele. Im Ergebnis wird die unternehmensinterne wie -externe Wertschöpfungskette sichtbar.

c. *Prozessuale Dimension*: Die historisch ursprünglichste aller Ebenen von Geschäftsmodellen ist die prozessuale Ebene. Seit ca. 1970 ist die Gestaltung von Prozessen – seien diese technologisch/verfahrensmäßig oder betriebswirtschaftlich beschrieben – ein bekanntes Verfahren zur konkreten Zuordnung von Aufgaben zu Stellen, Abteilungen und Organisationseinheiten. Sinn dieser Detaillierung ist die managementmäßige Steuerung der gesamten neuen Struktur, welche nach Realisierung durch die einzelnen Aufgabenzuordnungen bis auf die Ebene des Einzelmitarbeiters unter Definition von zukunftsorientierten Leistungszielen und durch Abschluss von Zielvereinbarungen möglich wird. Es ist dies quasi die operative Detaillierung des Geschäftsmodells und aller seiner Abläufe von der Zulieferung bis zum Kunden.

Werden Mitarbeiter in die Erarbeitung möglicher neuer Geschäftsmodelle auf strategischer Ebene eingebunden, so entsteht bei ihnen eine eigene reflektierte Vision über die unternehmerische Zukunft. Die Mitarbeiter entwickeln Fantasie sowohl für die Positionierung des Unternehmens, aber vor allem bezüglich ihrer eigenen Rolle und bezüglich der damit verbundenen persönlichen Zukunftschancen. Da Geschäftsmodelle primär positiven

Charakter haben (nicht funktionierende Geschäftsmodelle würden aussortiert oder verändert), haben sie demnach auch eine motivierende Wirkung auf die beteiligten Mitarbeiter. Die Mitarbeiter tragen mit eigenen Anregungen zur Entwicklung der Zukunft des Unternehmens bei und sehen sich selbst als Teil dieser Zukunft. Die sich daraus ergebende Motivation kann einem Unternehmen einen erheblichen Schub verleihen, die oben genannte wettbewerbsnotwendige Exzellenz anzuregen und zu forcieren. Im Ergebnis all dessen kann sich eine wichtige Lern- und Leistungskultur im Unternehmen bilden.

Diese Wirkung ist für Change-Prozesse jeder Phase bedeutsam. Mitarbeiter mit hoher Motivation aufgrund spannender Zukunftsaussichten durch überzeugende neue Geschäftsmodelle sind für die Zukunft motiviert und können den „Driving Forces" zugerechnet werden (vgl. Lewin 1947).

Die Change-Management-Funktion von Geschäftsmodellen bedeutet also, ebendiese Geschäftsmodelle als Treiber für organisationalen Wandel zu verstehen und den Change-Prozess mit dem Instrument der Geschäftsmodellentwicklung zu starten.

Im Sinne der beschriebenen Treiberrolle von Entrepreneurship-Visionen für Change-Prozesse sollte die Beteiligung der Mitarbeiter an der Erarbeitung von unternehmerischen Entwicklungsoptionen, Geschäftsideen und Geschäftsmodellen möglichst früh stattfinden. Im Rhythmus des Change-Modells von Lewin sogleich schon im Rahmen des „Unfreezing", im Modell nach Streich möglichst schon begleitend zu der „Schock-Phase" (vgl. Abb. 5.2). Die Entwicklung von unternehmerischen Visionen erfordert Kreativität, Mut zu neuen Wegen sowie Zeit. Unter rapidem Handlungsdruck ist die Kreation von klugen Neuausrichtungen schwierig. Corporate Entrepreneurship sollte insofern ein Bestandteil permanenten Wandels in Unternehmen sein.

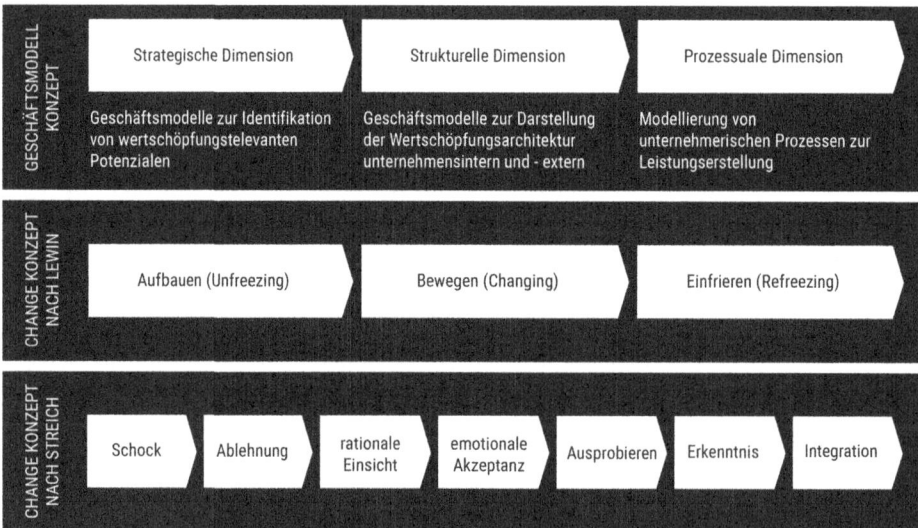

Abb. 5.2 Geschäftsmodellkonzepte und Change-Management-Konzepte. (Quelle: eigene Darstellung in Anlehnung an Wirtz 2003, S. 23 ff.; Lewin 1947, S. 5 ff. und Streich 1997, S. 237 ff.)

5.2.3 Konkretisierungsfunktion

Geschäftsmodelle üben erheblichen Druck auf die Planungsdisziplin der jeweiligen Teams aus, denn grundlegende Entscheidungen über die interne und externe zukünftige Wertschöpfungsstruktur können naturgemäß nur getroffen werden, wenn für verschiedene Alternativen ausgaben- und einnahmerelevante Informationen vorliegen. Das bedeutet konkret, die Teams müssen die jeweiligen Prozessketten bezüglich der damit jeweils verbundenen Investitionen und Kosten verstehen. Ebenso wirkt sich das Design des Geschäftsmodells auf die Umsatzhöhe des Planungsunternehmens aus. Auch diese Seite muss verstanden werden.

Am Beispiel der Eigen- und Fremdfertigung sei dieser Gedanke kurz präzisiert. Zur Strukturierung des Geschäftsmodells ist es wichtig zu wissen, welche Prozesse vom Unternehmen selbst bearbeitet werden und welche an Zulieferer im Outsourcing-Verfahren vergeben werden (vgl. Abschn. 5.5.2). Um diese Entscheidung zu treffen, müssen jedoch mindestens die Kosten der beiden Alternativen bekannt sein. Um aber die Kosten einer Outsourcing-Variante zu kennen, ist mindestens eine sehr präzise Recherchearbeit nötig, besser wäre es jedoch, die potenziellen Zulieferer auch persönlich zu kennen, um ihre Leistungsfähigkeit und ihre Preise einschätzen zu können. Ebenso ist es erforderlich die Prozesse der alternativen Selbstfertigung zu verstehen. Hier geht es nicht nur um die Beschreibung der jeweiligen Leistungsschritte, sondern konkret um die Identifikation geeigneter Maschinen und Anlagen inklusive ihrer Preise, der damit verbundenen laufenden Kosten, einer prozessadäquaten Personalplanung, der Planung der sonstigen Fertigungskosten sowie der für eine bestimmte Fertigungsstückzahl zu erwerbenden Komponenten, bzw. der erforderlichen Roh-, Hilfs- und Betriebsstoffe. Um die hierfür relevante Dimensionierung der Fertigungsmenge zu kennen, muss das Planungsteam somit auch die Zielgruppe, die passenden Marketingmaßnahmen mit Abschätzung des hieraus hervorgehenden Absatzes prognostizieren. Erst dann kann in Abwägung der beiden Geschäftsmodell-Szenarien „Eigenfertigung" versus „Fremdfertigung" eine sinnvolle Entscheidung zur so wichtigen Gestaltung der internen sowie externen Wertschöpfungsprozesse getroffen werden. Wenn die Zulieferer-Variante günstiger ist und die Zulieferer in Qualität, Innovationskraft und Zuverlässigkeit zur Verfügung stehen, würde Outsourcing im Geschäftsmodell definiert, wenn die Eigenfertigung günstiger oder besser ist, würden die eigenen internen Prozessschritte im Geschäftsmodell beschrieben.

Insofern zwingt die Erarbeitung eines Geschäftsmodells sehr dominant zur methodenbasierten Konkretisierung der Geschäftsideen sowie der planerischen Visionen. Diffuse Vorstellungen werden in ihre Komponenten zerlegt und auf Alternativen geprüft und die betriebswirtschaftlichen Auswirkungen verschiedener Varianten des Geschäftsmodells werden analysiert.

Es ist evident, dass solche komplexen Planungsvorgänge nicht eindimensional-linear ablaufen, sondern in verschiedenen Iterationszyklen wiederholt werden. Die Geschäftsidee wird konkretisiert, ein erfolgversprechendes Design des Geschäftsmodells wird in

Hinblick auf Umsätze, Investitionen und Kosten durchgeplant und danach zumeist noch mal optimiert und erneut durchgeplant. Sofern mehrere Geschäftsmodellvarianten keinen Erfolg erkennen lassen, kann auch auf die Ebene der Geschäftsidee noch mal zurückiteriert werden. All diese Planungszyklen sind ein normaler Teil der Arbeit an einem unternehmerischen Gründungsprojekt. Je mehr Iterationen eines Vorhabens durchgeführt werden, desto höher der Erkenntnisgewinn und die zu erwartende Planungsgenauigkeit. Desto konkreter sind auch die Vorstellungen zum zukünftigen Unternehmen.

5.2.4 Entwicklungsfunktion für Geschäftsideen

Für die Entwicklung von Geschäftsmodellen stehen wirkungsvolle Methoden zur Verfügung (vgl. Abschn. 5.5). Ebenso ist der Ansatz der Geschäftsmodellentwicklung aber auch selbst Methodenbaustein für die Generierung neuer und verbesserter Geschäftsideen. Genau wie Kreativmethoden der erleichterten systematischen und assoziativen Gestaltung neuer Denkräume für Geschäftsideen dienen, so dient auch das Vorgehen der Geschäftsmodellentwicklung ebendiesem Ziel. Die einzelnen Bausteine von Geschäftsmodellen sind in dieser Interpretation nichts anderes als Variablen, welche zur Entwicklung von Geschäftsideen unterschiedlich definiert und zusammengesetzt werden können.

Um Geschäftsmodellentwicklung als Kreativmethode zu nutzen, werden zunächst die unterschiedlichen Komponenten von Geschäftsmodellen hinsichtlich ihrer möglichen Ausprägungen untersucht. Aussichtsreiche Ausprägungen gelangen dabei in eine präzisere Betrachtung, welche auch mit strategischen Managementmethoden – wie beispielsweise der Szenarioplanung – vertieft werden können. So werden im Ergebnis diverse unterschiedliche Zielgruppen oder unterschiedliche Produkt-Leistungs-Angebote, verschiedene Kanäle für die Interaktion mit den Kunden, verschiedene Ziele der Wertgenerierung bei Kunden oder jeweils verschiedene relevante Partner und Motivationen für Kooperationen sowie vieles mehr identifiziert. Wichtig ist dabei, dass sich die Anwender jeweils sehr intensiv auf die einzelnen Komponenten der Geschäftsmodellsystematik einlassen, darin quasi beginnen zu denken und dabei die jeweiligen betriebswirtschaftlichen Auswirkungen der einzelnen Varianten erkennen. Die hieraus resultierende analytische Tiefe ist essenziell für die Erarbeitung einer breiteren Varianz von möglichen Ausprägungsvarianten der einzelnen Komponenten neuer Geschäftsmodelle (vgl. Abb. 5.3). Je weiter die Varianten der Geschäftsmodellkomponenten von dem bestehenden Geschäft entfernt liegen, desto größer die Chance, weitreichende Veränderungen für das Unternehmen vornehmen zu können. Was im Planungsprozess nicht erdacht wurde, kann auch später nicht umgesetzt werden. Unternehmen, welche sich gedanklich nicht von ihrer angestammten Wertschöpfungsstruktur lösen können, sind mit hoher Wahrscheinlichkeit zu keinen weitreichenden Wandlungsprozessen fähig und werden bei größeren Umwälzungen ihrer Wettbewerbsumgebung quasi zwingend in Gefahr geraten.

5.2 Funktionen von Geschäftsmodellen

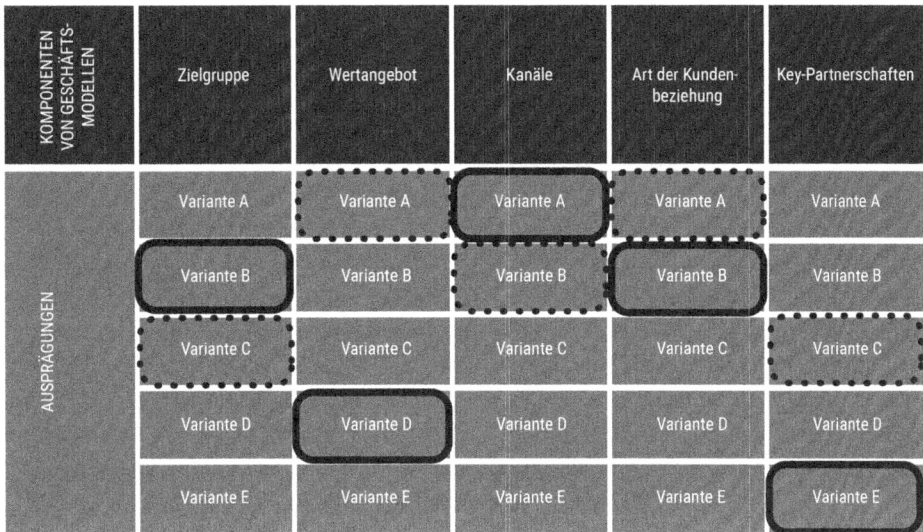

Abb. 5.3 Kreativwirkung von Geschäftsmodellkomponenten. (Quelle: eigene Darstellung)

In Abb. 5.3 sind exemplarisch zwei mögliche Entwicklungspfade für neue Geschäftsmodelle dargestellt, ein gestrichelt markiertes mögliches neues Geschäftsmodell und ein durchgezogen markiertes. Das durchgezogen markierte Geschäftsmodell würde die Ausprägungen B, D, A, B und E der verschiedenen Geschäftsmodell-Komponenten kombinieren, das grüne Geschäftsmodell hingegen die Ausprägungen C, A, B, A, C.

Sowohl die durchgezogene als auch die gestrichelte Varianten-Kombination sind in ihrem Zusammenspiel jeweils nichts anderes als neue unternehmerische Positionierungen, neue mögliche Wettbewerbsstrukturen, neue Unternehmen. Üblicherweise folgen Gründer einem sich vom Allgemeinen in das Komplexe entwickelnden Erkenntnispfad für ihre Gründungsplanungen. Am Anfang steht die Idee, danach werden in mühevoller Kleinarbeit die erforderlichen Ressourcen des zukünftigen Geschäfts(modells) konkretisiert. Es ist jedoch auch die umgekehrte Variante denkbar: Aus einer veränderten Prozessarchitektur fügen sich die einzelnen Teile erst in der Gesamtbetrachtung zu einer kombinierten neuen Vision und zu konkreten neuen Geschäftsideen zusammen.

Welche der beiden Vorgehensweise sich ergibt, hängt von der Ausgangslage des Gründers ab. Sofern die Ausgangslage ein bereits bestehendes Unternehmen ist oder eine bekannte Wertschöpfungsstruktur, so ist ein detaillierter Start sinnvoll: erst die Erarbeitung der einzelnen Teile, danach die Verdichtung zu einer neuen Idee oder Mission. Sofern aber die Ausgangslage beispielsweise eine neue Technologie oder eine einzelne Inspiration im Kopf eines Gründers ist, so ist ein generalisierter Entwicklungsweg zwingend: erst die Erarbeitung der Geschäftsidee – danach die Konkretisierung in ein Geschäftsmodell.

Insofern induziert die Auseinandersetzung mit Details der Geschäftsmodellplanung unternehmerische Entwicklung – aus der Perspektive des Spezialisten, aber auch aus der Perspektive des Generalisten.

5.3 Theoretische Grundlagen

Da Geschäftsmodelle speziell kombinierte Ausschnitte einer Strategie- und Wettbewerbsbetrachtung sind, basiert auch deren wissenschaftliche Einordnung auf den Grundbausteinen moderner Managementtheorie. Primäre Zielstellungen der Geschäftsmodellentwicklung ist die Erarbeitung von Wettbewerbsfähigkeit in Märkten unter Berücksichtigung der Konkurrenz und die optimale Umsetzung dessen innerhalb von Unternehmen.

Die Erarbeitung von Wettbewerbsvorteilen baut auf verschiedenen theoretischen Perspektiven auf. Nachfolgend werden wichtige Ansätze kurz charakterisiert, um Kriterien für die Bewertung von Methoden zur Geschäftsmodellentwicklung ableiten zu können.

Wettbewerbsvorteile von Unternehmen basieren auf Wissen. Wissen über Produkte und/oder Prozesse. Sofern dies Wissen qualitativ attraktive Produkte hervorbringt, welche den Kundenanforderungen genügen oder welche gleich oder besser sind als die Produkte der Konkurrenz, so werden diese Produkte mit hoher Wahrscheinlichkeit von Kunden gekauft. Sofern die Art des Wissens exzellente Prozesse hervorbringt, welche zu Qualitäts- und/oder Kostenvorteilen für die hieraus entstehenden Produkte führen – insbesondere auch im Vergleich zur Konkurrenz -, so werden diese Produkte ebenso mit hoher Wahrscheinlichkeit gekauft. Die Betrachtung des Einflussfaktors „Wissen" auf unternehmerischen Erfolg wird in moderner Diskussion vom „Knowledge-based"-Ansatz beschrieben (vgl. Al-Laham 2003; Grant 1996). Unternehmenserfolg wird hierbei als wettbewerbsfähige Kombination von explizitem und implizitem Wissen in Unternehmen beschrieben (vgl. Renzl 2003, S. 15). Explizites Wissen ist in dieser Interpretation „bewusstes" Wissen von Personen, Gruppen oder der Organisation insgesamt, also beispielsweise Wissen über chemische Mischverhältnisse von Wirkstoffgruppen in Rohprodukten. Implizites Wissen ist hingegen die unbewusste Speicherung von Wissen innerhalb von Unternehmen, also beispielsweise die unternehmenskulturell gewachsene Gewohnheit von Mitarbeitern, bei Problemen in der Fertigung die Ursache zunächst in gemeinsamer Teamarbeit zu identifizieren oder ähnliches. Wettbewerbsfähigkeit wird vom Knowlege-based View als marktfähige Kombination von implizitem und explizitem Wissen analysiert (vgl. Wirtz 2003, S. 48). Erfindungen sind in dieser Interpretation Neukombinationen von etabliertem Wissen (implizit und explizit) mit neuem Wissen aus Innovationsprozessen oder von anderen Marktteilnehmern (vgl. Rassidakis 2005).

Ein aus dieser Betrachtung abgeleitetes Kriterium zur Bewertung von Methoden zur Entwicklung von Geschäftsmodellen ist:

> Inwieweit ist die Methode in der Lage, die Entwicklung von Wissen (implizit sowie explizit) zu befördern?

Wettbewerbsvorteile von Unternehmen basieren zweitens auf der Verfügbarkeit von Ressourcen. Ressourcen können dabei beispielsweise Umlauf- und Anlagevermögen, Mitarbeiter, Informationen, Zugang zu wichtigen Produktionsengpässen, proprietäre Bindung von Partnern, Image, Patente im eigenen Besitz, aber auch implizites Wissen, explizites Wissen und andere Assets sein. In Berücksichtigung dessen beruhen Wettbewerbsvorteile auf der Kombination der Ressourcen in einer Weise, die das Wertversprechen gegenüber den

5.3 Theoretische Grundlagen

Kunden, welches mit dem Erwerb eines Produktes oder einer Dienstleistung verbunden ist, besser erfüllt als das der Konkurrenz oder es in Zufriedenstellung der Kundenerwartung erfüllt (vgl. Rusnjak 2014, S. 54). Je seltener und schwerer imitierbar, desto vorteilhafter ist die Ressourcenausstattung eines Unternehmens und desto langfristig sicherer ist der damit verbundene Wettbewerbsvorteil. Vorrangiges Ziel ist demnach die Bewahrung oder Schaffung der Einzigartigkeit der Ressourcenausstattung des Unternehmens (vgl. Wolf 2011, S. 570).

Ein aus dieser Betrachtung abgeleitetes Kriterium zur Bewertung von Methoden zur Entwicklung von Geschäftsmodellen ist:

> Inwieweit ist die Methode in der Lage, die Entwicklung oder den Besitz von einzigartigen Ressourcen zu befördern?

Wettbewerbsvorteile von Unternehmen basieren auf der Auswahl der aussichtsreichsten Branche und der besten Produkt-Markt-Kombination. Von den verschiedenen wichtigen Elementen einer Branchenumwelt ausgehend gestalten Unternehmen ihre spezifische Angebotsstruktur. Die Situation des Marktes bestimmt die internen Handlungen des Unternehmens (Structure-Conduct-Performance-Paradigma). Diese Sichtweise wird auch als „Market-based View" beschrieben (vgl. Rusnjak 2014, S. 52). Wichtiger Vertreter dieser Sichtweise ist M. E. Porter, dessen 5 Wettbewerbskräfte eine Sortierung und Positionierungsbestimmung der Produkte eines Unternehmens in Hinblick auf die Marktkräfte ermöglichen (vgl. Porter 2013). Anstrebenswert ist eine Positionierung der Produkte eines Unternehmens, die bezüglich der Marktkräfte eine möglichst geringe Gefährdung beziehungsweise eine möglichst starke Ausgangsposition erwarten lässt. Die nach Porter prioritär relevanten Marktkräfte sind: Macht der Abnehmer, Macht der Lieferanten, Wettbewerbsintensität des Marktes, Gefahr von Substituten und Einstiegshürden für neue Marktteilnehmer (vgl. Porter 2013).

Ein aus dieser Betrachtung abgeleitetes Kriterium zur Bewertung von Methoden zur Entwicklung von Geschäftsmodellen ist:

> Inwieweit ist die Methode in der Lage, die Marktkräfte für die Entwicklung von Geschäftsmodellen zu berücksichtigen?

Wettbewerbsvorteile von Unternehmen können auf synergetischer Kooperation mit Partnerunternehmen basieren. Diese wären der eigenen Wertschöpfungsposition vor-, nachgelagert oder parallel gelagert. Wenn beispielsweise ein Unternehmen hoch leistungsfähige Glasfaserkabel und ein anderes Unternehmen innovative digitale Signal-Verstärkertechnologie liefert, entsteht in Kombination beider Kompetenzen ein gemeinsames Produkt mit Wettbewerbsvorteilen für interkontinentale Datenübertragung. Eine derartige synergetische Konstellation wird als „Relational View" bezeichnet (vgl. Dyer und Singh 1998, S. 660 ff.). Wichtig für die Entwicklung synergetischer Wettbewerbsvorteile sind vier verschiedene Managementkompetenzen innerhalb des Netzwerkes beteiligter Partner: das Vorhandensein wettbewerbsrelevanter Ressourcen in allen Produktbereichen, ein gemeinsames Management der kooperativen Wissenstransfers, die

Komplementarität der jeweiligen wettbewerbsrelevanten Ressourcen und des Wissens der Partner sowie eine integrative Netzwerksteuerung (vgl. Duschek 2002, S. 258).

Ein aus dieser Betrachtung abgeleitetes Kriterium zur Bewertung von Methoden zur Entwicklung von Geschäftsmodellen ist:

> Inwieweit ist die Methode in der Lage, synergetische Partnerschaftskonstellationen im Sinne des Relational View zu identifizieren?

Die kostenoptimale Umsetzung der Generierung von Wettbewerbsvorteilen basiert auf Fähigkeiten, interne Strukturen und Prozesse schnell und kosteneffizient an veränderte Umweltbedingungen anzupassen. Diese Kompetenz ist umso mehr entscheidend, wenn sich die Umwelt- und Konkurrenzbedingungen dynamisch und veränderbar darstellen. Dynamische Fähigkeiten beziehen sich auf die Veränderung von Prozessen und Abläufen, deren Ergebnis schließlich neue wettbewerbsrelevante *Ressourcen* sein können (vgl. Alberti 2011, S. 51) oder neue *synergetische Kooperationsbeziehungen*. Insofern ergänzt das Konzept der dynamischen Fähigkeitsbetrachtung sowohl die Ansätze des Resource Based View als auch des Relational View.

Grundsätzlich werden drei verschiedene Wirkungsbereiche dynamischer Fähigkeiten unterschieden (vgl. Teece und Pisano 1994; Teece et al. 1997):
1. *Wettbewerbsrelevante unternehmerische Stärken*: Die Fähigkeiten eines Unternehmens, welche im Wettbewerb relevant sind und die Möglichkeiten, diese Kompetenzen zukünftig in beispielsweise neues Wissen, technische Produkte oder organisationale Stärken weiterzuentwickeln.
2. *Prozesswissen*: Die Fähigkeiten eines Unternehmens, seine wettbewerbsrelevanten Ressourcen zu „rekonfigurieren" (Teece und Pisano 1994), also anzupassen, zu verändern oder im externen Vergleich zu optimieren. Diese „Capability" ist eigentlich keine neue Erkenntnisperspektive in der BWL, sondern refokussiert die jahrzehntelang bekannten Methoden organisationaler Adaption.
3. *Systematische Entwicklungswege*: Da Fähigkeiten üblicherweise nicht solitär wirken, sondern erst durch ihre Kombination und gegenseitige Ergänzung eine wettbewerbsrelevante Gesamtwirkung entfalten, kommt es nicht primär auf einzelne erfolgreiche Projekte der Wissensentwicklung an, sondern vielmehr auf die zielgerichtete und breite Umsetzung von Entwicklungsprozessen innerhalb von Organisationen. Die Fähigkeit des Managements, diese internen multilateralen Entwicklungswege hin zu neuem Wissen korrekt auszulösen und zielgerichtet zu verstetigen führt im Ergebnis zu einer wettbewerbsrelevanten Neu-Kombination organisationaler Fähigkeiten.

Die aktuellen Diskussionen um Modelle dynamischer Fähigkeiten sind sehr vielfältig und eröffnen über ihre heterogenen Betrachtungsperspektiven vielfältige Erkenntnisprozesse und Ansatzpunkte für die Generierung von Wettbewerbsvorteilen. Im Kern jedoch basieren die Ansätze auf altbekannten Säulen und sehr traditionellen Forschungen innerhalb der Betriebswirtschaftslehre:

5.3 Theoretische Grundlagen

- Organisationales Lernen und der unternehmerischen Fähigkeit, die Lernergebnisse für Innovationen nutzbar zu machen
- Anpassungsfähigkeit von Organisationen im Sinne von Organizational Change und vor allem auch im Sinne von hoher Veränderungsgeschwindigkeit von Unternehmen in dynamischen Umwelten
- strategische Exzellenz. Die Identifikation der richtigen Veränderungsrichtung für die Zukunft.

Diese fundamentalen Säulen unternehmerischen Handelns in Berücksichtigung ziehend wird klar, welche wichtige Bedeutung die Auseinandersetzung mit Dynamic Capabilities für Unternehmen hat.

Ein aus dieser Betrachtung abgeleitetes Kriterium zur Bewertung von Methoden zur Entwicklung von Geschäftsmodellen ist:

> Inwieweit ist die Methode in der Lage, die Entwicklung dynamischer Fähigkeiten zu initiieren?

Im Ergebnis hat die praxisnahe Entwicklung von Geschäftsmodellen das Ziel, auf systematische Weise neue unternehmerische Architekturen zu erdenken, welche Wettbewerbsvorteile am Markt schaffen sollen. Daher müssen die Methoden, welche für die Geschäftsmodellentwicklung zur Anwendung kommen, auch den zuvor geschilderten fundamentalen Theorien zu Markt und Wettbewerb entsprechen. Das bedeutet, eine Methode zur Entwicklung von neuen Geschäftsmodellen ist nur dann gut, wenn sie die wichtigsten – aus der wissenschaftlichen Forschung abgeleiteten – Elemente für die Generierung von Wettbewerbsvorteilen hervorbringen kann (vgl. Abb. 5.4). Mit anderen Worten, wenn neu entwickelte Geschäftsmodelle im Ergebnis diese wichtigen Elemente für Wettbewerbsfähigkeit berücksichtigen, sind sie besser als Geschäftsmodelle, welche diese Elemente nicht enthalten.

	Kriterien zur Bewertung von Modellen zur Geschäftsmodellentwicklung (theoretische Perspektive)
Perspektive: Knowledge Based View	Inwieweit ist die Methode in der Lage, die Entwicklung von Wissen (implizit sowie explizit) zu befördern?
Perspektive: Resource Based View	Inwieweit ist die Methode in der Lage, die Entwicklung oder den Besitz von einzigartigen Ressourcen zu befördern?
Perspektive: Market Based View	Inwieweit ist die Methode in der Lage, die Marktkräfte für die Entwicklung von Geschäftsmodellen zu berücksichtigen?
Perspektive: Relational View	Inwieweit ist die Methode in der Lage, synergetische Partnerschaftskonstellationen im Sinne des Relational View zu identifizieren?
Perspektive: Dynamic Capability View	Inwieweit ist die Methode in der Lage, die Entwicklung dynamischer Fähigkeiten zu initiieren?

Abb. 5.4 Kriterien zur Bewertung von Geschäftsmodellen abgeleitet aus den theoretischen Grundlagen. (Quelle: eigene Darstellung)

In Abschn. 5.5 soll eine Erläuterung und Bewertung der beiden wichtigsten Ansätze zur Geschäftsmodellentwicklung in Hinblick auf ihre wettbewerbsorientierte Wirksamkeit (Erfüllungsgrad der verschiedenen theoretischen Prämissen zur Wettbewerbsfähigkeit) durchgeführt werden.

5.4 Aktueller Forschungsstatus

Die Relevanz von Geschäftsmodell-Anpassungen für unternehmerischen Erfolg ist wissenschaftlich unstrittig und konnte durch verschiedene empirische Untersuchungen bestätigt werden.

Eine internationale Studie von IBM zur Innovationsaffinität von leitenden Managern in Europa kam zum Ergebnis, dass sich das primäre Innovationsinteresse der Befragten auf Produkte, Dienstleistungen und Märkte richtet und sekundär auf Prozess- und Strukturoptimierung. Allerdings ist evident, dass Unternehmen, die sich explizit Innovationen ihres Geschäftsmodells zuwenden, sowohl ein höheres Wachstum als auch eine überdurchschnittliche Marge im Vergleich zur Konkurrenz haben (vgl. IBM 2006).

Eine Studie des Instituts für Handel und Internationales Marketing (H.I.Ma.) der Universität des Saarlandes gelangt experten- und fallstudienbasiert zu einer differenzierten Betrachtung des Begriffes „Geschäftsmodell". Hiernach sind Modifizierungen unternehmerischer Geschäftsmodelle dann besonders erfolgsstiftend, wenn diese als Neukombination von Ressourcen und Fähigkeiten verstanden werden (vgl. Zentes et al. 2013, S. 10 ff.). Strategischer Erfolg eines Unternehmens ist dann insbesondere gegeben, wenn die Organisation in der Lage ist, ihre Ressourcen und Fähigkeiten wechselnden externen Umwelt- und Marktbedingungen anzupassen (vgl. Zentes et al. 2013, S. 10 ff.). Ein wichtiges Ergebnis der verschiedenen Studienteile ist der Nachweis der Erfolgswirkung des Faktors „Veränderung" bzw. „Evolution" von Geschäftsmodellen.

Eine Studie der Detecon Beratungsgesellschaft in Kooperation mit der Universität Köln in Form einer qualitativen Erhebung basiert auf Experteninterviews in Unternehmen verschiedener Größenklassen aus den Branchen Energie, Versicherungen, Handel, Transport und Logistik und hat das Thema Geschäftsmodellveränderung zum Inhalt (vgl. Rieger et al. 2015). Drei Viertel der befragten Experten sehen Geschäftsmodellveränderungen als notwendigen Prozess und als Folge einer zunehmenden Dynamisierung der Unternehmensumwelt an (vgl. Rieger et al. 2015), welche sich sowohl durch verstärkten internationalen Wettbewerb als auch durch technologischen Wandel erklärt (vgl. Rieger et al. 2015). Produktinnovationen sind hiernach nicht allein in der Lage, Wettbewerbserfolge für Unternehmen zu generieren. Es ist vielmehr die Einbettung der Produktinnovationen in ein bereites System betrieblicher Wertschöpfung – hier bezeichnet als „Geschäftsmodell" – erforderlich (vgl. hierzu auch Osterwalder et al. 2015, S. 49). Diese Diagnose deckt sich mit den Ergebnissen einer Befragung von 1700 Managern aus dem Jahre 2008, wobei Geschäftsmodellinnovationen mehrheitlich als das

5.4 Aktueller Forschungsstatus

zentrale Werkzeug für Markterfolg angesehen wurden (vgl. IBM Business Consulting Services 2008, S. 49).

Alle Studienergebnisse sind nicht überraschend. Die Gestaltung von Geschäftsmodellen war schon immer ein Teil der BWL, wenn auch historisch in Forschung und Methodik nicht als eigene Sichtweise hervorgehoben. Eine Produktionswertschöpfung ohne passende Gestaltung des Weges zum Kunden oder ohne Berücksichtigung der Wertschöpfungsstruktur wichtiger Vorprodukte bzw. Komponenten und ohne ein spezifisches Design der Prozessschritte innerhalb und außerhalb des Unternehmens ist seit jeher nicht denkbar. Einzig die explizite und methodenbasierte Analyse der Geschäftsmodellkomponenten und ihrer Synthese ist neu. Natürlich gelingt es Unternehmen nur dann, Produkte oder Prozesse auf international wettbewerbsfähigem Niveau zu entwickeln, wenn die dafür nötigen Lern- und Kreativitätsprozesse sowie die technischen Entwicklungen im Sinne einer veränderten Kombination von Ressourcen und Ausstattungen zielgerichtet stattfinden. Das ist keine einfache Aufgabe. Besonders in Zeiten immer komplexerer Technologien ist es nicht mehr möglich, einfach einen Produktteil innovativ zu tauschen und ansonsten – sowohl in der Produktion als auch in der Kundeninteraktion – alles beim Alten zu belassen. Zu spezialisiert sind die Wissensbereiche, die für Innovationen erforderlich sind und zu komplex sind die mit technischen Änderungen einhergehenden notwendigen Anpassungen vieler vernetzter Prozesse. Ebenso erfordern komplexe Technologien spezielle Kundeninteraktionen. Und sie erfordern es nicht nur, sondern neue Technologien ermöglichen auch sehr kreative bisher unbekannte Interaktionsmuster mit Kunden und Distributoren. Deren Nutzung kann zu Alleinstellungsmerkmalen gegenüber der Konkurrenz führen. Das zu erreichen streben zunehmend mehr Unternehmen an – mit dem Ziel langfristig überlegener Wettbewerbspositionierung. Kein Wunder also, dass sowohl Unternehmen als auch Wissenschaftler derzeit die Geschäftsmodellperspektive aus den üblichen betriebswirtschaftlichen Analysen heraussezieren und sich speziell mit ihr befassen. Kein Wunder ebenso wenig, dass dies gerade im aktuellen Technologie-Megazyklus passiert. Und kein Wunder schließlich, dass die oben benannten Studien und Befragungen von Top-Managern diese Situation empirisch nachweisen.

Die Emanzipation der Geschäftsmodellperspektive in der BWL schlägt sich aktuell in zwei dominierenden Forschungsrichtungen nieder:

Erstens in der Perspektive der Geschäftsmodell-Evolution. Hierbei steht *der Weg* hin zu neuen erfolgreichen und wettbewerbsdominierenden Ansätzen im Vordergrund. Dazu sollen Unternehmen ihre eigenen Ressourcen, Kompetenzen und Wertschöpfungsbeziehungen so entwickeln, dass als Ergebnis eine Geschäftsmodell-Alleinstellung entsteht. Neben den sowieso erforderlichen technischen Lernprozessen zur Generierung von Innovationen ist dies quasi ein übergeordneter, koordinierender Lernprozess.

Zweitens in der Perspektive der Geschäftsmodell-Innovationen. Dies bezieht sich auf das Ergebnis der Geschäftsmodell-Evolution, also auf den Grad der Wettbewerbswirksamkeit neu erdachter Geschäftsmodelle. Der methodische Forschungshintergrund ist hierzu eng mit Methoden des Innovations- und des strategischen Managements sowie des strategischen Marketings verknüpft. Konkurrierende Geschäftsmodelle müssen evaluiert, zielgruppengerecht für das eigene Unternehmen gestaltet und auf längere Frist positioniert werden. Geschäftsmodelle werden zu wettbewerbsstrategischen Assets und operativen Gestaltungselementen der Unternehmen.

5.5 Methoden der Entwicklung von Geschäftsmodellen

5.5.1 Business-Canvas-Methode

Der meist verbreitete Ansatz methodischer Geschäftsmodell-Entwicklung ist der „Business Canvas-Ansatz" nach Osterwalder und Pigneur (2011) (Abb. 5.5). Hierbei bestimmen 4 Dimensionen die Analyse und die einzelnen Teilschritte zur Erarbeitung neuer Geschäftsmodelle (vgl. Osterwalder und Pigneur 2011, S. 19 ff.):

a. die Gestaltung des Angebots
b. die Perspektive der Kunden
c. die Perspektive der Wertschöpfungsstruktur (Infrastruktur in Definition der Autoren)
d. die Perspektive der Finanzierung

Wertangebot und Gestaltung des Angebots
Die Gestaltung des Angebotes für Kunden bezieht sich auf die inhaltliche Gestaltung der Komponenten und Elemente einer den Kunden dargebotenen Kombination aus Produkten und Dienstleistungen. Für die Kunden soll sich insbesondere aus jener Kombination ein höherer Nutzen ergeben als wäre das Produkt nur solitär verfügbar. Daher auch der Begriff „Wertangebot", der sich auf eine zusätzliche Erfüllung von Bedürfnissen und dem damit verbundenen höheren Nutzwert des Produkt-/Dienstleistungs*paketes* aus Kundensicht er-

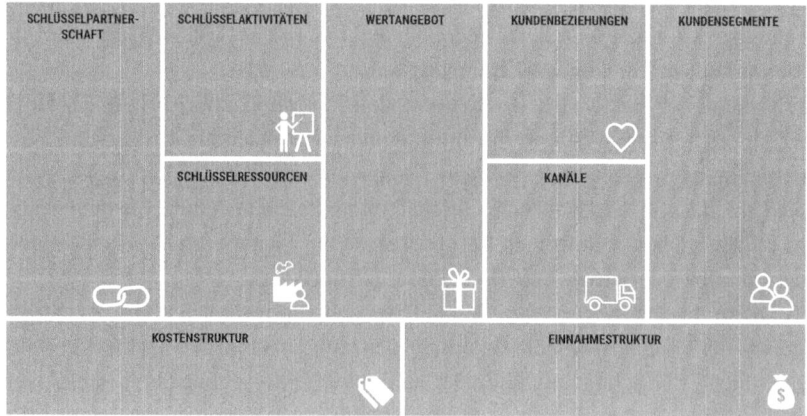

Abb. 5.5 Die Business-Canvas-Methode. (Quelle: Osterwalder und Pigneur 2011, S. 19 ff.)

gibt (vgl. Osterwalder und Pigneur 2011, S. 26). Im Kern handelt es sich bei dem hier dargestellten methodischen Vorgehen um eine erweiterte Perspektive klassischer Produktentwicklung in Kombination mit Kundenanalyse/Bedürfnisanalyse und strategischer Unternehmensanalytik.

Der höhere Nutzen für die Kunden kann dabei eher produktinduziert oder eher dienstleistungsinduziert sein, je nach Branche oder spezifischer Unternehmenssituation sinnvoll. Die diesen Nutzen auslösenden Angebote des Unternehmens können dabei primär quantitativ (bspw. Attraktiver Preis, hohe Liefergeschwindigkeit, etc.) oder primär qualitativ (bspw. überdurchschnittliche Produktleistungen oder besondere Produkteigenschaften) sein. Die den besonderen Nutzen auslösenden Angebotspakete können dabei ebenso eher innovativ und am Markt unbekannt sein (dann wäre es eine Angebots-Neuheit) oder eine Kombination bekannter Inhalte darstellen. Ebenso können Designvorteile oder Imagevorteile einen besonderen Kundennutzen induzieren (vgl. Osterwalder und Pigneur 2011, S. 26 ff.).

Der bestimmende Grundgedanke bei der methodischen Wert- und Nutzenbetrachtung aus Kundensicht ist jedoch, ob die Kunden bei Nutzung des erweiterten Produkt-/Dienstleistungspaketes konkrete Kostenvorteile haben, indem ihnen beispielsweise nötige Arbeitsschritte der Weiterverarbeitung des Produktes (bei Unternehmen als Kunden) abgenommen werden oder ob produktbegleitende Handlungen für die Kunden übernommen werden bzw. sie zusätzliche Vorteile aus Nutzung des gesamten Angebotspaketes ableiten können (bei privaten Endkunden). Insofern fokussieren die methodischen Ansätze der Angebotsgestaltung des Business Canvas ganz direkt Make-or-Buy-Überlegungen der Abnehmer.

Die Perspektive der Kunden
Die Grundüberlegung der Business-Canvas-Methode ist die analytische Auseinandersetzung mit den Kunden und Zielgruppen. Das ist auch zwingend, denn nur über eine besondere Kenntnis der Kundenbedürfnisse, ihrer prozessualen Nutzungsrealität des Produktes und ihrer subjektiven Wertzumessungen können überhaupt mögliche Ansatzpunkte für besonders nutzenstiftende Produkt-/Dienstleistungskombinationen abgeleitet werden. Der Weg des Business-Canvassing ist hier ein klassischer, nämlich vom Kunden-Bedürfnis-Verständnis hin zur Gestaltung geeigneter Lösungsangebote.

Das Verständnis der Kunden wird methodisch durch Segmentierung erreicht, hier insbesondere durch analytische Kategorisierung von Kundengruppen, deren Bedürfnissen, deren Präferenzen, Eigenschaften und besonderen Merkmalen (vgl. Osterwalder und Pigneur 2011, S. 25 ff.). Hieraus lassen sich dann die angebotsrelevanten Komponenten herleiten, welche die intendierte Wertzumessung seitens der Kunden begründen.

Die Kundensegmentierung wird sehr detailliert empfohlen mit einer Priorisierung nach Segmentrelevanz. Jede Segmentanalyse führt im Ergebnis zu besonderer Kenntnis der entsprechenden Kundengruppen und ihrer nachfragebezogenen Rationalität. Die schließlich identifizierte Gruppe dominierender Kundensegmente bestimmt im Ergebnis die Gestaltung des – hieraus folgenden – genau zugeschnittenen Angebotspaktes. Sofern die Präferenzen mehrerer Kundensegmente nah beieinander liegen, wird das Unternehmen ein zentrales Wertangebot definieren. Sofern sich die Präferenzen der Kundensegmente deutlich unterscheiden, werden verschiedene Wertangebote das Ergebnis sein (vgl. Osterwalder und Pigneur 2011, S. 24, 25).

Die Perspektive der Wertschöpfungsstruktur
Die Strukturierung der zum Kunden nachgelagerten Wertschöpfungsaktivitäten folgt einem sehr breiten Marketing-Verständnis. Die Gestaltung der Kanal-Phasen (Aufmerksamkeit – Kauf – Nach-Kauf/Service) wird in Verbindung mit den verschiedenen Kooperations-Optionen (eigene/intern, Partner/extern sowie direkt/indirekt jeweils) für das jeweilige Wertangebot und für die jeweilige Zielgruppe spezifisch vorgenommen (vgl. Osterwalder und Pigneur 2011, S. 31).

Von besonderer Bedeutung ist die Gestaltung der Kundenbeziehungen, welche die gewählten Kanäle zum Kunden unterstützen (vgl. Osterwalder und Pigneur 2011, S. 33 f.). Wiederum den Bedürfnissen der Zielgruppe folgend können hier sehr vielfältige und auch kreative Kombinationen verschiedener Interaktionsmaßnahmen entstehen, die von persönlichen Interaktionen über Automatisierung, Communities bis hin zur Beteiligung der Zielgruppe an originär unternehmensinternen Vorgängen reichen (beispielsweise „Open Innovation" (vgl. Braun 2012)).

Sofern die Kanäle und Interaktionen sowie das Wertangebot und die kritischen Bedürfnisse der Kunden bekannt sind, können die Einnahmequellen definiert werden. Auch hier geht Business Canvas von einer zielgruppenorientierten Sichtweise aus, also von der zentralen Fragestellung, wie viel und wofür die Zielgruppe bereit zu zahlen ist (vgl. Osterwalder und Pigneur 2011, S. 36 ff.). Als Beispiele und Inspiration werden verschiedene grundsätzliche Einnahmeoptionen (Verkauf, Mitgliedsgebühren, Verleih, Lizenzen, etc.) angeboten, die mit unterschiedlichen Preismechanismen (bspw. Festpreise, variable Preise) kombinierbar sind (vgl. Osterwalder und Pigneur 2011, S. 37).

Zur Erstellung der zuvor definierten Leistungspakete (vgl. oben: „Wertangebot") sind Ressourcen erforderlich, welche im Forschungskontext „Resource-based View" der BWL (vgl. Abschn. 5.3) bereits seit längerem eine umfängliche Beschreibung gefunden haben (vgl. Freiling 2001). Ressourcen sind hiernach dem Leistungserstellungsprozess zur Verfügung stehende physische Gegenstände, Wissen sowie immaterielle Vorteile und ebenso finanzielle Ressourcen (vgl. Freiling 2001, S. 5 ff.). Wichtig ist bei der Betrachtung, dass die für das Unternehmen verfügbaren Ressourcen wettbewerbsrelevant sind, das heißt, dass durch ihre Nutzung am Markt Wettbewerbsvorteile entstehen.

Ausgehend von diesen Grundgedanken des aktuellen betriebswirtschaftlichen Forschungsparadigmas „Resource-based View" greifen Osterwalder/Pigneur die Analyse erfolgskritischer Ressourcen im Rahmen des Business-Canvas-Modells unter der Überschrift „Schlüsselressourcen" auf (vgl. Osterwalder und Pigneur 2011, S. 38 f.). Dies verbunden mit der Aufforderung, die für das Erstellen des zuvor definierten Leistungsangebotes erfolgskritischen Grundelemente (Schlüsselressourcen) zu identifizieren. Die Schlüsselressourcen müssen dabei nicht zwingend im Besitz des planenden Unternehmens sein, sondern können sich auch bei – potenziellen oder bereits verbundenen – externen Partnern befinden (vgl. Osterwalder und Pigneur 2011, S. 31).

Diese Überlegungen resultieren in der systematischen Bestimmung der (externen) Wertschöpfungspartner („Schlüsselpartner"), also all der Akteure, welche zur Realisierung des Wertangebotes beitragen sollen (vgl. Osterwalder und Pigneur 2011, S. 42 f.). Es ist dies quasi die Konkretisierung der Bindung externer Partner, deren „Schlüsselressourcen" das Unternehmen selbst nicht besitzt. Die Bindungsformen der Schlüsselpartner in die geplante Wertschöpfung kann dabei vielfältig sein.

Osterwalder und Pigneur unterscheiden vier Grundarten der Bindung von Schlüsselpartnern:
– Strategische Allianzen zwischen Nicht-Wettbewerbern
– Coopetition: strategische Partnerschaften zwischen Wettbewerbern
– Joint Ventures zur Entwicklung neuer Geschäfte
– Käufer-Anbieter Beziehungen zur Sicherung zuverlässiger Versorgung (vgl. Osterwalder und Pigneur 2011, S. 42).

Diese Unterscheidung erscheint nicht vollständig logisch, denn Joint-Ventures zur Entwicklung neuer Geschäfte und Käufer-Anbieter-Beziehungen sind auch nichts anderes als strategische Allianzen zwischen Nicht-Wettbewerbern. Die Intention dieser Unterscheidung ist offenbar weniger eine betriebswirtschaftlich-normierende, als vielmehr eine praktische – die Aufmerksamkeit realer Planer inspirierende.

In der Gesamtbetrachtung der Wertschöpfungsstruktur runden Überlegungen zu den so genannten „Schlüsselaktivitäten" die Business-Canvas-Analysen ab. Hierbei werden diejenigen Handlungen erdacht, welche ein Unternehmen ausführen muss, um hinsichtlich der Erstellung des ursprünglich gestalteten Wertangebotes erfolgreich zu sein (vgl. Osterwalder und Pigneur 2011, S. 40). Aus betriebswirtschaftlicher Sicht lässt sich dieser methodische Schritt mit „Definition der operativen Prozesse" des Unternehmens beschreiben.

Die Perspektive der Finanzierung
Ein wichtiger Schritt des Business-Canvassing ist die Bewertung der vorangegangenen Analyseschritte mit Kosten (vgl. Osterwalder und Pigneur 2011, S. 44 f.). Sowohl die prozessuale Dimension der Überlegungen als auch die Planungen zu möglichen externen Partnern, zu erforderlichen Ressourcen und zu Absatzkanälen können – nach entsprechender Recherche – mit Kosten bewertet werden. Osterwalder/Pigneur legen hierfür eine Differenzierung der beiden grundlegenden Kostenkategorien „fixe" und „variable" Kosten nahe.

In Gegenüberstellung einerseits der geplanten zukünftigen Erträge, die für die verschiedenen Einnahmequellen (vgl. Abschnitt „Perspektive der Wertschöpfungsstruktur") und Planjahre realistisch erscheinen und andererseits der geplanten Kosten für die Leistungserstellung – ebenso nach Planjahren differenziert – lässt sich eine Ergebnisabschätzung für das neue Geschäftsmodell erarbeiten. Diese Abschätzung kann – systematisch kategorisiert in die verschiedenen Kosten- und Erlösarten einer Gewinn- und Verlustrechnung – eine erste Gewinnabschätzung der visionären Geschäftstätigkeit über die Planjahre ergeben.

Unter Berücksichtigung der sich hieraus ergebenden Liquiditäts-Zuflüsse in das Unternehmen hinein und der produktionsmengenabhängigen Planung der Produktion in den Planjahren mit dem davon abhängigen notwendigen Erwerb von Produktionsressourcen (vgl. Abschnitt „Perspektive der Wertschöpfungsstruktur") und den damit verbundenen Liquiditäts-Abflüssen können über die Planjahre recht übersichtlich positive und negative Liquiditätssalden prognostiziert werden. Selbige wären entweder vorzufinanzieren oder böten Rückzahlungspotenzial. Im Ergebnis ist so der Finanzierungsbedarf des neuen Geschäftsmodells für den Planungszeitraum ermittelbar.

Gesamtwürdigung
Die Business Canvas-Methode ist ein übersichtlicher Methodenbaukasten, der die relevanten unterschiedlichen Planungsbereiche in einfacher und übersichtlicher Weise darstellt und so einen praktischen Leitfaden für die Gestaltung neuer Geschäftsmodelle darstellt. Das System enthält wichtige kreative Schritte in zentralen Planungsfeldern und erweitert so sehr sinnvoll die Perspektive klassischer Businessplanung.

Jedoch ist das Modell in vielen Teilen partiell fokussiert und berücksichtigt wichtige Perspektiven, wie beispielsweise die strategische Analyse neuer Trends oder die Betrachtung möglichen Konkurrenzverhaltens nur rudimentär. Ziel von Business Canvassing ist es, neue Geschäftsmodelle systematisch zu erarbeiten und dabei die wichtigen Elemente analytisch zu durchdringen. Ziel ist es nicht, eine vollständige Herleitung der quantitativen Details einer prognostischen Ergebnis-Rechnungslegung zu erarbeiten. In dieser Grenzziehung der Methode liegt ein Kritikpunkt: Business Canvassing ist gestaltend und analytisch, aber – ohne methodische Ergänzung – zu weit entfernt von quantitativer Prognostik und von den betriebswirtschaftlichen Details dessen. Hieraus können Planungsfehler entstehen, die sich nur durch besseres Methodenwissen der BWL vermeiden lassen. Diese Tiefe bereitzustellen ist jedoch nicht das Selbstverständnis der Business-Canvas-Methode. Demnach böte es sich an, das Business-Canvas-Modell als Basis-Orientierung für geschäftsmodellbezogene Planungsaufgaben zu nutzen, es jedoch sowohl strategisch, als auch rechnungsbezogen durch ergänzende betriebswirtschaftliche Analysen zu ergänzen.

Nichtsdestotrotz ist Business Canvassing das aktuell dominierende Modell zur Entwicklung von neuen Geschäftsmodellen. Das Vorgehen ist auch für betriebswirtschaftlich nur gering begabte Anwender möglich und trägt so zu einer breiten Perzeption der Perspektive „Geschäftsmodell" für neue unternehmerische Aktivitäten bei, was allein ein nicht zu unterschätzender Vorteil ist und was die praktische Anwendung des Modells in breiter Anwendung legitimiert.

5.5.2 Prozessorientierte Geschäftsmodellplanung

Die prozessorientierte Geschäftsmodellplanung (eigene Methodenentwicklung) setzt an der Geschäftsidee an und ermöglicht eine systematische Konkretisierung der Idee. Hierfür ist gleich zu Beginn eine sehr wichtige Entscheidung zu treffen: die Positionierung innerhalb der Wertschöpfungskette. Hierfür gibt es zwei gegensätzliche Optionen:

1. *Internalisierung*: Möglichst viele Segmente der vorgelagerten (Zulieferer-) und nachgelagerten (Abnehmer-)Wertschöpfungskette werden vom Unternehmen selbst ausgeführt. Die Anzahl der Lieferanten und Zwischenhändler auf dem Weg zum Unternehmen und danach zum Kunden wird so reduziert.

   Entscheidende Kriterien für die Frage, ob eine Prozessstufe der Wertschöpfungskette im zu gründenden Unternehmen selbst ausgeführt werden soll oder ob die Vorprodukte von einem Lieferanten bezogen werden sollen, ist die jeweils erreichbare Exzellenz der Leistung: die Qualität des Vorproduktes, seine Innovationskraft und die Kosten dessen (Exzellenz der Prozesse).

   Hierbei kommt es darauf an, welche Wettbewerbsstrategie am Zielmarkt des Produktionsunternehmens dominiert. Sofern der Wettbewerb über günstige Preise entschieden wird, so sind das primäre Entscheidungskriterium für die Frage zur Eigen- oder Fremdfertigung die Kosten. Ist zu erwarten, dass das zu gründende Unternehmen die benötigten Vorprodukte in eigener Herstellung bei vergleichbarer Qualität kostengünstiger fertigen kann, so lautet die Entscheidung zur Gestaltung der entsprechenden unternehmerischen Wertschöpfungskette: Internalisierung. Das neu zu gründende Unternehmen würde also im Rahmen der Geschäftsmodellentwicklung planen, diese Vorprodukte selbst herzustellen.

   Sofern der Wettbewerb über Innovationen oder herausragende Qualität entschieden wird, wäre zu prüfen, ob die Zulieferer oder das neu zu gründende Unternehmen in dieser Disziplin besser sind. Ist zu erwarten, dass das neu zu gründende Unternehmen die benötigten Vorprodukte in besserer Qualität oder mit höherer Innovationskraft im Vergleich zu den Zulieferern erschaffen kann, so würde deren Fertigung ebenso internalisiert werden. Das neue Unternehmen würde also diese Vorprodukte selbst herstellen.
2. *Externalisierung*: Ist hingegen ein fremdbezogenes Vorprodukt bei gleicher Qualität deutlich günstiger und steht das neu zu gründende Unternehmung in einem Kostenwettbewerb, so wäre der Bezug des Vorproduktes über Zulieferer eine sinnvolle Option. Ist ein fremdbezogenes Vorprodukt deutlich besser in seiner Qualität und/oder Innovationskraft (für Unternehmen, die sich im Qualitäts- oder Innovationswettbewerb befinden) als es das zu gründende Unternehmen selbst ausführen könnte, so wäre ebenso primär der Fremdbezug über Zulieferer zu empfehlen.

Bei Fremdbezug – also einer Externalisierung der Herstellung produktionsrelevanter Komponenten, Vorprodukte oder Leistungen – ist sehr wichtig, auch die Kosten der Koordination dieser Beziehung – die Transaktionskosten – zwischen den zwei rechtlich unabhängigen Unternehmen zu bewerten. Für die externe Zuliefererbeziehung beispielsweise werden Kosten der Vertragsgestaltung, der Überwachung, ggf. der Rechtsverfolgung, Kosten für Verhandlungen, Kosten möglicher Vertragsanpassungen bei Umweltänderungen

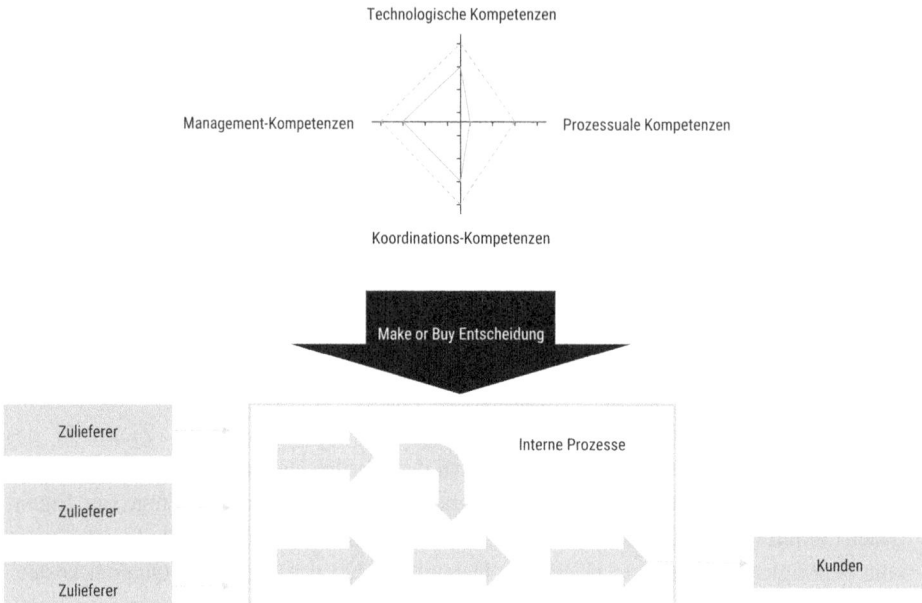

Abb. 5.6 Entwicklung der prozessorientierten Geschäftsmodellplanung. (Quelle: eigene Darstellung)

und ähnliches anfallen (vgl. Meyer 1996, S. 34). Diese „Transaktionskosten" müssen im Rahmen der Make-or-Buy-Entscheidung den Kosten für externalisierte Leistungserbringung zugerechnet werden.

In Abb. 5.6 sind für die systematische Klärung der Make-or-Buy-Entscheidung grundlegende Analyseparameter dargestellt. Bessere Qualität, stärkere Innovationskraft oder günstigere Prozesse basieren auf wichtigen Kompetenzen eines Unternehmens oder eines Gründungsteams. Diese Kompetenzen (technologische Kompetenzen, prozessuale Kompetenzen, Ressourcen koordinierende Kompetenzen und allgemeine Management-Kompetenzen) müssen in Lernprozessen erst erworben und aufgebaut werden, bevor ein Unternehmen besser ist als beispielsweise alternative Zulieferer (die die jeweilige Produktion und die damit verbundenen Lernzyklen ja schon seit Jahren erfolgreich betreiben). Es ist somit für viele Produktions-Startups eher nicht zu erwarten, dass sie langjährig erfolgreiche Zulieferer in Hinblick auf deren Qualität, Innovationskraft oder deren Preise für erforderliche Vorprodukte schlagen können. Insofern werden die meisten Gründungsteams höchstwahrscheinlich für wichtige Vorprodukte eher die Variante „Externalisierung" wählen und diese Vorprodukte am Markt von Zulieferern erwerben.

Für die Gestaltung des Geschäftsmodells ist es wichtig zu wissen, welche Vorprodukte benötigt werden und ob es Zulieferer dafür gibt. Für die davon betroffenen Produktkomponenten würde dann im Geschäftsmodell ein Fremdbezug durch Zulieferer vorgesehen. Üblicherweise würde dies auch in der Übersichtsdarstellung der externen Wertschöpfungskette (Zulieferer) grafisch illustriert (vgl. Abb. 5.6).

5.5 Methoden der Entwicklung von Geschäftsmodellen

In gleicher Weise würden nicht nur die Zulieferer, sondern auch externe Abnehmer auf dem Weg hin zum Kunden (beispielsweise Logistikdienstleister, Zwischenhändler, Großhändler, Exporteure oder andere) im Rahmen einer Make-or-Buy-Entscheidung analysiert und die entsprechenden Prozessschritte würden im Ergebnis wiederum entweder als interne oder externe Leistungserbringung definiert.

Für den umgekehrten Fall – dass die Gründungsteams sich zutrauen selbst bessere Qualität, herausragende Innovationen oder geringere Kosten für Vorprodukte oder nachgelagerte Leistungen zu generieren – würden die entsprechenden Prozessschritte als interne, durch das Unternehmen selbst zu erbringende Leistungen, in der Darstellung des Geschäftsmodells eingetragen (vgl. Abb. 5.6).

An der Stelle ist bereits ein wichtiger Erfolgsfaktor für Gründungen evident: die Professionalität und die Expertise des Gründungsteams. Es ist nicht einfach für ein Gründungsteam, in wichtigen Prozessen der Leistungsgenerierung besser zu sein als alternative Unternehmen, die schon jahrelange Übung in der Herstellung der Vorprodukte oder nachgelagerter Leistungen haben. Andererseits ist es für das Gründerteam aber nötig, in zumindest einigen Teilen seiner Produktion besser als andere zu sein, denn ein kompletter Fremdbezug von allen wichtigen Produktteilen kann insgesamt sehr teuer werden oder auch von Konkurrenten leicht kopiert werden. Somit besteht die Gefahr, dass die Endprodukte aufgrund zu hoher Preise oder schwacher Alleinstellungen nicht mehr am Markt absetzbar sind. Das junge Unternehmen würde mit seinem Angebot scheitern. Um dies zu vermeiden, sind also technische Experten oder Produktionsspezialisten im Team erforderlich, welche eine Leistungsprofessionalität auf Marktniveau sicherstellen können.

Diese Experten sind es auch, welche im Rahmen der Geschäftsmodellplanung die gesamten internen Prozessschritte der Leistungserstellung auf branchenbewährtem exzellentem Niveau planen und im Geschäftsmodell entsprechend darstellen würden (vgl. Abb. 5.6). Es ist dabei sehr wichtig, die Prozessschritte detailliert und genau zu durchdenken, denn dieses prozessuale Geschäftsmodellkonzept ist später Grundlage der Investitions- und Kostenplanung (vgl. Kap. 6). Sollten Prozesse vergessen werden, hätte dies direkte Auswirkungen auf die Genauigkeit dieser Investitions- und Kostenplanung und infolge dessen auch auf die Bestimmung des für die Gründung erforderlichen Finanzierungsbedarfes. Es ist offensichtlich, dass eine Fehlkalkulation hier zu existenziellen Problemen für das junge Unternehmen führen könnte.

Geschäftsmodellplanung als Prozessplanung ist als solche grundsätzlich komplex. Die hier dargestellte Genauigkeit wird für größere Planungsprojekte regelmäßig deutlich übertroffen werden.

Eine prozessorientierte Geschäftsmodellentwicklung hat entscheidende Vorteile gegenüber der eher ganzheitlichen Vorgehensweise im Rahmen von beispielsweise Business Canvassing (vgl. Abschn. 5.5.1):

– Systematisches Sezieren der einzelnen Arbeitsprozesse zur Leistungserstellung zwingt zu planerischer Disziplin und erhöht die Genauigkeit

- Die Analyse von externen Leistungen (Zulieferer, Abnehmer) führen im Rahmen der Make-or-Buy-Analyse zur Überprüfung und Präzisierung eigener Kernkompetenzvorteile
- Erforderliche externe Partner werden systematisch identifiziert und bezüglich ihres Angebotes und ihrer Preise mit den eigenen Möglichkeiten verglichen
- Es werden die prozessualen Möglichkeiten des Planungsteams deutlich, ebenso wie dessen Schwachstellen und Stärken
- An einem prozessorientierten Geschäftsmodell können sofort und ohne Friktionen die sehr wichtigen Planungsbereiche Investitionsplanung, Kostenplanung und Finanzierungsplanung anknüpfen

5.5.3 Methodenvergleich

Ein Vergleich der beiden dargestellten Methoden zur Generierung von Geschäftsmodellen gelingt auf Basis der theoretischen hergeleiteten Kriterien aus Abschn. 5.3.

Beide Methoden knüpfen an theoretische Grundlagen zur Generierung von Wettbewerbsvorteilen von Unternehmen an, entsprechen ihnen jedoch auf unterschiedliche Weise (vgl. Abb. 5.7).

Sowohl des Methode „Business Canvas" als auch die „prozessorientierte Geschäftsmodellentwicklung" generieren ein zukunftsorientiertes Soll-Konzept der internen wie externen Positionierung von Unternehmen, geben jedoch keine Hinweise wie genau dies erarbeitet werden soll. So ist bei beiden Methoden die Entwicklung von Wissen zur

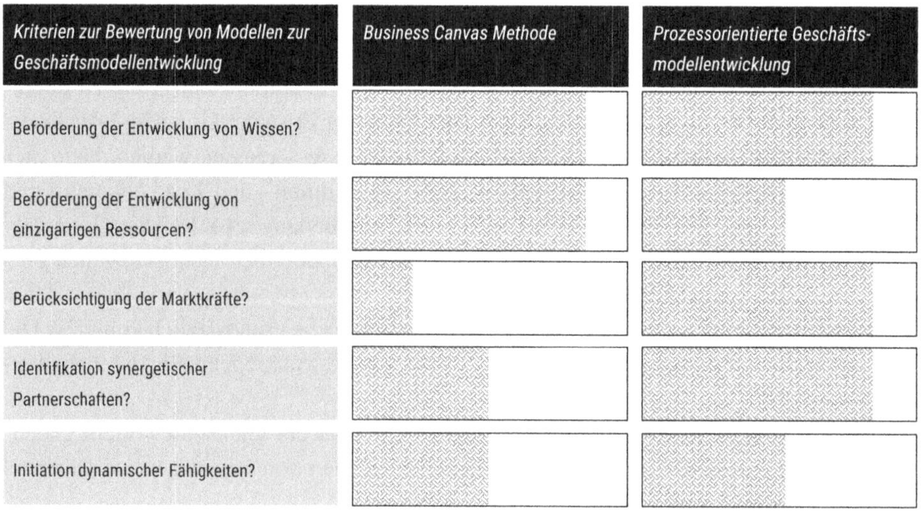

Kriterien zur Bewertung von Modellen zur Geschäftsmodellentwicklung	Business Canvas Methode	Prozessorientierte Geschäftsmodellentwicklung
Beförderung der Entwicklung von Wissen?		
Beförderung der Entwicklung von einzigartigen Ressourcen?		
Berücksichtigung der Marktkräfte?		
Identifikation synergetischer Partnerschaften?		
Initiation dynamischer Fähigkeiten?		

Abb. 5.7 Vergleich der Methoden zur Entwicklung von Geschäftsmodellen. (Quelle: eigene Darstellung)

5.5 Methoden der Entwicklung von Geschäftsmodellen

Erlangung der jeweiligen Positionierung eine logische Folge, jedoch kein immanenter Bestandteil der Methoden.

Während Business Canvas explizit die Analyseperspektive der zur Erarbeitung einer Positionierung erforderlichen Schlüsselressourcen erfordert, orientiert sich dies jedoch an einer wünschenswerten Zukunftsperspektive und weniger an der bereits bestehenden Startsituation. Das ist perspektivisch sicherlich sinnvoll, blendet die damit verbundene Entwicklungsüberlegung jedoch in Teilen aus. Die prozessorientierte Geschäftsmodellentwicklungsmethode analysiert den Ausgangspunkt der Geschäftsmodellentwicklung intensiver, zeigt jedoch bezüglich wettbewerbsrelevanter Ressourcenausstattung weniger die Entwicklungsmöglichkeiten derselben auf, sondern delegiert betroffene Prozessteile bei Ressourcen-Defiziten in externe Partnerbeziehungen.

Von den 5 Wettbewerbskräften bezieht sich die Methode Business Canvas primär auf die Position gegenüber den Kunden und analysiert erforderliche Zulieferbeziehungen, jedoch mit hauptsächlichem Gewicht auf der Kraft der Abnehmer. Die Zulieferer sind Partner der Verwirklichung zukünftiger Wertangebote, jedoch nicht Ausgangspunkt der Analyse. Die prozessorientierte Geschäftsmodellentwicklung analysiert internationale Best Practices und setzt sie in Beziehung zu den Möglichkeiten des jeweiligen Gründerteams oder Unternehmens. Hierdurch werden 4 von 5 Wettbewerbskräften erfasst, denn bei Dominanz externer Exzellenz (beispielsweise durch Substitute, Wettbewerber, Zulieferer oder den Kunden selbst) würden die entsprechenden Prozessteile externalisiert oder es würde im Rahmen einer erneuten Iteration zurück zur Geschäftsideenphase die gesamte Positionierung des zu gründenden Unternehmens verschoben.

Die Methode Business Canvas integriert externe Partner in die Betrachtung, geht hierbei jedoch aus Kundenperspektive vor und limitiert insofern die synergetisch kombinierbaren Handlungsoptionen. Die Relational-View-Betrachtung ist jedoch immanenter Bestandteil der Prozessorganisationsperspektive: Hier steht die bestmögliche Konstruktion der intern wie extern koordinierbaren Prozesse im Vordergrund.

Bezüglich der Entwicklung dynamischer Fähigkeiten ermöglichen beide Methoden keine direkten Ableitungen, die Entwicklung dieser unternehmerischen Dynamik ist bei beiden Methoden gleichermaßen Folge eines sich wiederholenden zyklischen Verständnis von unternehmerischem Wandel, der mit entsprechenden sich wiederholenden Neupositionierungen des jeweiligen Geschäftsmodells einhergeht.

Beide Methoden haben Stärken und Schwächen hinsichtlich der Erfüllung theoretisch abgeleiteter Kriterien zur Generierung von Wettbewerbsvorteilen, schließen sich jedoch nicht aus, sondern ergänzen sich ideal. Die Business-Canvas-Methode könnte als Einstiegsperspektive kreativ genutzt und bei Konkretisierung durch das prozessorientierte Modell erweitert werden.

Kontrollfragen

1. Inwieweit ähnelt die Geschäftsmodellanalyse der Wertschöpfungsketten-Analyse des strategischen Managements?

2. Warum ist die Entwicklung von Geschäftsmodellen ein wichtiger Motivator für die Bewältigung von Krisen in bestehenden Unternehmen?
3. Was versteht man unter „Schlüsselaktivitäten" in der Geschäftsmodell-Methode nach Osterwalder (Business Canvas)?
4. Was ist der Ausgangspunkt der prozessorientierten Methode der Geschäftsmodellentwicklung?
5. Worin unterscheiden sich die beiden Modelle der Geschäftsmodellentwicklung: der Business Canvas-Ansatz und das prozessorientierte Vorgehensmodell?
6. Inwieweit ergeben sich durch eine Kombination beider Methoden Vorteile?

Literatur

Alberti J (2011) Geschäftsmodelle für Inkubatoren, Strategien, Konzepte, Handlungsempfehlungen. Gabler Verlag, Wiesbaden

Al-Laham A (2003) Organisationales Wissensmanagement. Eine strategische Perspektive. Vahlen Verlag, München

Braun A (2012) Open Innovation – Einführung in ein Forschungsparadigma. In: Braun A, Eppinger E, Vladova G, Adelhelm S (Hrsg) Open innovation in life sciences. Springer Gabler Verlag, Wiesbaden

Duschek S (2002) Innovation in Netzwerken. Gabler Verlag, Wiesbaden

Dyer JH, Singh H (1998) The relational view: Cooperative strategy and sources of interorganizational competitive advantage. Acad Manage Rev 23(4):660–679

Freiling J (2001) Resource-based View und ökonomische Theorie. Gundlagen und Positionierung des Ressourcenansatzes. Deutscher Universitätsverlag, Wiesbaden

Gassmann O, Frankenberger K, Csik M (2017) Geschäftsmodelle entwickeln. 55 innovative Konzepte mit dem St. Gallener Business Model Navigator. Carl Hanser Verlag GmbH & Co. KG, München

Grant RM (1996) Toward a knowledge-based theory of the firm. Strateg Manag J 17(2):109–122

IBM Business Consulting Services (Hrsg) (2006) Expanding the Innovation Horizon – The IBM Global CEO Study. New York

IBM Business Consulting Services (Hrsg) (2008) The Enterprise of the Future – The IBM Global CEO Study. New York

Keuper F (2001) Strategisches Management. De Gruyter Verlag, München

Lewin K (1947) Frontiers in group dynamics. Concept, method and reality in social science. Hum Relat 1(1):5–41

Meyer H (1996) Eigenfertigung oder Fremdbezug – Kriterien und Entscheidungsprozeß zur Gestaltung der betrieblichen Leistungstiefe. In: Technische Hochschule Wildau, Wissenschaftliche Beiträge, 1/1996

Nonaka I, Toyama R, Konno N (2000) SECI, Ba and Leadership: A Unified Model Of Dynamic Knowledge-Creation. Long Range Plann 33(1):5–34

Odenthal S (1999) Management von Unternehmensteilungen. Deutscher Universitätsverlag / Gaber Verlag, Wiesbaden

Osterwalder A (2004) The business model ontology: A proposition in a design science approach. Institut d'Informatique et Organisation, Lausanne

Osterwalder A, Pigneur Y (2011) Business Model Generation: Ein Handbuch für Visionäre, Spielveränderer und Herausforderer. Campus Verlag, Frankfurt am Main

Osterwalder A, Pigneur Y, Bernarda G, Smith A (2015) Value Proposition Design: Entwickeln Sie Produkte und Services, die Ihre Kunden wirklich wollen. Campus Verlag, Frankfurt am Main

Porter ME (2013) Wettbewerbsstrategie. Campus Verlag, Frankfurt/New York

Rassidakis P (2005) Der Evolutionszyklus. https://www.heise.de/tp/features/Der-Evolutionszyklus-3438149.html. Zugegriffen am 18.04.2018

Renzl B (2003) Wissensbasierte Interaktion – Selbst-evolvierende Wissensströme in Unternehmen. Deutscher Universitäts-Verlag / Gabler, Wiesbaden

Rieger V, Bodenbenner P, Wagner T, Tilly R, Schoder D, Seltitz A (2015) Geschäftsmodellinnovation. Neue Wege für nachhaltigen Erfolg. Detecon Consulting, Köln

Rusnjak A (2014) Entrepreneurial Business Modeling. Springer Gabler Verlag, Wiesbaden

Schwickert AC (2004) Geschäftsmodelle im Electronic Business – Bestandsaufnahme und Relativierung. In: Arbeitspapiere Wirtschaftsinformatik. Universität Giessen

Sharedeals (Hrsg) (2019) MorphoSys: Kursziel 1000 Euro – mit 20 Jahren Verspätung? https://www.sharedeals.de/morphosys-kursziel-1000-euro-mit-20-jahren-verspaetung/. Zugegriffen am 12.07.2020

Streich RK (1997) Veränderungsmanagement. In: Reiß M, von Rosenstiel L, Lanz A (Hrsg) Change Management – Programme, Projekte und Prozesse. USW-Schriften für Führungskräfte, Bd 31. Schäffer-Poeschel Verlag, Stuttgart, S 237–254

Teece D, Pisano GP (1994) The Dynamic Capabilities of Firms: An Introduction. Ind Corp Chang 3(3):537–556

Teece D, Pisano GP, Shuen A (1997) Dynamic Capabilities and Strategic Management. Strateg Manag J 1997:509–533

Timmers P (1998) Business Models for Electronic Markets. Electron Mark 2(8):3–8

Wagner T (2014) Entwicklung innovativer Geschäftsmodelle im digitalen Zeitalter. Universität zu Köln, URL: https://kups.ub.uni-koeln.de/5702/, zugegriffen 23.12.2020

Wirtz BW (2003) Mergers & Acquisitions Management – Strategie und Organisation von Unternehmenszusammenschlüssen. Gabler Verlag, Wiesbaden

Wolf J (2011) Organisation, Management, Unternehmensführung. Springer Gabler Verlag, Wiesbaden

Zentes J, Steinhauer R, Lonnes V (2013) Geschäftsmodell-Evolution. Unternehmensentwicklung als Dynamisierung von Kernkompetenzen. Institut für Handel & Internationales Marketing der Universität des Saarlandes, Saarbrücken

6 Marktrecherche und Planungstechniken

> **Zusammenfassung**
>
> Der Umgang mit und die Einschätzung von Unsicherheit seitens werdender Gründer ist ein zentraler Hebel, der regelmäßig zwischen Erfolg und Misserfolg von Startup-Vorhaben differenziert. Zum Zwecke der Reduzierung von Unsicherheit und zur Vermeidung von Selbstüberschätzung von Gründern sind konkrete Zukunftsrecherchen und eine planerische Konkretisierung des Geschäftsmodells von wichtiger Bedeutung. Diese bedeutende Phase der Vorgründungsentwicklung von Startups ist Inhalt des vorliegenden Kapitels. Zur Verdeutlichung der Handlungsmöglichkeiten in dieser Phase werden neun verschiedene Methoden der Umsatzprognose vorgestellt und hinsichtlich ihres Beitrages zur Reduzierung der erwähnten Unsicherheit bewertet. Ebenso wird das Vorgehen zur Prognose von gründungsnotwendigen Investitionen und Kosten erläutert. In Synthese sowohl der Ergebnisse der Umsatzplanung als auch der Ergebnisse von Investitions- und Kostenplanung wird das Instrument des Liquiditätsplanes zur Bestimmung der Erfolgsposition und des voraussichtlichen Finanzierungsbedarfes des Startups vorgestellt. Diese Planungsarbeiten von Gründerteams tragen nicht nur zur Erhöhung des Realitätsgrades des Gründungsvorhabens bei, sondern sensibilisieren die Gründer auch für das so genannte „betriebswirtschaftliche Muster" des zukünftigen Unternehmens – ein komplexitätsreduziertes Modell mit allerhöchstem Erkenntnisgewinn für die Gründer.

6.1 Planung und Unsicherheit

Gründungsprojekte haben mit den auf sie projizierten Hoffnungen und Wünschen einen besonderen Zukunftsbezug, welcher jedoch dem Risiko unterliegt, dass die Hypothese, mit dem einen oder anderen Geschäftsmodell Umsätze und Gewinne zu erlangen, scheitern kann. Im Durchschnitt werden ca. 75 % aller Gründungen in den ersten 5 Jahren ihres Bestehens wieder geschlossen (Cooper et al. 1988; Weigert 2012). Diese Zahl ist branchenabhängig unterschiedlich. Die höchste „Failure Rate" haben mit über 98 % Gründungen im digitalen Wettbewerb, insbesondere Internet- und App-Startups (Cooper et al. 1988; Weigert 2012). Diese Zahlen bedeuten, dass etwa 50 bis 98 % der Gründer eine böse Überraschung erleben und all ihre mühevolle Aufbauarbeit umsonst war. Schlimmstenfalls haben sie nach Marktaustritt auch eigenes Geld oder das Geld Dritter verloren. Rein quantitativ bedeutet die Zahl durchschnittlich gescheiterter Gründer, dass von 299.000 gewerblichen Neugründungen des Jahres 2015 in Deutschland (vgl. Institut für Mittelstandsforschung 2016) innerhalb von 5 Jahren ca. 150.000 bis ca. 296.000 wieder liquidieren werden. Legt man eine durchschnittliche Investitionshöhe von 10.000 Euro pro gewerblichem Gründer zugrunde, so wären hierdurch im besten Falle Investitionsmittel in Höhe von 1,5 Mrd. Euro betroffen, beziehungsweise aus Sicht der Investoren mit negativer Rendite krisenbehaftet alloziert. Negative Einkommenseffekte betroffener Gründer, ihrer Mitarbeiter und soziale Folgen berücksichtigend erscheint es somit auch volkswirtschaftlich durchaus wünschenswert, nicht nur viele neue Gründer mit international wettbewerbsfähigen Geschäftsmodellen am Markt zu begrüßen, sondern diese auch langfristig erfolgreich dort zu halten. Dieses Ziel kann in relativer Perspektive auch erreicht werden, wenn der Anteil der unsicheren Gründer gar nicht erst gründet oder – wenn sie gründen – betriebswirtschaftliche Fehler vermeidet. Es stellt sich also die Frage, wie das Risiko des Scheiterns reduziert werden kann. Um diese Thematik zu beantworten, soll ein kurzer Exkurs in die risikobezogenen Handlungsmechanismen von Gründern vorgenommen werden.

▶ **Risiko** ist der Grad der Unsicherheit, ob ein Ereignis eintreten wird oder nicht. Je größer die Unsicherheit, desto höher das wahrgenommene Risiko. (Salamouris 2013)

Risiko kann in einen systematischen und individuellen Teil unterschieden werden (vgl. Abb. 6.1). Das systematische Risiko bezeichnet die Marktunsicherheit, welche von indivi-

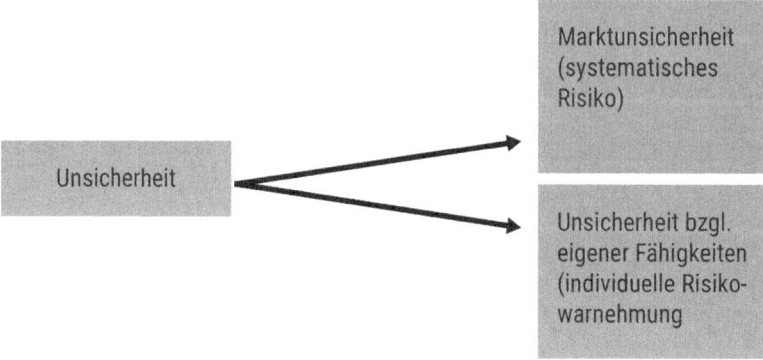

Abb. 6.1 Unsicherheit und Risiko. (Quelle: Salamouris 2013)

duellen Handlungen nicht beeinflusst werden kann (Salamouris 2013). Ein derlei systematisches Risiko kann beispielsweise in Konjunkturkrisen, Schwankungen lokaler Auftragseingänge, Risiken des unerwarteten Eintritts neuer Wettbewerber, neuer Substitute, neuer innovativer Kernkompetenzen der Konkurrenz und vielem mehr begründet sein. Der zweite Aspekt von Risiko ist die individuelle Risikowahrnehmung, also das Vertrauen in eigene Fähigkeiten, beispielsweise eine wirtschaftliche Herausforderung oder die Herstellung eines Produktes selbst bewerkstelligen zu können. Aus der Kombination beider Risikobereiche resultiert der Grad der Unsicherheit einer zukunftsorientierten Handlungsoption gegenüber (vgl. Salamouris 2013). Eine solche Handlungsoption kann beispielsweise ein Gründungsvorhaben sein.

Herrscht innerhalb eines Gründungsteams eine geringe individuelle Risikowahrnehmung vor, also ein starkes Vertrauen in eigene Fähigkeiten, das Projekt erfolgreich realisieren zu können, so ist tendenziell – trotz beispielsweise erhöhtem Marktrisiko – die gesamte Unsicherheit dem Projekt gegenüber gering (vgl. Abb. 6.2). Umgekehrt funktioniert dieser Mechanismus ebenso. Bei geringstem Marktrisiko resultiert innerhalb des Gründungsteams eine hohe Unsicherheit, wenn die Protagonisten kein Vertrauen in eigene Fähigkeiten haben, also eine hohe individuelle Risikowahrnehmung vorliegt (Salamouris 2013). Im ersten Fall wird das Gründerteam somit unter sonst gleichen Bedingungen eher bereit sein, ein Gründungsprojekt zu realisieren, im letztgenannten Fall hingegen weniger. Beide Gründungsbeispiele sind dabei genau entgegen dem allgemeinen Marktrisiko positioniert. Es werden somit im ersten Falle trotz möglicher höherer Marktrisiken Gründungen realisiert, im letztgenannten Fall trotz geringerer Marktrisiken nicht. Eine averse

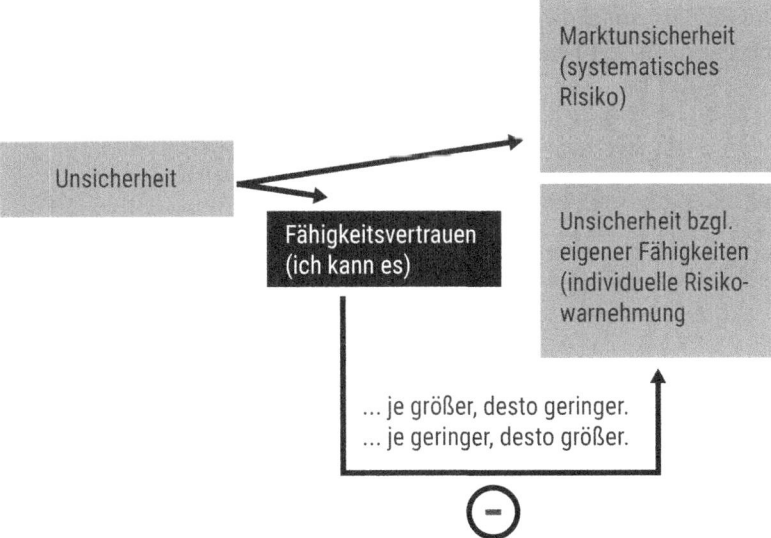

Abb. 6.2 Die individuelle Risikowahrnehmung von Entrepreneuren und deren Vertrauen in eigene Fähigkeiten. (Quelle: Salamouris 2013)

Wahl. Der entscheidende Punkt ist demnach nicht das objektiv vorhandene Marktrisiko, sondern das individuelle Fähigkeitsvertrauen der Akteure in sich selbst. Ist dieses Vertrauen hoch, werden mehr Gründungen realisiert, ist es gering, werden weniger Gründungen realisiert (Salamouris 2013).

In diesem Sinne dominiert das individuelle Fähigkeitsvertrauen die Gründermotivation. Motivation wird als Zustand einer Person verstanden, der sie dazu veranlasst, eine bestimmte Handlungsalternative auszuwählen, um ein bestimmtes Ergebnis zu erreichen (vgl. Kirchgeorg 2016). Die Gründermotivation ist demnach abhängig von hohem Fähigkeitsvertrauen in die eigene Person, ein Vorhaben erfolgreich zu realisieren. Ist das eigene Fähigkeitsvertrauen hoch, demnach die persönliche Unsicherheit einem Gründungsprojekt gegenüber gering, kann von hoher Gründungsmotivation ausgegangen werden. Im umgekehrten Fall eines geringen eigenen Fähigkeitsvertrauens und hieraus resultierender hoher Projektunsicherheit ist die Gründermotivation gering. Dieser Zusammenhang ist in den Abb. 6.2 und 6.3 illustriert.

Mit diesem individuellen Wahrnehmungsmechanismus ist ein großer Anteil gescheiterter Gründungsvorhaben erklärbar. Empirische Studien zeigen, dass 81 % der Gründer vor Realisierung ihres Gründungsvorhabens ihre individuellen Erfolgschancen hoch (konkret höher als 70 %), 33 % der Gründer sogar maximal hoch (auf 100 %) schätzen (vgl. Cooper et al. 1988; Weigert 2012). Wie bereits benannt sind die realen Erfolgschancen von Gründungsprojekten mit durchschnittlich 25 % jedoch deutlich geringer (vgl. Cooper et al. 1988; Weigert 2012). Einfach ausgedrückt überschätzt sich demnach eine übergroße Mehrheit der Unternehmensgründer. Sie haben ein überhöhtes Fähigkeitsvertrauen zu sich selbst und damit eine geringere individuelle Risikowahrnehmung, was zu Gründungen auch in Situationen unattraktiver Marktbedingungen führen kann (vgl. Ausführungen oben).

Erklärungen für gründerbezogene Selbstüberschätzung lassen sich viele identifizieren. Als naheliegende These ist vor allem eine mögliche geringe Information von potenziellen

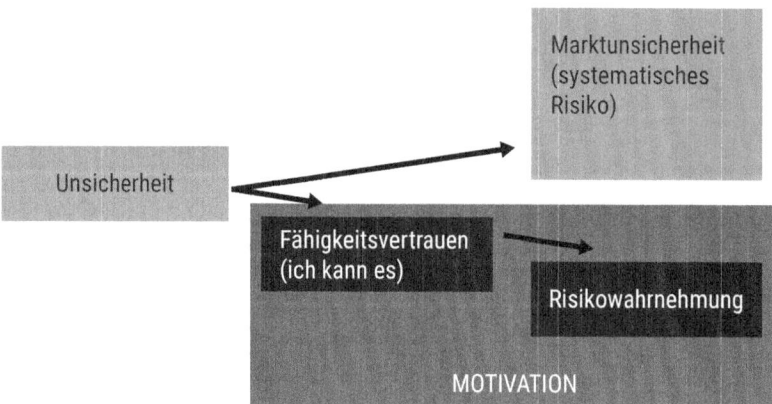

Abb. 6.3 Motivation als Synthese von Fähigkeitsvertrauen und Risikowahrnehmung. (Quelle: eigene Darstellung)

Gründern über wettbewerbsrelevante Prozesse oder den angestrebten Markt zu nennen. Je weniger die Gründer Erfahrungen mit der gründungsfokussierten Technologie oder den Kunden gesammelt haben, desto geringer ist auch die Kenntnis von kritischen Erfolgsfaktoren technischer sowie betriebswirtschaftlicher Natur und deren Lösung. Die Gründer überschätzen ihre Fähigkeiten zur Bewältigung derlei schwieriger Umstände oder kennen mögliche Probleme schichtweg nicht, so dass erst nach Gründung ein Überraschungseffekt einsetzt.

Auch mangelnde Informationen über Kundenpräferenzen oder die Preiselastizität von Kunden haben eine ähnliche selbstüberschätzende Wirkung. Sollten widrige Entwicklungen die jungen Unternehmer nach Gründung zwingen, sich durch neue Erkenntnisprozesse zu quälen, so erhöht dies selbstverständlich die Kosten, beziehungsweise die Lieferzeiten oder senkt die Produktqualität. Hernach folgende intolerante Reaktionen seitens der Kunden diesen Umständen gegenüber können junge Unternehmen ihre Existenz kosten. Eine ZEW-Untersuchung zu Marktaustritten aus dem Jahr 2009 bestätigt die genannten Punkte. So sind zu geringe Informationen über wettbewerbsrelevante Prozesse, mangelnde Informationen über Kunden, zu geringe technische Kenntnisse der Produktherstellung, Unterschätzung liquiditätsrelevanter sowie finanzmäßiger Engpässe und die Unterschätzung teamrelevanter Probleme die häufigsten Gründe für Marktaustritte (vgl. Egeln et al. 2010).

Die Lösung gegen Selbstüberschätzung von Unternehmensgründern und zur Reduzierung damit verbundener hoher Marktaustrittszahlen junger Unternehmen ist unter Berücksichtigung des oben genannten Wirkungsmechanismus relativ einfach. Im Kern geht es für Gründer darum, sich eine realistische Vorstellung vom unsystematischen Marktrisiko und ihren eigenen Fähigkeiten hinsichtlich technischer Produktionsprozesse, Konkurrenz, der Kundenerwartungen und möglicher Produktangebote zu erarbeiten. Dies kann unter Anwendung verschiedener Planungsmethoden geschehen (vgl. nachfolgende Absätze). Eine hieraus resultierende höhere Realitätsnähe bedeutet im oben genannten Sinne die Erarbeitung eines wirklichkeitsnahen Fähigkeitsvertrauens, ob man die erträumten Ziele erreichen kann oder nicht. Im negativen Erkenntnisfalle könnten Gründer nachbessern, sich beispielsweise Partner oder Angestellte suchen, welche fehlende Kompetenzen in das Team einbringen und so wiederum das Fähigkeitsvertrauen des gesamten Teams – nunmehr in realisierbarer Dimension – stärken. In umgekehrtem Sinne kann aber auch die Entscheidung ein Gründungsvorhaben nicht zu realisieren ein positives Ergebnis sein, wenn nämlich die eigenen Kompetenzen als nicht wettbewerbsfähig erkannt werden und somit das Fähigkeitsvertrauen auf null sinkt. Hieraus resultierend wäre die Risikowahrnehmung des Gründerteams maximal und die Gründermotivation würde ebenso auf null sinken – das Gründungsvorhaben würde somit aus guten Gründen nicht realisiert (vgl. Abb. 6.2 und 6.3).

Die betriebswirtschaftliche und insbesondere die Entrepreneurship-Methodik bietet einen umfangreichen Katalog von verschiedenen Planungsansätzen und Maßnahmen zur Reduzierung möglicher Selbstüberschätzung von Gründern und zur Erarbeitung eines realistischen Fähigkeitsvertrauens sowie einer marktgerechten Einschätzung des individuellen Risikos. Die wichtigsten Ansätze werden nachfolgend kurz charakterisiert.

Mit großem Abstand sind Methoden der Businessplanung für Gründer primär relevant zur ex-ante Evaluation von Startup-Konzepten. Businessplanungen sind nichts anderes als systematische Prognosen von erfolgskritischen Parametern, wie Umsatz, Investitionen, Kosten sowie organisationale und technische Produktionsdetaillierungen. Im strategischen Management etablierter großer Unternehmen werden diese Inhalte laufend hinsichtlich ihrer Abweichungen zum vorher festgelegten Soll überprüft und in methodenbasierten Planungen für neue Geschäftsfelder prognostiziert. Dominante Methoden hierfür sind die Szenarioplanung, Methoden prädiktiver Analytik, SWOT/TOWS oder Daten-Extrapolationen und andere. In etablierten Unternehmen sind für derlei Prognostik die Strategische Planungsabteilung und der Bereich Controlling originär zuständig. Wenn große Unternehmen in neue Geschäftsfelder vorstoßen wollen, beziehungsweise neue Geschäftsmodelle realisieren wollen, so beschäftigen sie sich auf ganz ähnliche Weise wie Gründer mit erfolgskritischen Parametern für die Zukunft, identifizieren prozessual notwendige Ressourcen und Kompetenzen, prognostizieren quantitative Erfolgsindikatoren und prüfen verschiedene Realisierungsoptionen. Alles dies sind ebenso die Säulen gut recherchierter Businesspläne. Im Kontext etablierter Unternehmen hat sich jedoch eine andere Bezeichnung etabliert – diese Planungen nennt man hier „Business Cases".

Investoren-Wettbewerbe zur Finanzierungsauslese von Startups sind oftmals wenig angenehme Veranstaltungen, vielfach werden die jungen Unternehmer mit kritischen Fragen und hohen Ansprüchen an geschäftliches Verständnis bis an ihre Grenzen gefordert. Der positive Aspekt davon ist jedoch, dass sich die Gründer in antizipativer Kenntnis besagter Umstände auf Venture-Capital Pitches vorbereiten und somit auch erfolgskritische Probleme zuvor prüfen und durchdenken. Zudem gehört eine hohe Erwartungshaltung hinsichtlich Kundenkenntnis, Kundenkontakten, Letters of Intent oder möglichst rechtsverbindlich beauftragten Umsätzen zur Standard-Erwartungshaltung risikoscheuer Venture-Finanziers, was die Gründer natürlich ebenso wissen und sich entsprechend präparieren. Die aus dem Erwartungsdruck kritischer und ängstlicher Pre-Seed-Kapitalgeber resultierende Wissensnotwendigkeit für Startup-Teams ist ganz offensichtlich geeignet, Selbstüberschätzung von Gründern und hiermit verbundene unrealistisch erhöhte Gründermotivation zu prüfen.

Eine besondere Methode zur Generierung einer realistischen Zukunftsvorstellung von werdenden Gründern ist das Lean-Startup-Konzept (vgl. Maurya 2012; Ries 2014). Es handelt sich hierbei um den realen Test der Geschäfts-Hypothese in geeigneten Teilmärkten – zumeist zielgruppenfokussiert auf innovative Early Adaptors. Eine solche Interaktion mit echten Kunden ist in ihrer Überzeugungswirkung – einerseits auf Financiers oder Partner und andererseits auf das Gründerteam selbst – durch nichts zu ersetzen. Der Erkenntnisgewinn durch derlei „Gründungsprojekte light" ist maximal und führt regelmäßig zu wichtigen Überarbeitungen der Geschäftsmodelle in Abhängigkeit von den beobachteten Kundenreaktionen. Unschwer zu erkennen, dass insbesondere dieses Vorgehen die Selbsteinschätzung von Gründern hinsichtlich ihres zukünftigen Erfolges einer realistischen Dimension zuführt. „Lean Startup" eignet sich besonders für Gründungsprojekte mit möglicher Skalierung und geringen Kosten einer repräsentativen Testversion. Oft wird dieses Modell daher bei digitalen Gründungsvorhaben angewendet, welche durch einen reduzierten Alpha-Launch interessierten Testkunden vorgeführt werden. Parallel geführte Diskussionen auf flankierenden sozialen Kommunikationsplattformen vollenden den Lerneffekt für werdende Gründer.

Ein weiterer Ansatz zur Reduzierung der Selbstüberschätzung von Gründern ist Branchenerfahrung der Teammitglieder. Derlei Inside-Kenntnisse von Märkten und Technologien wirken in allen Phasen der Geschäftsmodellentwicklung zumeist sehr erhellend. Die Kenntnis von kundenbezogenen Herausforderungen und realisierbaren Preisen lässt die Umsatzprognosen auf ein realistisches Maß sinken und ermöglicht unter Abzug von bekannten Kostenpositionen einen wirklichkeitsnahen Blick auf den Break-Even-Zeitraum. Ein hiermit verbundenes mögliches Frustrationserlebnis für die Gründer forciert wichtige weitere Planungsloops, welche zu erfolgreicherer Positionierung und schließlich zu einer nüchtern-aufgeklärten Umsetzung der Gründung führen können. Zudem werden so wichtige Netzwerke für das junge Unternehmen erschlossen, was das Marktrisiko zusätzlich entschärft.

Ein ähnlicher Wirkungsmechanismus wohnt Beratungen, Informationen oder branchennahen Coachings für die Gründer inne, wenngleich deren Bedeutung stark hinter berufsbezogenen eigenen Lernerfahrungen der Gründer selbst zurückbleibt. Besonders sinnvoll sind derlei Informationstransfers naturgemäß, wenn sie von Brancheninsidern stammen – die regelmäßige Minderheit in der deutschen Coachinglandschaft. Der Grund für mangelnde Inside-Branchenkenntnisse vieler Coachinganbieter ist schlicht die Tatsache, dass sie viele Gründer betreuen müssen, um im durchaus gut besetzten Konkurrenzgeschäft aller Gründerhelfer auskömmlich zu überleben, was naturgemäß bedeutet, dass sie Gründer unterschiedlicher Branchen betreuen.

Gründernetzwerke verschiedener Hochschulen, Forschungsinstitute oder regionaler Wirtschaftsförderungs-Anbieter sind analog einzuordnen. Auch hier fehlt es oft an fokussierter Branchenexpertise. Eine Ausnahme bilden spezialisierte Netzwerke wie beispielsweise der Weinberg-Campus der Universität Halle – ein direkt auf Biotechnologie spezialisiertes Gründernetzwerk mit entsprechender Erkenntnisticfc für dic Gründcr.

Eine realistische Selbsteinschätzung von Gründern kann auch mittels der Zusammensetzung des Gründerteams erreicht werden. Die Kombination von produktbezogenen Fachspezialisten zusammen mit Kennern des Marktes und der Kunden verspricht dabei den meisten Erfolg. Wissensdefizite der einen Disziplin einiger Mitglieder des Gründerteams können durch Erfahrungen anderer Gründer ausgeglichen werden. Im Gesamtergebnis ist die Chance groß, dass so ein marktfähiges Geschäftsmodell mit wettbewerbsfähiger Produktqualität entsteht und die Gründer ihre zukünftigen Erfolge und möglichen Hürden auf dem Weg der Realisierung wirklichkeitsgerecht einschätzen. Phänomene der Selbstüberschätzung und überzogener Gründermotivation sind somit unwahrscheinlicher.

Oft führen auch Erfahrungen gescheiterter Gründer zu deutlich besseren Business-Setups bei erneutem Gründungsversuch. Gescheiterte Gründer haben sehr schmerzlich am eigenen Beispiel die Wirkung von unrealistischen Planungen und falschen Fantasien kennengelernt. Ursprünglich aufgesetzte Geschäftsmodelle und Umsatzplanungen haben ihre Realisierung verpasst und die Gründer mussten die einzelnen Ebenen des Misserfolges Schritt für Schritt und oft bis ganz unten durchleben. Es ist völlig klar, dass solche Erfahrungen für Jahre prägend sind und dass dieselben Menschen bei erneutem Gründungsvorhaben vieles anders machen. Insbesondere werden sie kritische Erfolgsfaktoren einer Gründung, wie beispielsweise technische Produktionsexpertise, Kundenerfahrungen und eine ausreichende Liquiditätsreserve besser vorbereiten und absichern. Auch bei dieser Gruppe der Neugründer nach Gründungsversagen ist eine erneute Selbstüberschätzung eher unwahrscheinlich.

Im Ergebnis führen alle diese Ansätze zur Erhöhung der Realitätsnähe individueller Risikowahrnehmung potenzieller Gründer und damit zu geringerer Wahrscheinlichkeit des Scheiterns derart besser vorbereiteter junger Unternehmer.

Mit welcher Methode auch immer eine realistische Einschätzung werdender Gründer erreicht wird, von besonderer Relevanz ist die möglichst wirklichkeitsnahe Erfassung des operativen Erfolgssystems des zukünftigen Unternehmens. Jede Organisation zeichnet sich durch ein spezifisches – durchaus branchenähnliches – Strukturmuster aus, welches sich auch mit dem Wachstumsunternehmen zusammen entwickelt. Dieses Strukturmuster wird von marktrelevanten, strategischen und quantitativen internen Kennzahlen charakterisiert, welche sich in inhärenter Abhängigkeit voneinander zu einem Gesamtsystem – ähnlich kommunizierenden Röhren – zusammenfügen.

Ein Beispiel möge dies illustrieren: Betrachten wir ein junges Startup-Unternehmen, welches sich als Follower an vierter Marktposition in einem Nischenmarkt etablieren möchte. Der Nischenmarkt hat naturgemäß einen insgesamt begrenzten Marktumfang, dessen gesamtes Volumen nach Recherchen einschätzbar ist. Die Marktanteile von Wettbewerber Eins bis Drei sind unter Branchenkenntnis ebenso ermittelbar, so dass sich ein resultierendes „freies" Marktvolumen ableiten lässt. Preise und Qualitäten der Wettbewerber sind ebenso bekannt. Unter Berücksichtigung von Marketingaufwendungen kann auch eine realistische Annahme zur Anzahl möglicher Wechselkunden zum neuen Startup getroffen werden. Aus alldem ergibt sich in vergleichsweise genauer Prognose eine Umsatzschätzung. Der abgeleiteten Umsatzhöhe liegt eine Stückzahl verkaufter Produkte zugrunde, welche unter Berücksichtigung des marktspezifischen Preisniveaus errechnet werden kann. Für die Produktion jener Stückzahl lassen sich von Produktionsspezialisten unter Kenntnis der Zulieferpreise und branchentypischen Gehaltshöhen sehr genau die einzelnen Kosten und erforderlichen Investitionen aufschlüsseln, so dass sich nach Subtraktion derselben vom Umsatz im Rahmen einer Liquiditätsprognose der Erfolg der gesamten Geschäftstätigkeit direkt ablesen lässt. Die Investitionshöhe beeinflusst ihrerseits die möglichen Produktinnovationen und die Prozessexzellenz, was wiederum den Marktanteil, die Preise, damit die Umsätze und im Resultat letztlich wiederum den Gewinn beeinflusst. Das hierdurch beschriebene prospektive betriebswirtschaftliche Ergebnissystem des neuen Unternehmens bestimmt schließlich die Investorenattraktivität, eröffnet Chancen für Beteiligungskapital, Fremdkapital oder Derivate.

Es ist essenziell, die genannten Erfolgskennzahlen Umsatz, Kosten, Investitionen, Liquiditätssaldo und Finanzierungsbedarf als nicht frei gestaltbar zu begreifen, sondern diese Größen sind auf das Engste mit der Charakteristik des Marktes, der strategischen Umwelt, dem Wettbewerb und den Kundenpräferenzen verknüpft. Im genannten Beispiel einer Nische bleibt aus den möglichen Marktanteilen in Verbindung mit Produktexzellenz, Prozessqualität und resultierendem Preis nur eine mögliche Umsatz- und Gewinnspanne übrig, welche sich in Abhängigkeit von den beeinflussenden Parametern auf besondere und prognostizierbare Weise auf und ab bewegt. Es ergibt sich also für jedes Unternehmen ein typisches Strukturmuster wichtiger Kennzahlen, welches branchenähnlich ist und sich auch nur bedingt verändern lässt. Im besagten Beispiel des Followers in der Nische sind Expansionsmöglichkeiten begrenzt, es sei denn, er wirbt seinen Wettbewerbern Kunden ab. Infolge dessen bietet die Nische auch nur ein spezifisches Investitionspotenzial und es ist tatsächlich die Frage, ob die Umsätze eines vierten Followers überhaupt für genügend Investitionen in Produkt- und Prozessqualität ausreichen.

Das Strukturmuster der kommunizierenden Erfolgskennzahlen von Unternehmen ist für jeden Markt, jedes Produkt, jede Technologie oder Strategie verschieden, aber innerhalb der jeweiligen Märkte ähnlich und zwischen Konkurrenten vergleichbar.

Es kommt darauf an, dass potenzielle Gründer dieses Muster für sich erkennen und sich an die Logik der Stellschrauben zur Veränderung der Erfolgskennzahlen gewöhnen, bzw. diese überhaupt lernen zu beeinflussen. Nur dann ist eine realistische Sicht auf das Gründungsprojekt unter verschiedenen Erfolgsszenarien möglich und nur in diesem Verständnis gelingt eine realistische Einschätzung der Gründer in Hinblick auf den zukünftigen Erfolg.

Um die beschriebene Analysetiefe zur Mustererkennung eines zu planenden neuen Unternehmens oder eines neuen Projektes aus etablierter Unternehmenstätigkeit heraus zu erreichen, sind Recherchearbeiten im Vorfeld der Umsetzung nötig.

6.2 Planungsmethoden

6.2.1 Umsatzplanung

6.2.1.1 Ziele der Umsatzplanung – Reduzierung von Unsicherheit

Die Abschätzung von zukünftig verkaufbaren Stückzahlen eines beispielsweise neuen Produktes und möglicher erzielbarer Preise – in Multiplikation als „Umsatz" bezeichnet – ist eine besondere Herausforderung für Planungsaufgaben, da sie von verschiedenen Unsicherheitssphären begleitet wird:

1. *Unsicherheit hinsichtlich Kundenreaktion auf Produkt*: Die Planung und Entwicklung neuer Produkte läuft der realen Markteinführung zeitlich erheblich voraus. Es ist dies der Bereich von Startup- oder Unternehmensentwicklungen, der von allen Zukunftsthemen die intensivste Vorbereitung und den längsten Vorlauf absorbiert. Obwohl Produktentwicklungen in großen Unternehmen nicht ohne Einbindung von Kunden, Vertretern der Zielgruppe sowie unternehmensexternen und -internen Experten durch-

geführt werden, bleibt eine erhebliche Unsicherheit, ob das neu entwickelte Produkt später am Markt angenommen wird und ob die Anzahl der realen Käufe auch den prognostizierten Erwartungen entspricht.
2. *Unsicherheit hinsichtlich Kundenreaktion auf Vertriebskanäle*: Ein wichtiger Bestandteil des Marketing-Mix ist die Planung der Wege zu den zukünftigen Kunden. Hier stehen grundsätzlich diverse Optionen des direkten Vertriebs (bspw. Direktverkauf, e-Commerce) als auch des indirekten Vertriebs (bspw. Vertrieb über Zwischenhändler, über Einzelhändler, Verkaufsplattformen, etc.) zur Verfügung. Je mehr Vorbereitungszeit die Einrichtung der jeweiligen Vertriebskanäle erfordert, desto früher beginnt die Analyse der Wege zur Zielgruppe und desto größer ist hierbei die Unsicherheit, ob das geplante System nach Markteinführung auch von der Zielgruppe angenommen wird.
3. *Unsicherheit hinsichtlich Kundenreaktion auf Preise*: Preisfestsetzung ist traditionell ein komplexes betriebswirtschaftliches Thema. Das Preisniveau zukünftiger Produkte muss nicht nur zur neuen Produktstrategie, sondern auch zu zukünftigen – bei Planung unbekannten – (Re-)Aktionen der Konkurrenz passen. Ebenso wirken neue Substitute und verfügbare Technologieinnovationen nach Markteinführung in erheblichem Maße auf die zukünftige Preisakzeptanz der Zielgruppe. Die Preisakzeptanz der Kunden lässt sich an der Anzahl zukünftig tatsächlich verkaufter Produkte messen – in Multiplikation mit den entsprechenden Preisen – dem Umsatz.
4. *Unsicherheit hinsichtlich der Wirksamkeit von Marketingmaßnahmen*: Der Weg zum Kunden beginnt mit Kommunikation seitens des Unternehmens. Hierfür stehen zielgruppenfokussiert verschiedene Maßnahmeoptionen zur Verfügung. Eine breite Verbraucherzielgruppe (so genanntes „Business-to-Consumer"-Geschäft: B2C) erfordert andere kommunikative Maßnahmen der Information hinsichtlich neuer Produkte als beispielsweise spezielle Industriekunden-Zielgruppen (so genanntes „Business-to-Business"-Geschäft: B2B). Die Wahl der wirksamen Kommunikationsmaßnahmen entscheidet essenziell über Erfolg und Misserfolg neuer Produkte. Nicht informierte Kunden werden auch nichts kaufen.

Nachfolgend beschriebene Methoden der Zukunftsprognostik sind geeignet, die benannten Bereiche der Planungsunsicherheit zu reduzieren und den Unternehmen und Startups während der Phase der Vorbereitung neuer Produkteinführungen Prognosedaten über die zu erwartende Anzahl von Produktverkäufen und über erzielbare Preise zur Verfügung zu stellen. Diese Plan-Umsätze und ihre Elastizität zu verstehen ist primäres Ziel der Mustererkennung zum Verständnis junger neuer Unternehmen oder neuer Produkteinführungen etablierter Unternehmen (vgl. Abschn. 6.1).

6.2.1.2 Methoden der Umsatzplanung: Direkte Konkurrenzbeobachtung
Der Anteil von wirklichen Marktneuheiten im Gründungsbereich ist vergleichsweise gering. Nur insgesamt 15 % aller Gründungen führen „neue" Produkte in die jeweiligen Märkte ein und nur bei lediglich 2–3 % aller Gründungen sind es „Weltneuheiten" (vgl. KfW 2018, S. 3). Das bedeutet im Umkehrschluss, 85 % aller Produkteinführungen in

Deutschland sind bekannt und etabliert. Damit ist die überwiegende Mehrheit aller neuen unternehmerischen Tätigkeiten in Deutschland der so genannten „Follower"-Strategie zuzuordnen (vgl. Buchholz 1998). Follower-Strategien haben im Gegensatz zu „First-Mover"-Strategien den Vorteil, dass Fehler oder Dysfunktionen bestehender Angebote am Markt beobachtet und für die Gestaltung der eigenen neuen Produkte vermieden werden können (vgl. auch Kap. 2). Zudem sind den Kunden Produkte und Prozesse bereits bekannt, die Kunden müssen die Anwendung innovativer Technik also nicht erst lernen. Auch ist für Follower in vielen Märkten bereits Infrastruktur für ihre Produkte vorhanden, was vor allem bereits etablierte Zulieferer- und Distributionspartner angeht – ein nicht zu unterschätzender Vorteil für die Gestaltung zumeist erforderlicher unternehmensübergreifender Wertschöpfungsprozesse.

Der Umstand überwiegend bereits bekannter Produkteinführungen führt direkt zu einer sehr bedeutsamen Methode der Umsatzprognostik, der direkten Konkurrenzbeobachtung. Die direkte Konkurrenzbeobachtung umfasst dabei auch die Vor- und Nachteilsanalyse bereits bestehender Produktangebote am Markt, welche der eigenen Produktidee überwiegend ähnlich sind und welche die gleiche Zielgruppe fokussieren, zum Zwecke der Wertoptimierung der zukünftigen eigenen Produkte für die Kunden.

Die direkte Konkurrenzbeobachtung hat dabei verschiedene Dimensionen:
1. *Beobachtung von Problemen oder Nachteilen des Konkurrenzangebotes*: Dies kann sich auf Verfügbarkeitsprobleme, Qualitätsprobleme, funktionale Nachteile, technische Nachteile, Anwendungsprobleme, unvollständiges Angebot, Materialnachteile oder vieles mehr beziehen.
2. *Beobachtung von Problemen oder Nachteilen der Wertschöpfungskettengestaltung der Konkurrenz*: Hierbei sind es vor allem Serviceprobleme, Verfügbarkeitsprobleme von produktionsnotwendigen Vorprodukten, Verfügbarkeitsprobleme von Austauschteilen bei Nutzung, Distributionsprobleme, Nachteile regionaler Produktzugänglichkeit und ähnliches, was detektiert und analysiert werden kann.
3. *Beobachtung von Problemen oder Nachteilen der Prozess-Practices der Konkurrenz*: Obwohl die Beobachtung und Analyse von geheimen und unternehmensinternen Produktionsprozessen für externe neue Unternehmen nur sehr schwer zu realisieren ist, erscheint sie doch fundamental und außerordentlich wichtig. Die bessere Exzellenz der Erstellungsprozesse von Produkten ist ein gewaltiger Quell von Wettbewerbsfähigkeit für neue Unternehmen. In der Praxis sind es dabei oft Branchen-Insider oder personelle Fluktuation zwischen den Wettbewerbern, die auch geheime interne Informationen mit der Zeit diffundieren lassen. Dies ist ein weiteres Indiz für die Notwendigkeit der Integration von branchenerfahrenen Mitarbeitern in Gründungsteams für den Erfolg von Startups.

Die drei beschriebenen Dimensionen der Beobachtung etablierter Konkurrenzunternehmen führen nach Analyse quasi zu einem verbesserten Setup des neuen Produktes und Geschäftsmodells, woraus Chancen auf erhöhte Wettbewerbsfähigkeit gegenüber dem

First-Mover resultieren. Das Ziel der Beobachtung etablierter Konkurrenz ist die Verbesserung des gründungsbezogenen Angebotes (vgl. Abb. 6.4).

Die Follower-Position eines neuen Marktteilnehmers hat jedoch auch erhebliche prognostische Vorteile. Etablierte Konkurrenten können hinsichtlich der Anzahl verkaufter Produkte und erzielter Preise an den Märkten real beobachtet werden. Nach Übertragung auf die eigenen Planungen entstehen so sehr viel verlässlichere Umsatzprognosen als ohne Kenntnisnahme von schon etablierten Produkten.

Je nach Marktgröße und Zielgruppe sind diese Schlüsse aus beobachteten Verkaufsvorgängen auch immer ein statistisches Problem. Eine vollständige Kenntnisnahme aller Verkäufe der etablierten Konkurrenz ist kaum möglich und die diesbezüglichen Zahlen sind – außer bei börsennotierten und berichtspflichtigen Unternehmen – üblicherweise geheim. Also müssen die Beobachtungen stichprobenweise erfolgen mit anschließender Problematik der Übertragung auf eigene Zielgruppen.

In Märkten mit regem öffentlichem Kundenverkehr lässt sich derlei analytisch recht einfach bewältigen. Ein in Planung stehendes Restaurant-Projektteam könnte sich in vergleichbare Einrichtungen der regionalen Nachbarschaft zu verschiedenen Tages- und Wochenzeitpunkten hineinsetzen und realisierte Bestellungen und Preisniveaus registrieren. Eine rechnerische Übertragung auf das eigene Setup lässt sich nachfolgend sehr realitätsnah prognostizieren.

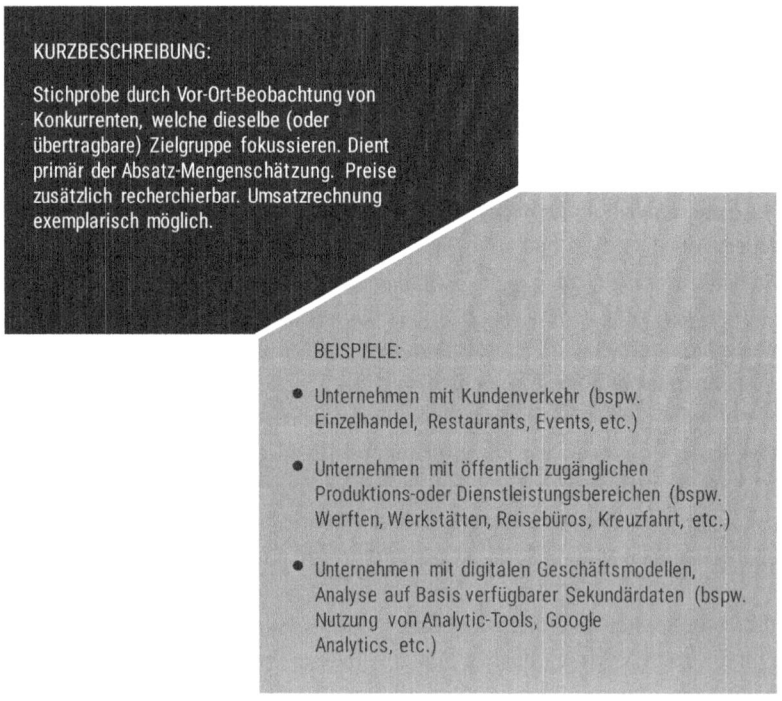

Abb. 6.4 Methode direkte Konkurrenzbeobachtung. (Quelle: eigene Darstellung)

Entsprechendes gelingt in ähnlicher Weise bei allen öffentlich zugänglichen Produktions- oder Dienstleistungsbereichen von bereits am Markt tätigen Konkurrenzunternehmen (bspw. Werften, Optiker, Einzelhandel, Theater, Konzerte, Tankstellen, Hotels und ähnliches). Auch hier sind Beobachtungen zur Produktakzeptanz seitens der Zielgruppen vergleichsweise einfach möglich. Ergebnis dessen ist eine Schätzung der zum Beobachtungszeitpunkt verkauften Anzahl von Produkten oder Dienstleistungen und die zeitlich sowie örtlich verteilte Zielgruppenhäufigkeit. Aus beidem lassen sich für die eigenen Planungen Präferenzen und Nachfragemuster der Zielgruppe ableiten, deren Kenntnis für die Entwicklung eigener Geschäftstätigkeit essenziell sind. Um den möglichen Umsatz bestehender Marktangebote einschätzen zu können, genügt bei vielen genannten Beispielen jedoch nicht der Blick in die Speisekarte, wie bei oben genanntem Restaurant-Beispiel. Vielfach sind individuelle Preisvereinbarungen oder Rabattpolitiken von außen nicht detektierbar. Um dennoch eine Umsatzschätzung vornehmen zu können, werden hierfür zumeist Durchschnittspreise des bekannten Angebotsportfolios dieser Unternehmen zugrunde gelegt.

Die Abschätzung aktuellen Markterfolges etablierter digitaler Konkurrenzunternehmen erfreut sich zahlreicher Analyse-Optionen. Zielgruppenaktivitäten und ihre Nachfragepräferenzen lassen sich in sekundärer Auswertung beispielsweise von Dienstleistern wie Google Analytics oder branchenfokussierten Research-Unternehmen erwerben. Ebenso sind Daten über Marktanteile, Marktgröße und Marktwachstum für digital basierte Branchen in breiter Zugänglichkeit verfügbar. Aus beidem können Umsatzprognosen für etablierte Wettbewerber abgeleitet werden.

Primäres Ziel der Prognostik aktueller Ist-Daten der etablierten Konkurrenzunternehmen ist es, die betriebswirtschaftlichen Muster der Umsatzentstehung in der jeweiligen Branche zu erfassen. Wie reagiert die Zielgruppe auf Produkte und Angebote der derzeitigen Anbieter, wie reagiert sie auf Veränderungen der Produktausstattungen und vor allem auf Veränderungen der Preise (Preiselastizitäten)? Was ist für die Zielgruppe wertrelevant? Wenn Startups oder etablierte Unternehmen, die in neue Märkte eintreten wollen, verstehen, welches Qualitätsniveau und Ausstattungsniveau der Produkte bei welchem Preis zu welcher Nachfrage führt, können diese Teams bereits sehr genau einschätzen, welchen Aufwand sie selbst betreiben müssen, um überhaupt an die aktuelle Prozessexzellenz in den Märkten herankommen zu können und was sie darüber hinaus tun müssten, um dieselbe durch Verbesserungen ihrerseits sogar zu übertreffen.

Sekundäres Ziel der Prognostik der erhobenen Ist-Daten der etablierten Konkurrenzunternehmen ist es, die eigenen Umsätze für verbesserte Produkte oder Geschäftsmodelle (vgl. die Perspektive der Follower) über 3–5 Planjahre abschätzen zu können.

Folgende Probleme ergeben sich aus der Anwendung der Methode der direkten Konkurrenzbeobachtung hinsichtlich der daraus abgeleiteten Prognostik eigener Umsätze für neue Produkte:
1. Was ist ein mit dem geplanten Zukunfts-Produkt vergleichbares, während der Planungen beobachtbares Konkurrenzprodukt und lassen sich entsprechende Beobachtungsergebnisse überhaupt in eine eigene Umsatzplanung überleiten?

2. Was sind die Wirkmechanismen auf Kundenseite, die den beobachtbaren Konkurrenzdaten im „Ist" zugrunde liegen und wie können diese ermittelt werden?
3. Die Logik der Ableitung eigener Umsatzprognosen aus der Kenntnisnahme beobachteter Erfolge bereits in ähnlicher Weise am Markt aktiver Unternehmen erscheint wirklichkeitsnah und lässt eine hohe prognostische Genauigkeit erwarten. Allerdings blendet diese Methode mögliche Reaktionen der Konkurrenz bei Markteinführung der eigenen – verbesserten – Produkte aus. Wie kann diesem (spieltheoretischen) Problem begegnet werden?

Lösungen für die genannten Probleme sind vielfältig. Der Grad der Übereinstimmung eigener Planungsprodukte mit etablierten Konkurrenzprodukten ist nie 100 %. Sofern jedoch der Einsatzzweck, die Nutzung und das Nutzungsergebnis der neuen und der etablierten Produkte übereinstimmen, ist eine Übertragung der beobachteten Konkurrenzdaten auf die eigenen Planungen mit hoher Verlässlichkeit möglich. Um dies jedoch besser abschätzen zu können und auch um die Wirkmechanismen, welche dem aktuellen Kundenverhalten zugrunde liegen, besser zu verstehen, ist es sinnvoll, die Kunden nicht nur zu beobachten, sondern sie auch zu befragen und bezüglich ihrer Wertpräferenzen zu analysieren. Diese Ergänzung der vorgestellten Methode der direkten Konkurrenzbeobachtung durch Methoden empirischer Marktforschung vervollständigt das Bild, bzw. erhöht die prognostische Präzision.

Ein sehr wichtiger Ansatz zur Erhöhung der Verlässlichkeit einer Übertragung gewonnener Ist-Daten der Konkurrenz auf eigene Planungen ist, dieses methodische Vorgehen als solches zu perfektionieren. Je öfter Unternehmen Zukunftsprognostik von gewonnen Ist-Daten des Marktes ableiten, desto häufiger können sie das realisierte Ergebnis in zukünftigen Planjahren mit der ursprünglichen Planungsprognostik vergleichen. Diese Unternehmen können so ex-post erkennen, welche Fehler in welchen Prognosen lagen und diese dann in zukünftigen Planungsprozessen reduzieren. Die Unternehmen lernen quasi, aus Ist-Daten prognostische Schlüsse abzuleiten. Das Vorgehen ist natürlich für initiale unternehmerische Teams wie Startups nicht anwendbar. Allenfalls Serial Entrepreneure oder schon einmal gescheiterte Unternehmer könnten aus den eigenen Prognoseerfahrungen Schlüsse ziehen.

Eine weitere Option, Übertragungsfehler von bestehenden Daten auf Prognosen zu beherrschen, ist die Möglichkeit eines so genannten Risikoabschlages. Hierbei werden in Abhängigkeit von dem erkennbaren Grad der Vergleichbarkeit der eigenen Planungsprodukte mit den beobachtbaren Produkten der Konkurrenz entweder höhere oder niedrigere Abzüge von den prognostizierten Umsätzen vorgenommen. Lässt sich selbst nach Risikoabschlägen vom Umsatz und nach Abzug von Ausgaben ein Break-even-Point – also ein Gewinn in einer zukünftigen Planungsperiode – nachweisen, so zeigt dies, dass das Geschäftsmodell robust ist. In diesem Fall würden Risiken der Umsatzrealisierung oder Planungsfehler den zukünftigen Erfolg hoch wahrscheinlich nicht verhindern.

Mögliche Reaktionen der etablierten Marktkonkurrenz auf neue Produkte sind weitaus schwieriger zu analysieren. Die Konkurrenzunternehmen reagieren auf neue Techno-

6.2 Planungsmethoden

logien, Entwicklungen des Marktes und auf die Aktionen der übrigen Konkurrenten sowie aller Marktteilnehmer der Wertschöpfungskette. Diese Reaktionen einschätzen zu können und für die Zukunft zu antizipieren erfordert die bereits erwähnte Fähigkeit, typische betriebswirtschaftliche Muster des Marktes zu erkennen. Das Wissen über typische Strukturmuster des eigenen oder des neu zu gründenden Unternehmens und damit verbunden das Wissen über korrelierende Verhaltensmuster der Konkurrenzunternehmen und der sonstigen Marktteilnehmer inklusive der Kunden ermöglicht eine relativ verlässliche Prognostik zu möglichen Reaktionen ebendieser anderen Akteure am Markt. Zu erreichen ist diese Fähigkeit der Mustererkennung (vgl. Abschn. 6.1) in der eigenen Branche entweder durch längere Erfahrung oder durch Recherchearbeit und tiefe Auseinandersetzung mit dem Planungsprojekt.

Eine Alternative zur Mustererkennung als Grundlage für Prognostik von Reaktionen der etablierten Marktkonkurrenz ist die Entwicklung von Szenarien. Hierbei werden üblicherweise drei Arten von Szenarien unterschieden: „Best Case", „Worst Case" und das „Trendszenario". Für die Generierung des Best-Case-Szenarios wird die – aus der eigenen Geschäftsperspektive – beste Reaktion der Konkurrenz und der übrigen Marktteilnehmer prognostiziert. Es ist dabei natürlich die Frage, ob diese Betrachtung überhaupt einen Mehrwert für die eigene Planungsarbeit bietet, denn diese positive Perspektive zieht üblicherweise keine Notwendigkeit einer strategischen Entwicklung oder Veränderung eigener Planungsansätze nach sich. Das Worst-Case-Szenario ist in diesem Sinne bereits sehr viel interessanter. Es wird dabei die – aus der eigenen Geschäftsperspektive – schlechtestmögliche Reaktion der Konkurrenz auf das eigene neue Angebot angenommen. Also beispielsweise reduzierte Preise der Konkurrenz oder ein noch weiter verbessertes und den eigenen Produkten überlegenes Wertangebot. Ziel dieser Übung ist es, sich dafür wiederum eine eigene Antwort einfallen zu lassen. Sofern diese Antwort auf die mögliche zukünftige Worst-Case-Reaktion der Konkurrenz allerdings bereits zum Gegenwartszeitpunkt erdacht ist und machbar erscheint, spricht nichts dagegen, sich der Realisierung dieser Antwort auch ohne Worst-Case-Konkurrenzreaktion sofort zuzuwenden. Damit würde dann zum Planungszeitpunkt also bereits die Realisierung der nächsten Generation des eigenen Wertangebotes ohne Zeitverzug beginnen. Sollte das Worst-Case-Szenario der Konkurrenzreaktionen dann tatsächlich eintreten, wäre das Planungsunternehmen bereits vorbereitet und in der Lage, schnell eine erfolgreiche Positionierung zu realisieren. In diesem Sinne kann die Auseinandersetzung mit dem Worst-Case-Szenario möglicher Konkurrenzreaktionen auf das eigene Angebot quasi als ergänzende Kreativmethode für Planer verstanden werden. Diese Perspektive zwingt die Planer eines neuen Geschäfts oder Startups in eine nächsttiefere Ebene der Auseinandersetzung mit der Konkurrenz und den übrigen Marktteilnehmern. Dies ist ein sehr wirkungsvolles und wichtiges Feld neuer Erkenntnisse. Das Trendszenario schließlich stellt eine Extrapolation bzw. Fortschreibung der aktuellen, bereits erkennbaren Entwicklungslinien der Konkurrenz und der übrigen Marktteilnehmer dar. Es ist ebenfalls wichtig, hieraus strategische Schlüsse für die eigene Geschäftsentwicklung abzuleiten. Daher sollten diese extern beobachtbaren

Trends des Konkurrenzverhaltens auch detektiert und verstanden werden. Jedoch ist die strategische Relevanz dessen im Gegensatz zur Dramatik des Worst-Case-Szenarios nur von mittlerer Bedeutung.

Sowohl Probleme der Übertragbarkeit von Erkenntnissen aus der Konkurrenzbeobachtung auf das eigene Planungsprojekt als auch erkennbare Risiken aus der Szenarioanalyse müssen für die Projektion von möglichen Umsätzen und Ausgaben berücksichtigt werden. Der übliche Weg dieser Berücksichtigung führt über so genannte Risikoabschläge. Je nachdem, wie hoch oder gering der Grad der Übertragbarkeit beobachteter Konkurrenzumsätze auf das eigene Planungsvorhaben ist, muss der Risikoabschlag entweder geringer oder höher bemessen werden. Bei fast deckungsgleicher Geschäftätigkeit (beispielsweise soll ein neues Restaurant einem Konkurrenzrestaurant direkt gegenüber für die identische Zielgruppe eröffnet werden) wäre ein maximaler Risikoabschlag von 5–10 % sinnvoll, bei deutlich schlechter vergleichbaren Planungsprojekten (beispielsweise die Eröffnung eines Mode-Einzelhandelsgeschäftes in einer Mall gegenüber einem Konkurrenzunternehmen mit abweichendem Angebot und differenter Zielgruppe) kämen durchaus Risikoabschläge im Bereich 10–30 % in Betracht. Die genaue Bemessung des Risikoabschlages richtet sich nach der Prognostik des Planungsfehlers aus der Konkurrenzbetrachtung.

6.2.1.3 Methoden der Umsatzplanung: Prognostik des Effektes von Kommunikationsmaßahmen

Die zielgruppengerechte Gestaltung von Maßnahmen der Vertriebs- und Kommunikationspolitik ist ein sehr essenzielles Gestaltungsfeld für neue Produkte oder für neue junge Unternehmen. Hierfür stehen beispielsweise Instrumente der Werbung, des Public Relations, der Verkaufsförderung, des persönlichen Verkaufs, des Sponsorings, der Messeteilnahme und der Organisation besonderer Veranstaltungen zur Verfügung (vgl. Meffert et al. 2015, S. 357 ff.). Jedes dieser Instrumente kann dabei wiederum in diverse Einzelmaßnahmen unterteilt werden. Die Wahl des optimalen Sets von Einzelmaßnahmen ist erfolgsentscheidend für jede Geschäftätigkeit. Die Information über eigene Produkte und deren Vorzügen gehört zu den grundlegendsten Aufgaben von Unternehmen. Diesbezügliche einzelne Maßnahmen sind jedoch nur dann wirksam, wenn sie in Inhalt, Form und Veröffentlichungsart die Zielgruppe sinnvoll ansprechen. Um dies zu erreichen ist es nötig, sich zur Gestaltung der einzelnen Maßnahmen mit empirischer Marktforschung zu befassen. Beispielsweise ist es wichtig zu erfahren, welche Medien die Zielgruppe in welcher Intensität nutzt und welche Informationsdurchdringung der Zielgruppe mit den jeweiligen Instrumenten und Maßnahmen möglich ist. Mit Informationen der Marktforschung lässt sich der für die eigene Geschäftsplanung, die eigene Zyklusphase und die eigene Marktsituation optimale Mix Marketing-kommunikativer Maßnahmen zusammenstellen.

Auf dem konkreten kommunikativen Maßnahme-Mix basiert schließlich die Prognostik des Effektes ebendieser Maßnahmen – die Ableitung des zukünftig erreichbaren Umsatzes (vgl. Abb. 6.5).

6.2 Planungsmethoden

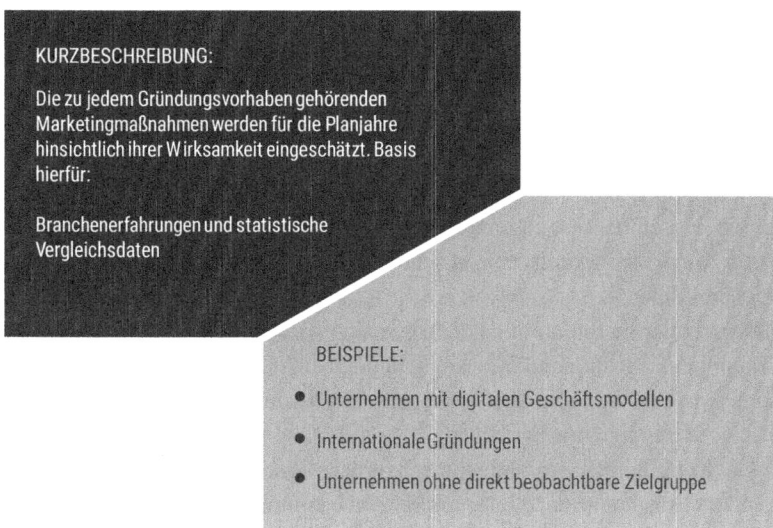

Abb. 6.5 Prognostik des Effekts von Marketing-Kommunikationsmaßnahmen. (Quelle: eigene Darstellung)

Der Methode liegt eine empirisch begründete Ableitung und Summierung der einzelnen zu erwartenden Kauf-Erfolge nach Durchführung kommunikativer Marketing-Einzelmaßnahmen zugrunde. Wenn beispielsweise eine Anzeige in einem zielgruppennahen Magazin in der Vergangenheit zu 400 Nachfragen und diese zu 20 Käufen des Produktes geführt hat, so ist es – unter sonst gleichen Bedingungen – möglich, diese Erfahrung auch für die Zukunft anzunehmen. Im Ergebnis lässt sich recht verlässlich prognostizieren, welche Anzahl von Käufen wohl bei Platzierung von beispielsweise 40 dieser Anzeigen über ein Jahr verteilt herauskommen wird. Entsprechend wäre mit den übrigen Marketingmaßnahmen zu verfahren. Die Anzahl der Käufe multipliziert mit dem Preis ergibt hierbei wiederum den abgeleiteten Planungsumsatz im jeweilig betrachteten Jahr.

Entscheidend für die Verlässlichkeit der entsprechenden Prognostik ist Erfahrung in der Anwendung der Methode. Sofern Unternehmen bereits in der Vergangenheit zielgruppenfokussierte Kommunikationsmaßnahmen durchgeführt haben, können sie – wie dargestellt – die Daten zu den beobachteten Ergebnissen dieser Maßnahmen als Grundlage für Zukunftsprognosen verwenden. Schwieriger wird dies, sofern sich wichtige Parameter ändern. Signifikante Produktveränderungen können hier ebenso zu Fehlern in der Prognostik führen, wie Änderungen des Preises oder Veränderungen innerhalb der Zielgruppe selbst. Werden kommunikative Maßnahmen für neue unbekannte Zielgruppen aufgelegt, so ist deren Ergebnis nur noch in geringerem Maße aus den Erfahrungen mit bekannten anderen Zielgruppen ableitbar. Das gilt in ähnlichem Maße, sofern sich Markt- oder Branchengegebenheiten verändert haben. Konjunkturelle Einflüsse können hier beispielsweise die Verwendbarkeit von bekannten Kaufdaten für Zukunftsplanungen unmöglich machen. Ebenso können bisher ungewohnte Aktionen der Konkurrenz oder die Reaktionen der übrigen Marktteilnehmer auf neue Produkte oder der Einfluss von neuen Technologien am Markt ganze Branchensysteme verändern. Entsprechend problematisch ist dann auch hier die Verwendung von vergangenheitsbezogenen Erfahrungen mit Käufergruppen für die Prognose von deren zukünftigen Reaktionen auf Marketingmaßnahmen.

Es gilt hier: Je mehr Erfahrungen ein Unternehmen oder die Planer mit dem Kaufverhalten der Zielgruppe und dem Markt haben, desto verlässlicher gelingt ihnen die Prognose des Erfolges der Marketingmaßnahmen. Auch hier wirkt die oben bereits erwähnte Fähigkeit zur Mustererkennung (vgl. Abschn. 6.1) innerhalb der eigenen Branchenumwelt in essenziellem Maße.

Eine sehr schwierige Situation ist die Anwendung der Methode der Prognostik des Effektes der geplanten Kommunikationsmaßnahmen für neu zu gründende Unternehmen. Die entsprechenden Planungsteams haben regelmäßig nicht die Möglichkeit, auf eigene empirische Erfahrungen hinsichtlich des Kaufverhaltens der Zielgruppe nach Durchführung von Kommunikationsmaßnahmen zurückzugreifen. Die Planungsumgebungen sind neu und die Ansprache der Zielgruppe ist ohne kommunikatives Maßnahme-Beispiel.

Für die Lösung neuer unbekannter Planungssituationen oder für die Prognose von Marketingwirkungen in dynamischen Märkten bietet sich trotz aller Schwierigkeiten primär die Übertragung von bekannten Maßnahmewirkungen auf neue Zielgruppen oder Marktsituationen an. Beispielsweise die Übertragung von Ergebnissen bereits abgeschlossener Marketingmaßnahmen von Konkurrenzunternehmen. Es ist hierfür jedoch wichtig, dass möglichst viele, die Zielgruppenreaktion beeinflussende Parameter aus diesen vergangenen Operationen bekannt sind. Wenn beispielsweise der Erfolg von spezifischen Kommunikationsmaßnahmen in einem Lifestyle-Magazin einer jungen Konsumentenzielgruppe im Sinne einer durchschnittlichen Kontaktrate von 1:35 und einer durchschnittlichen Kaufrate von 1:85 gemessen wurde, so ist es wahrscheinlich, dass die eigene Kampagne – qualitativ und preislich vergleichbare Produkte vorausgesetzt – in ähnlicher Verteilung realisiert werden kann. Eine Übertragung bekannter Daten ist unter Berücksichtigung der Besonderheiten des eigenen Wertangebotes hier durchaus sinnvoll. Übersteigt die Attraktivität des eigenen Wertangebotes die den Vergangenheitsdaten zugrunde liegenden Produkt-Leistungs-Kombinationen, so ist es in diesem Falle sinnvoll, die Prognosedaten zugunsten einer höheren Kaufneigung anzuheben. Im umgekehrten Falle würde eine Reduzierung der Prognosedaten erforderlich sein. In jedem Fall ist es wichtig, die realen empirischen Daten zum Kaufverhalten mit den jeweiligen unterschiedlichen Wertangeboten der Vergangenheit in Beziehung zu setzen und die entsprechenden Abweichungselastizitäten zu erkennen. Auch dieses Verständnis über realisierbare Wertkombinationen und ihre Nachfragewirkung ist ein essenzieller Teil marktbezogener Musterkenntnis (vgl. Abschn. 6.1). Insgesamt ist es trotz aller Übertragungsrechnungen eine vergleichsweise einfach zu realisierende und verlässliche Vorgehensweise für Neugründungen, bekannte Marketingerfahrungen anderer Anbieter für die eigenen Prognosen zu übernehmen.

Die dafür erforderlichen Konkurrenzdaten sind oft jedoch nicht einfach zu bekommen. Nur wenige Unternehmen publizieren eigene Marketingergebnisse. Externe Beobachtung des Konkurrenzverhaltens ist möglich, ist aber nicht verlässlich präzise und führt zu höherem Planungsrisiko. Ein in diesem Kontext möglicher Weg ist die Kooperation mit branchenerfahrenen Marketingagenturen, die bereits für etablierte Unternehmen der Branche gearbeitet haben. Diese Agenturen kennen die werbewirtschaftlichen Funktionsmuster der Branche und können die Wirkung von Maßnahmen für bekannte Zielgruppen einschätzen. Sie werden dies naturgemäß nur generalisiert tun und keine Geschäftsgeheimnisse anderer Klienten verletzen.

Je weiter die den bekannten Daten zugrunde liegenden Maßnahmen und Zielgruppen vom eigenen Planungsprojekt entfernt sind oder je weniger Details zur Zielgruppenwirkung der Maßnahmen bekannt sind, desto größere Unsicherheit besteht hinsichtlich der Verlässlichkeit des Planungsergebnisses. Diese möglichen Fehler können wiederum mit Risikoabschlägen kompensiert werden. Je größer die Planungsunsicherheit aus nur gering übertragbaren Daten, desto höher der empfehlenswerte jeweilige Risikoabschlag, der von den prognostizierten Umsatzzahlen in Abzug gebracht werden sollte. Die Grundlogik dessen folgt dem oben bereits beschriebenen Prinzip: Wenn ein Unternehmen es schafft, auch unter entsprechendem Risikoabschlag Gewinne zu erzielen, so wird es mit hoher Wahrscheinlichkeit auch insgesamt erfolgreich sein. Der Risikoabschlag simuliert hierbei eine Worst-Case-Planungsvariante, deren erfolgreiche Kompensation die Belastbarkeit des Geschäftsmodelles belegt.

6.2.1.4 Methoden der Umsatzplanung: Prognostik aus Sekundärforschung

Für viele Planungsprojekte liegen diverse gesicherte Datenquellen zu Märkten, Zielgruppen, Technologienutzung und – präferenzen, zu potenziell neu eintretenden Unternehmen oder zu möglichen Substituten sowie zur Struktur der Wertschöpfungskette und zu vielem mehr vor. Die Urheber dieser Analysen sind dabei hauptsächlich Marktforschungsinstitute oder Beratungsgesellschaften mit professionell erwerbswirtschaftlichem Interesse des Verkaufes solcher Studien. Entsprechend hoch ist zumeist deren Qualität, entsprechend verlässlich und aktuell sind die verfügbaren Daten. Die Auswertung dieser Daten zum Zwecke der Ableitung eigener Umsatzplanungen ist der Inhalt der Prognostik aus Sekundärforschung (vgl. Abb. 6.6).

Wichtig ist bei der Übertragung von Sekundärforschungsdaten auf eigene Planungsprojekte, die in den Studien erkennbaren Muster der jeweiligen Branche und ihrer Zielgruppen zu verstehen. Die verfügbaren Sekundärdaten werden nur in Ausnahmefällen genau auf die eigene Planungssituation übertragbar sein, denn naturgemäß fokussieren externe Studien bevorzugt die Gesamtsituation der jeweiligen Branche und nur zu geringem Anteil Details über Teilzielgruppen oder unternehmensspezifische Strukturen. Insofern ist die Methode der Prognostik aus Sekundärforschung mit einem großen Übersichtspuzzle zur jeweiligen Branche vergleichbar, welchem einzelne – für das eigene Planungsprojekt relevante – Teile entnommen werden und zu einem neuen Bild kombiniert werden. Die dabei fehlenden Puzzleteile können jedoch über abgeleitete Annahmen ergänzt werden und visualisieren den Risikoraum der Betrachtungen. Je größer die Kenntnis über die generellen Funktionsmuster der Branche beziehungsweise über die Produkt-

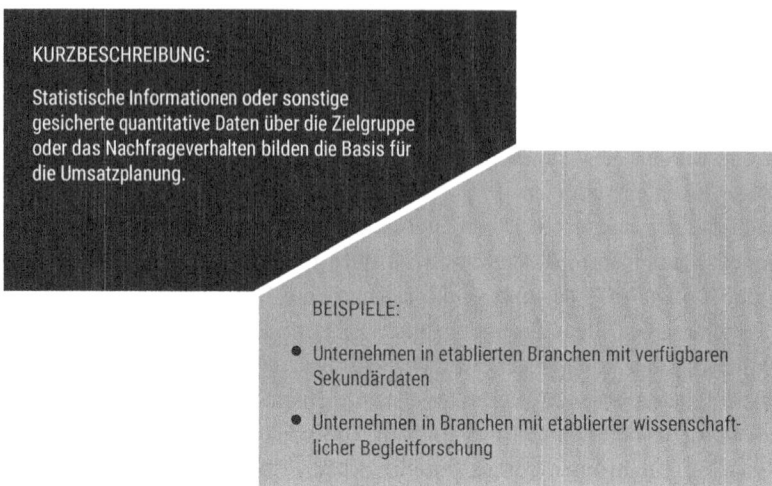

Abb. 6.6 Ableitung von Prognosen aus Sekundärforschung. (Quelle: eigene Darstellung)

Zielgruppenreaktionen ist, desto verlässlicher ist das Planungsergebnis und desto klarer ist das entstehende Bild aus den entnommenen Puzzleteilen. Die Kenntnis der betriebswirtschaftlichen Branchenmuster ist auch hier die wichtigste Grundlage für Planungsverlässlichkeit.

Konkret werden Sekundärforschungsstudien im ersten Schritt der Auswertung bezüglich verwendbarer prognoserelevanter Daten untersucht.

Derartige Daten können beispielsweise sein:
- Wachstumsdaten zum jeweiligen Markt
- Daten zur makroökonomischen Situation der Branche
- Gesamtumsatzdaten zum Markt
- Daten zu Marktanteilen der Konkurrenz
- Daten zu Produkten und Nachfragepräferenzen
- Daten zu relevanten Zielgruppen
- Daten zu Stärken und Schwächen des verfügbaren Angebots
- prognostische Daten oder prognoserelevante Expertenaussagen
- Daten zu Produktpreisen
- Daten zu Nachfrageelastizitäten der Zielgruppe
- und vieles mehr

Die genannten Beispielinformationen aus Sekundärdaten sind indes sehr häufig und finden sich in vielen qualitativ hochwertigen Branchenstudien. Sofern beispielsweise für einen Planungsmarkt nur Wachstumsdaten zum Markt, Gesamtumsatzdaten sowie Marktanteilsdaten der Konkurrenzunternehmen in einer Studie ersichtlich sind, so lassen sich allein hieraus bereits sehr verlässliche Prognosen für ein neu zu gründendes Unternehmen ableiten. Sofern das Gründungsunternehmen darüber hinaus hinsichtlich seiner Produktqualität, -ausstattung und dem Preis mit einem am Markt aktiven Konkurrenten vergleichbar ist, über welchen Marktanteilsdaten vorliegen, so wäre es – unter Berücksichtigung der Struktur des Marktes (ist es beispielsweise eine Business-to-Business-Interaktion zwischen Anbieter und Kunde – B2B – oder eine Business-to-Consumer-Interaktion – B2C) – möglich, die Marktanteile beider Unternehmen (des etablierten Wettbewerbers und des neu eintretenden Unternehmens) nach einer angenommenen Phase der Einführung des neuen Wettbewerbers untereinander rechnerisch zu differenzieren. Unter Berücksichtigung des Gesamtumsatzes der Branche und der Wachstumsraten ergeben sich bereits aus diesen simplen Überlegungen relativ verlässliche Prognose-Umsatzzahlen für eine ansonsten unbekannte Planungssituation.

Wichtig ist hierbei, dass es sich bei der Aufteilung der Marktanteile zwischen älteren Wettbewerbern und dem neuen Follower um eine prognostische Projektion unter Unsicherheit handelt. Die Projektion ist dann erfolgreich, wenn die zukünftig erreichbaren realen Umsatzzahlen in einer Bandbreite von plus/minus 20–30 % vorhergesagt werden können. Wichtig ist hierbei, nicht die exakte Zahl des Umsatzes in drei oder vier Jahren zu prognostizieren (da die Wahrscheinlichkeit, diesen Wert exakt zu treffen sehr gering ist), sondern Verständnis zu entwickeln für die mögliche Umsatzhöhe als Folge von durchzuführenden Maßnahmen, die zur Erreichung dieses Umsatzes branchen- und zielgruppenspezifisch erforderlich sind. Dieses Maßnahme-Umsatz-Verständnis ist die Basis betriebswirtschaftlicher Mustererkennung für das neu zu gründende Startup oder für das innovative Projekt. Diese Kenntnis ermöglicht sodann eine realistische Einschätzung des erforderlichen Aufwandes im Verhältnis zum möglichen Ertrag, was vor allem das Verständnis für Chancen und Grenzen des zukünftigen Geschäftes entwickelt.

In der Realität werden sich die beispielhaft diskutierten Marktanteile von älteren Marktteilnehmern und einem neu zu gründenden vergleichbaren Follower nicht in gleiche Teile aufspalten, sondern sie werden sich nach einer Phase der Markteinführung des Followers höchstens einander annähern, denn viele Kunden werden nicht nur zum Follower, sondern auch zu möglichen anderen neuen Konkurrenten wechseln und viele Kunden werden auch wider rationaler Erwartungen handeln.

Wichtig ist, den Aufwand zu verstehen, welcher erforderlich ist, um überhaupt in eine den First Movern vergleichbare Wettbewerbsposition zu gelangen.

Von essenzieller Bedeutung sind auch hierbei sowohl die Festlegung der alleinstellenden Produktmerkmale des neuen Wettbewerbers, als auch die bereits erläuterte Präzisierung der Marketing-Maßnahmen, welche es überhaupt ermöglichen sollen, zu den Konkurrenten im bereits bestehenden Markt aufzuschließen. Aus den Inhalten und der Intensität besonders dieser beiden Handlungsfelder lässt sich die Zeitspanne bis zur Erreichung eines existenzsichernden Marktanteils des neu zu gründenden Followers ableiten und es lassen sich damit auch die möglichen Umsätze in den ersten Geschäftsjahren prognostizieren.

Wie bereits in den vorhergehenden Abschnitten beschrieben reflektiert das Instrument des Risikoabschlages den jeweiligen Unsicherheitsraum der Prognosen. Die Prognoseverlässlichkeit wird dabei als „*hoch*" definiert, wenn mindestens vier wesentliche Merkmale der zugrunde liegenden Sekundärerhebung mit dem eigenen Planungsprojekt übereinstimmen, bzw. dieselben erfolgsrelevanten Bereiche beschreiben (vgl. oben).

Dies können beispielsweise sein:
- übereinstimmende Zielgruppe
- übereinstimmende Produktmerkmale
- übereinstimmende Preise dieser Produkte
- eine vergleichbare makroökonomische Situation

In Falle verfügbarer Sekundärstudien vom Markt mit einer starken Übertragbarkeit vieler Merkmale und Ergebnisdaten wäre das hieraus abgeleitete prognostische Ergebnis mit hoher Wahrscheinlichkeit – unter sonst gleichen Bedingungen und unter korrekter betriebswirtschaftlicher Berechnung – verlässlich. Stimmen hingegen nur wenige Merkmale der Sekundärstudie mit dem Planungsprojekt überein oder lässt sich die Sekundärstudie grundsätzlich nur schwach auf die eigene Planungssituation übertragen, kommt diese an ihre Grenzen. Ein Risikoaschlag könnte eine höhere Unsicherheit planerisch antizipieren.

Für die Bestimmung der passenden Risikoabschlaghöhe sind jedoch immer der konkrete Einzelfall und die sich hieraus ergebenden Prognosefehler relevant. Nur auf Basis dieser Fehleranalyse kann ein „angemessener" Risikoabschlag abgeleitet werden.

6.2.1.5 Methoden der Umsatzplanung: Prognostik aus Businessplanungsdaten

Die Ableitung von Umsatzprognosen aus verfügbaren Businessplanungsdaten ist eine Erweiterung der in Abschn. 6.2.1.4 dargestellten Vorgehensweise. Im Zuge des aktuell stark zunehmenden allgemeinen Interesses an Gründungsthemen und Startup-Entwicklungen und insbesondere auch aufgrund verfügbarer Fördermittel in diesem Bereich in den vergangenen Jahren hat sich eine ganze Dienstleistungsindustrie gründungs- und innovationsunterstützender Anbieter etabliert. Seien es Venture-Capital-Unternehmen, Beratungsgesellschaften, spezialisierte Gründungs-Coaches oder die klassischen Banken – viele dieser Dienstleister stellen ihren Kunden detaillierte Kenntnisse zu diversen gründungsrelevanten Themen und Branchen zur Verfügung. Im oben gesagten Sinne helfen diese Unterstützer den Gründern dabei, sich nötige Kenntnis von betriebswirtschaftlichen Mustern ihrer Branche zu erarbeiten. Dieses Wissen wird dabei auch in Form von exemplarischen Businessplänen und/oder Marktanalysen zur Verfügung gestellt. Zu unterscheiden sind dabei hochwertige Informationen und minder seriöse Download-Plattformen, welche fertige Businesspläne für geringes Geld als Standardprodukte anbieten.

Die seriös recherchierten Businesspläne können sehr wohl Grundlage von Startup-Prognosen sein (vgl. Abb. 6.7).

Hierbei werden analog zu Abschn. 6.2.1.4 auf das eigene Planungsvorhaben übertragbare Merkmale aus den angebotenen Planungsdaten exzerpiert und auf die spezielle neue

6.2 Planungsmethoden

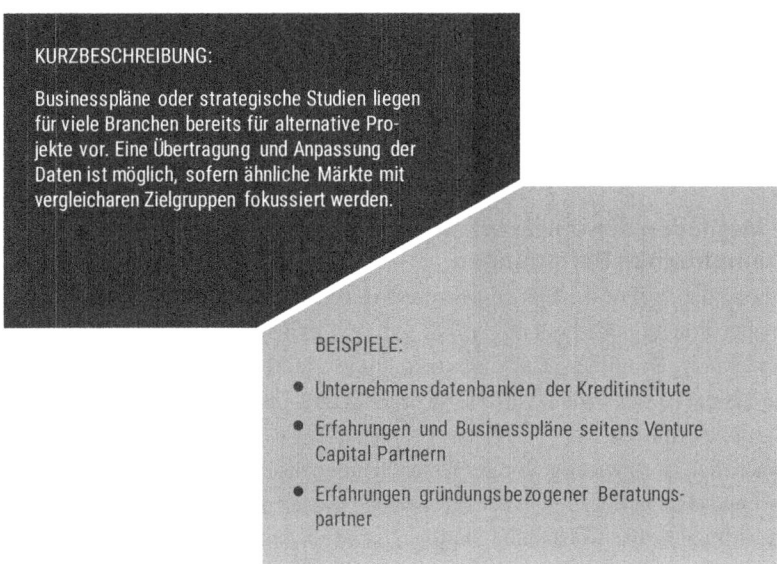

Abb. 6.7 Ableitung von Prognosen aus Businessplänen. (Quelle: eigene Darstellung)

Planungssituation übertragen. Entsprechend dem Vorgehen zum vorigen Abschnitt sind hierbei insbesondere Erkenntnisse zu Zielgruppenreaktionen, Preisreaktionen, dem Markt allgemein, aber vor allem zu umsatzrelevanten Ergebnissen betriebswirtschaftlicher Maßnahmen wie beispielsweise Marketingmaßnahmen von Interesse. Die Übertragung auf eine neue Planungssituation erfolgt nach Analyse der verfügbaren Business-Planungsunterlagen durch Anpassung und ggf. Extrapolation der dargestellten Einzelmaßnahmen auf das eigene Planungsthema sowie durch Übertragung der Ergebniswirkungen der betriebswirtschaftlichen Maßnahmen.

Vorteile der Nutzung verfügbarer fertiger Businesspläne liegen in der schnellen Kenntnisnahme der branchenspezifischen Besonderheiten und der jeweiligen, den Geschäftsbereichen innewohnenden betriebswirtschaftlichen Muster (vgl. Abschn. 6.1). Die Planer finden so einfachen und kompakten Zugang zu vormals oft unbekannten komplexen betriebswirtschaftlichen Zusammenhängen. Auch präsentieren fertige Businesspläne oftmals sehr detailliert mögliche operative Maßnahmen, welche sich im jeweiligen Branchenkontext bereits bewährt haben. Der kreative Geist junger Gründer kann sich also von einem bekannten Ausgangspunkt entwickeln.

Hinsichtlich des Übertragungsfehlers der prognostischen Methode auf Grundlage bestehender Businesspläne gilt Ähnliches wie in Abschn. 6.2.1.4 ausgeführt. „*Hoch*" verlässliche Prognosen im Sinne einer Übertragbarkeit vieler Merkmale des externen Businessplanes auf das Planungsprojekt würden keinen oder nur einen sehr geringen Risikoabschlag erfordern, „gute" Prognosen im Sinne einer Übertragbarkeit von immerhin wenigen Merkmalen auf das Planungsprojekt würden als „weitgehend verlässlich" eingeschätzt (geringer Risikoabschlag) und „problematische" Prognosen im Sinne einer Übertragbarkeit von nur einzelnen oder zu wenigen Merkmalen auf das Planungsprojekt könnten mit einem höheren Risikoabschlag kalkuliert werden. Die jeweils „angemessenen" Risikoabschläge hängen dabei von der erwähnten Vergleichbarkeit des herangezogenen externen Businessplanes mit der spezifischen Planungsthematik ab. Es obliegt den Planern, Argumente für einen angemessenen Risikoabschlag zu identifizieren und darzustellen.

6.2.1.6 Methoden der Umsatzplanung: Prognostik aus empirischen Befragungen

Die Methode der Prognostik aus empirischen Befragungen der Zielgruppe ist die strukturierteste aller Planungsmethoden. Hierbei wird explizit Bezug auf Methoden der empirischen Forschung genommen (Backhaus et al. 2006; Hair et al. 2006) und auf deren Grundlage eine Prognose der Produkt-Preis-Akzeptanz und Intensität der Nachfrage innerhalb der Zielgruppe ermittelt.

Grundsätzlich ist es wichtig, vor der Untersuchung das Evaluationsziel zu definieren: Soll die Zielgruppe nicht nur bezüglich der Erforschung des akzeptierten Produktpreises und möglicher Nachfragemenge verstanden werden, sondern sollen auch produktentwicklungsrelevante Informationen abgefragt werden? Im letzteren Falle wäre die zu wählende Methode primär qualitativ und im Sinne einer sich entwickelnden Fragestellung sowie hinsichtlich der Grundgesamtheit sich kontinuierlich erweiternd. Hierbei gilt auch keine vorab definierte Forschungshypothese. In der empirischen Sozialforschung wird dieses Vorgehen als „Theoretical Sampling" bezeichnet (vgl. Hoffmann-Riem 1980, S. 346 und Kelle und Kluge 1999, S. 46). Demgegenüber steht die deutlich fokussiertere Form der soziologischen Zielgruppenforschung mit zuvor bekannten Untersuchungsparametern, wie Untersuchungsfragen, bekannter Zielgruppengröße und hierauf aufbauend: erforderlicher Größe der Stichprobe.

Dieses „Statistical Sampling" würde nun entsprechend folgender Schritte durchgeführt werden:
- *Generierung einer zufälligen Stichprobe*: Das kann – je nach Startup- und Vorhabenskonstellation – auf unterschiedlichen Wegen erfolgen. Im Rahmen eines beispielsweise lokal angesiedelten Gründungsvorhabens (Einzelhandelsgeschäft, Restaurant, u. ä.) könnte eine Zufallsansprache potenzieller Kunden in direkter Umgebung des Standortes vorgenommen werden. Für ein digital arbeitendes Unternehmen könnten über Social-Media-Kanäle Angehörige der Zielgruppe adressiert und für die Befragung gewonnen werden.
- *Prognostische Qualifizierung der Stichprobe*: Im Rahmen der Befragung würden zunächst Merkmale der Untersuchungsteilnehmer erfasst, also im Startup-Kontext beispielsweise: Wohnort, direkte oder indirekte Fragen zur Einkommenshöhe, direkte oder indirekte Fragen zu Konsumneigungen oder zu geschäftsrelevanten Vorlieben.

  Im Anschluss daran würden die Stichprobenteilnehmer hinsichtlich ihrer Ähnlichkeit zur Zielgruppe eingeschätzt. Je ähnlicher die Stichprobenteilnehmer der Zielgruppe sind, desto verlässlicher das zu erwartende Ergebnis.

Die Größe der erforderlichen Stichprobe ist von der Unterschiedlichkeit der Zielgruppe und der Merkmalsvielfalt abhängig. Je differenter die Zielgruppe ist und je granularer sie hinsichtlich ihrer Merkmale definiert ist, desto größer muss die Stichprobe sein.

- *Umsatzprognose aus der Stichprobe*
  Als zentrale Frageinhalte kommen für die Stichprobe infrage:
  – Fragen zur Kaufbereitschaft hinsichtlich des Produktes
  – Fragen zu Wiederholungskäufen
  – Fragen zu Ausstattungspräferenzen zum Produkt
  – Fragen zu akzeptierten Preisniveaus

Vor Auswertung der Stichprobe ist wichtig, die Antwortbögen nach Merkmalsausprägungen zu evaluieren. In die engere prognostische Wahl sollten nur Antwortbögen der Zielgruppe gelangen. Im Sinne des oben genannten Beispiels würde es ja nichts bringen, einen Interviewpartner aus München zur Nutzung eines neuen Restaurants in Hamburg zu befragen – es sei denn, er pendelt regelmäßig.

Im Ergebnis würde nunmehr der Anteil der Stichprobe, welcher eine positive Anzahl der Käufe in seinen Antworten genannt hat, auf die Größe der Gesamtzielgruppe bezogen und hochgerechnet. Die sich hieraus ergebende Anzahl der Käufe multipliziert mit dem akzeptierten Preisniveau ergibt die *potenziellen Umsätze*. Das sind die Umsätze, welche die Zielgruppe innerhalb eines Jahres tätigen würde, wenn sie für den Konsum des Produktes bereit wäre. Letzteres ist sie jedoch nicht. Nur die Stichprobenteilnehmer der Zielgruppe wurden auf das neue Produkt hingewiesen und haben auf Basis dieser Kenntnis ihre Konsumpräferenz bekundet – nicht jedoch die gesamte Zielgruppe. Um im oben genannten Beispiel zu bleiben: Für die Eröffnung eines neuen lokalen Restaurants wurden 5000 Anwohner als im Einzugsgebiet ansässige Zielgruppe identifiziert. Von diesen 5000 Anwohnern mittleren Alters und mittlerer Einkommensgruppe wurden 100 hinsichtlich ihrer Nachfragepräferenzen befragt. 40 % gaben dabei an, das neue Restaurant mindestens einmal pro Jahr zu besuchen und dabei ca. 20 Euro pro Person zu konsumieren. Hieraus resultiert demnach ein potenzieller Umsatz von 5000 * 40 % * 20 = 40.000 Eur. Wichtig ist jedoch, dass dies nicht der reale Umsatz des jungen Startups sein wird. Denn die 5000 Personen der Zielgruppe wissen zunächst ja gar nichts von dem neuen Restaurant. Sie müssen angesprochen werden und zu einem ersten Besuch animiert werden.

Es müssen also ergänzend Marketing-Maßnahmen festgelegt werden (vgl. Abschn. 6.2.1.3), die eine Information der Zielgruppe ermöglichen. Jedes Gründungsteam muss definieren, *welche* Marketingmaßnahmen es plant und in welcher *Intensität* diese durchgeführt werden sollen. Hieraus ergibt sich die Wirksamkeit der Maßnahmen und die Zeitdauer ihrer Durchführung. Am Beispiel der bereits beschriebenen Restauranteröffnung wären einfache Marketingmaßnahmen wie Google-Listing, Postwurfzettel und Eröffnungs-Aktionsveranstaltungen theoretisch die primäre Wahl. Wurden hierdurch beispielsweise alle Zielgruppenhaushalte erreicht inklusive einer Erinnerung nach einigen Wochen so kann die Umsatzplanung tatsächlich in Form der oben beschriebenen vollen Hochrechnung der empirischen Ergebnisse auf die gesamte Zielgruppengröße vorgenommen werden. Dies ist in der Marketingrealität jedoch ein unwahrscheinlicher Extremfall. Üblicherweise erfährt nur ein Teil der Zielgruppe von der Neueröffnung und dies auch erst nach und nach über einen Zeitraum von vielleicht 1–2 Jahren. Für die Umsatzplanung des neuen Startups bedeutet dies, dass eine Korrektur der potenziellen Umsätze hinsichtlich seines schnell oder langsam ansteigenden Bekanntheitsgrades vorgenommen werden muss. Lässt die Intensität der Marketingmaßnahmen also beispielsweise erwarten, dass im ersten Jahr im Durchschnitt 50 % der Zielgruppe über das neue Restaurant informiert sind, im zweiten Jahr 70 % und im dritten Jahr 85 %, so würde sich hieraus folgende Umsatzplanung für die drei ersten Geschäftsjahre ergeben:

Geschäftsjahr 1: prognostizierter Umsatz 20.000 Euro (50 % des potenziellen Umsatzes)

Geschäftsjahr 2: prognostizierter Umsatz 28.000 Euro (70 % des potenziellen Umsatzes)

Geschäftsjahr 3: prognostizierter Umsatz 34.000 Euro (85 % des potenziellen Umsatzes)

Diese Umsatzplanung würde seitens des Gründungsteams in die Liquiditätsplanung übernommen werden.

Hauptproblem der empirischen Umsatzplanung ist es, die Balance zwischen statistischer Qualität im Sinne verlässlicher Prognostik und der immensen Dynamik – also Unsicherheit – von Startup-Entwicklungen zu finden. Die Durchführung empirischer Untersuchungen in sich stark verändernden Umwelten erfordert besonderen statistischen Aufwand. Hier sind Startups mit teils drastischen temporären Entwicklungssprüngen in ihrer Marktumgebung und Veränderungen der Zielgruppe beschäftigt, welche regelmäßig zufallsgestört und nicht linear vorhersehbar ablaufen. Ein Problem, das zu einem pragmatischen Vorgehen in der empirischen Umsatzprognostik geführt hat: Die beschriebenen empirischen Befragungen der Zielgruppe werden zwar durchgeführt, aber im Rahmen der Auswertung wird primär versucht, das aktuelle Handlungsmuster der Zielgruppe zu verstehen. Auch hier dominiert die Methode der Mustererkennung (vgl. Abschn. 6.1). Es ist dabei das Ziel, nicht in tiefgründiger Sozialforschung beispielsweise die Veränderungswahrscheinlichkeiten zu testen und auszuweisen, sondern die umsatzrelevanten Verhaltensmuster der Zielgruppe zu erkennen und sich dann auf die wichtigsten Subzielgruppen marketing- und kommunikationsstrategisch zu konzentrieren. Wenn beispielsweise empirisch erkannt wurde, dass ca. 10 % der Zielgruppe sehr verlässlich 2x pro Monat das neue Restaurant besuchen möchten, dann ist das für die Umsatzplanung von deutlich höherem Wert, als die Kenntnisnahme einer Besuchswahrscheinlichkeit von 60 % für 30 % der Zielgruppe innerhalb der ersten 2 Geschäftsjahre. Der mathematische Erwartungswert für die 30 %-Zielgruppe wäre zwar höher, aber es kann eben dabei durchaus auch sein, dass einige Monate gar kein Gast kommt. Vor allem aber ist es wichtig zu erfahren, von welchen Faktoren der Restaurantbesuch der jeweiligen Sub-Zielgruppen abhängt. Im Ergebnis ist die Dynamik der Umwelt für die Gründer weitaus besser einzuschätzen, wenn jene Einflussfaktoren bekannt sind, welche die möglichen Restaurantbesuche der Zielgruppe limitieren oder forcieren.

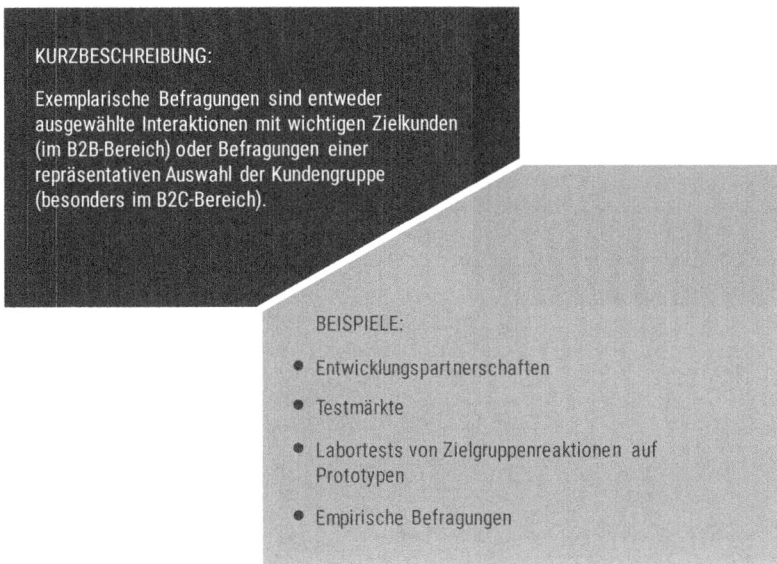

Abb. 6.8 Ableitung von Prognosen aus empirischen Befragungen. (Quelle: eigene Darstellung)

Empirische Prognoseverfahren zur Umsatzprognostik (vgl. Abb. 6.8) gelten aufgrund der methodisch induzierten Zielgruppenkontakte als vergleichsweise verlässliche Ansätze. Hierbei sind vor allem die Interaktionen mit der Zielgruppe durch die Gründer selbst besonders sinnvoll. Neben den Antworten auf die vorbereiteten Fragen erhalten die Interviewer vielerlei ergänzende Informationen, welche das Zielgruppenverhalten transparenter machen.

Die Verlässlichkeit der Prognosen hängt – wie beschrieben – von der Dynamik der jeweiligen Gründungsentwicklung und ihres Marktumfeldes ab. Sofern es sich um ein relativ stabiles Branchenumfeld handelt, sind bei Anwendung der empirischen Umsatzplanung keine Risikoabschläge vom prognostizierten Umsatz erforderlich. Das genannte Restaurant-Gründungsbeispiel wäre hierfür repräsentativ. Sofern es sich aber um ein sehr dynamisches Branchenumfeld mit einer schwer abschätzbaren Expansionsdynamik für das Gründungsunternehmen handelt, sind Risikoabschläge sinnvoll.

6.2.1.7 Methoden der Umsatzplanung: Prognostik aus Crowd Intelligence

Crowd Intelligence bezeichnet die Einschätzung vieler Teilnehmer zu intransparenten Fragestellungen (vgl. Surowiecki 2004). Insbesondere bei kognitiv zu lösenden Fragestellungen oder bei der Schätzung unbekannter Größen liegen die Vermutungen durchschnittlich vorbereiteter größerer Gruppen näher an der Realität als einzelne Expertenschätzungen. Beispielsweise findet das Publikum bei „Wer wird Millionär" zur Beantwortung der Jokerfrage in 91 % der Fälle die richtige Lösung oder der Mittelwert vieler Sachverständiger zur Lage

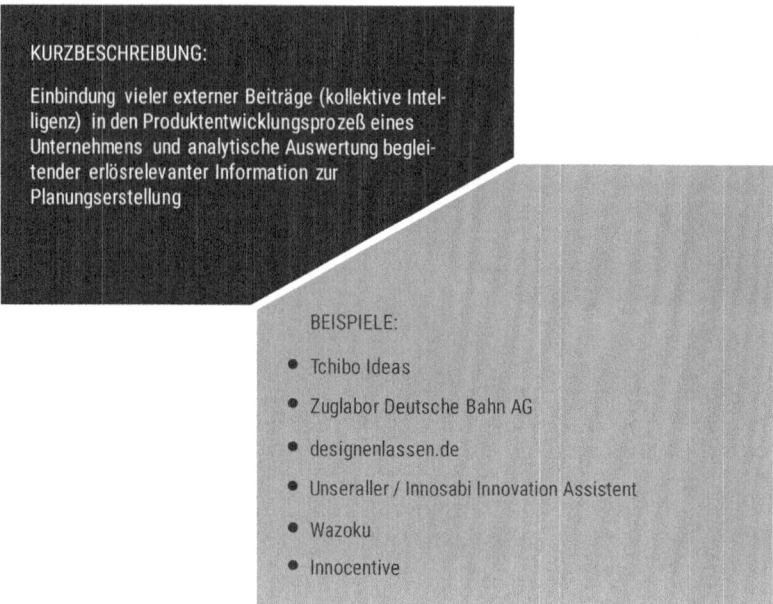

Abb. 6.9 Ableitung von Prognosen aus Crowd Intelligence/Crowd Sourcing. (Quelle: eigene Darstellung)

eines vermissten U-Bootes ist genauer als die Meinung einzelner (Leimeister 2010, S. 239). Entscheidende Faktoren der Vorhersagevalidität von kollektiven Schätzungen sind Meinungsvielfalt, Unabhängigkeit und Dezentralität der Gruppe (vgl. Surowiecki 2004) – mithin nicht ihre Homogenität, sondern ihre Vielfalt.

Im Entrepreneurship-Bereich ist Crowd Intelligence eine verbreitete Methode zur Unterstützung von Projektplanungen und Startups (vgl. Abb. 6.9). So findet insbesondere kollektive Intelligenz im Rahmen von Entscheidungsfindungen (Crowd Decision Making), Evaluationen (Crowd Evaluation) oder im Bereich der Risikoeinschätzung und Allokation von Finanzierungsmitteln (Crowd Financing, Crowdfunding) ihre Anwendung (Laubacher 2012).

Die Einsatzoptionen von kollektiver Intelligenz im Rahmen von Planungsprozessen sind vielfältig.

So lassen sich kollektive
- Kundengruppen
- Startup-Experten
- Nutzergruppen
- Zielgruppen
- Innovations-Experten, Innovations-Käufer
- Branchen-Experten, Branchen-Insider, Branchen-Kunden
- Trend-Experten, Trend-Setter, Influencer
- Marktbeobachter

und viele andere individuelle Stakeholder in der Umgebung von Entrepreneurship-Projekten in Prozesse der Prognostik der Anzahl absetzbarer Produkte sowie erzielbarer Preise (absetzbare Menge x Preis = Umsatz) einbinden.

Hauptproblem der Nutzung von kollektiver Intelligenz für die Umsatzprognostik ist das richtige Setup der Untersuchung. Die Beteiligten sollen einerseits die Branche verstehen und dem Geschäftsmodell nahestehen, jedoch ist zu starkes Involvement und eine zu homogene Mischung der Crowd-Foren der prognostischen Verlässlichkeit abträglich. Es ist denkbar, hierfür etablierte und internationale Plattformen zur Diskussion des jeweiligen Projektes zu nutzen, wie beispielsweise CrowdSmart, Prediki oder Nesta. Die Schwierigkeit liegt insbesondere darin, projektbezogene Crowd-Evaluationen zielgerichtet für eine Umsatzprognose zu starten. Viele etablierte Plattformen bieten nur Themen mit breitem Interessenschwerpunkt an und funktionieren nicht nach dem Prinzip frei zu gestaltender Diskussionsforen.

Als Alternative bieten sich insbesondere zwei Wege an:
- Initiation eigener Crowd-Intelligence-Studien zur Befragung der Teilnehmer in Branchen- oder Produktforen in dafür neu eröffneten Threads mit entsprechender Einleitung und Beschreibung der Zielstellung
- Interpretation des Feedbacks auf Crowd-Funding-Plattformen zu eigenen vorgestellten Projekten, was jedoch ein paralleles Interesse an einer Crowd-Finanzierung voraussetzt

Bei einer entsprechend großen Feedbackzahl ist eine sinnvolle Verlässlichkeit der Prognostik zu erwarten, bzw. diese ist auch aus empirischer Perspektive nachvollziehbar (vgl. hierzu auch Abschn. 6.2.1.6)

Kollektive Intelligenz gilt als sehr verlässlicher Indikator für die Prognostik der Umsätze – vorausgesetzt, die Befragungsgruppe ist heterogen und wurde so über die Frage-Themenstellung informiert, dass alle Teilnehmer eine vergleichbare Vorstellung von dem Prognoseproblem haben.

6.2.1.8 Methoden der Umsatzplanung: Prognostik aus Lean Startup

„Lean Startup" beschreibt Gründungsprozesse, die in enger Interaktion mit der Zielgruppe entwickelt werden (vgl. Maurya 2012) und die somit direkt an Kundenwünschen und Nachfragepräferenzen orientiert sind (vgl. Ries 2014). Dabei entstehen abgestufte Produkt-Entwicklungszyklen mit einer schnellen ersten Marktpräsenz, welche den schrittweisen Aufbau des vollen Angebotes von Startups zum Ziel haben. Es geht bei Lean Startup somit auch darum, mit möglichst wenig Kapitaleinsatz und einem reduzierten Produkt sowie Teil-Prozessen bereits erste Umsätze zu machen. Wichtige Elemente von Lean Startup sind iterative Entwicklungszyklen, wo Kundenfeedbacks erkannt und für den nachfolgenden weiteren Ausbau des Angebotes berücksichtigt werden, sowie eine durchgehende Marktpräsenz von einer sehr frühen Phase der ersten Produktentwicklung bis zum Wachstum des fertigen Vollangebotes.

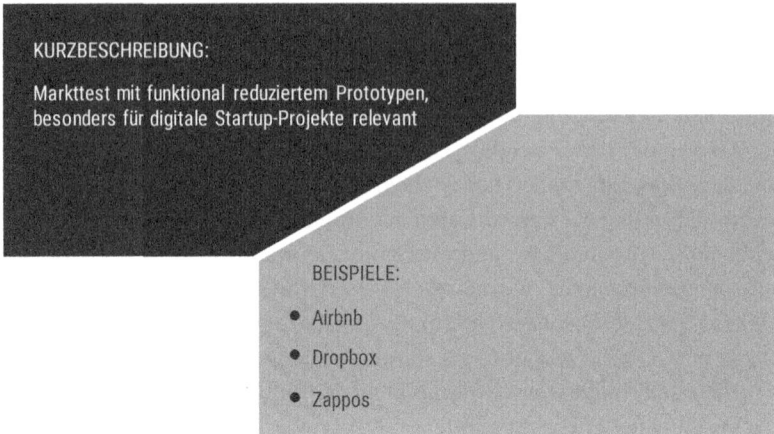

Abb. 6.10 Ableitung von Prognosen aus Lean Startup. (Quelle: eigene Darstellung)

Ein typisches Beispiel für Lean Startup ist ein digitales Produkt, welches bereits in der Beta-Version im Downloadverfahren auf einer Webseite angeboten wird (vgl. Abb. 6.10). In einigen Branchen ist jedoch die Umsetzung des Lean-Startup-Konzeptes schwierig, weil Teilprodukte oder halbfertige Unternehmensprozesse eine Marktpräsenz ausschließen (bspw. Konzert-Events, Reiseveranstalter, Flugunternehmen, Pharmabranche und viele technische Produkte). In diesen Bereichen kommt möglicherweise alternativ die Realisierung von Testprodukten mit leicht verändertem Zielgruppenfokus infrage. Beispielsweise könnte anstelle einer Restauranteröffnung in voller Ausbaustufe zunächst ein Lieferdienst mit verringerter Produktauswahl angeboten werden.

Die Methode des Lean Startup ist aus verschiedenen Gründen eine sehr empfehlenswerte und prognostisch sehr verlässliche Vorgehensweise:
- Intensiver Kontakt zur Zielgruppe
- Zielgruppenorientierte Produktentwicklung (vgl. auch Design-Thinking-Ansatz)
- Informationsgewinnung zu Nachfragehöhe, Wachstum und Preisakzeptanz
- Informationsgewinnung zu Kosten und Investitionshöhen

Umsatzprognosen aus Lean-Startup-Phasen lassen sich mit wenig Aufwand auf das geplante Produktangebot in voller Ausbaustufe übertragen. Wichtige Reaktionsmechanismen der Zielgruppe sind bereits in frühen Phasen der Planung bekannt. Aufgrund der hohen Vorhersage-Validität von Lean Startup für Umsatzprognosen entfällt die Notwendigkeit, Risikoabschläge als Instrument kaufmännischer Vorsicht einzusetzen.

6.2.1.9 Methoden der Umsatzplanung: Prognostik aus Marktaustritten

„Ich habe das meiste aus dem Scheitern gelernt, mehr als aus dem Erfolg." (Ram Srinivasan, Coach & Trainer, InnovAgility). Obwohl die Toleranz gegenüber gescheiterten Unter-

6.2 Planungsmethoden

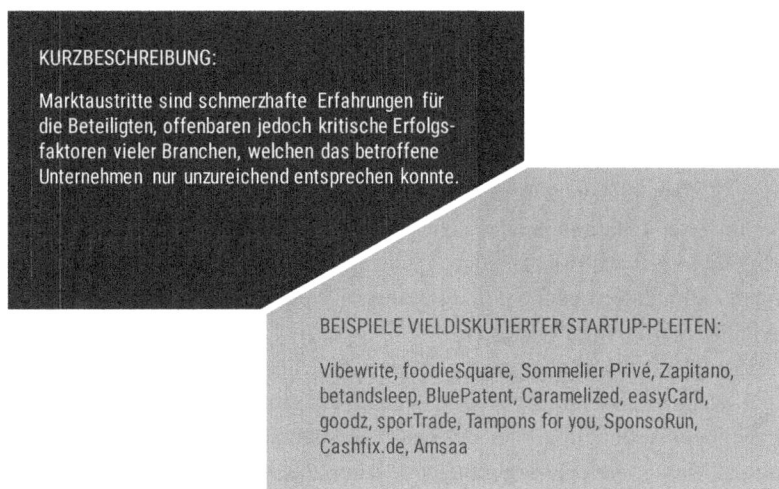

Abb. 6.11 Ableitung von Prognosedaten aus Marktaustritten. (Quelle: eigene Darstellung)

nehmensgründungen insbesondere im Vergleich zu internationalen gründungsreichen Standorten – wie beispielsweise dem Silicon Valley – bereits seit vielen Jahren lebhaft diskutiert wird, ist eine breite Kultur der Akzeptanz von Misserfolgen bei Gründern in Deutschland kaum ausgeprägt. Während in der Bundesrepublik knapp 80 % der Bürger Fehlschläge allgemein positiv und in ihrer Bedeutung für Lerneffekte als sinnvoll einschätzten, sehen das nur 50 % der Befragten für unternehmerische Fehlschläge ebenso (Kuckertz et al. 2015, S. 11). 40 % hätten sogar ganz explizit Vorbehalte, Waren von zuvor gescheiterten Neugründern zu bestellen (Kuckertz et al. 2015, S. 22).

Infolge dessen ist die Neigung von gescheiterten Unternehmen, ihre Erfahrungen in breiter Öffentlichkeit zu diskutieren, diese zu publizieren und für Neugründungen auszuwerten naturgemäß begrenzt. Von Ausnahmen wie den „Fuckup-Nights" einmal abgesehen (vgl. http://fuckups.de).

Dennoch gelangen – insbesondere für öffentlich sehr bekannte Startups (vgl. Abb. 6.11) – durchaus Nachrichten zu den Ursachen eines möglichen Scheiterns, aber auch zu ausgebliebenen Umsätzen, verfehlten Marketingmaßnahmen sowie zu Nachfrageproblemen in die allgemeine Wahrnehmung. Dies sind sehr wichtige Informationsquellen für jene Unternehmen, die eine ähnliche Kundenzielgruppe wie das gescheiterte Unternehmen fokussieren oder die ein vergleichbares Produktangebot planen. Follower können aus Informationen zu gescheiterten Markteinführungen eine äußerst relevante Informationsbasis für die Verbesserung eigener Produkt- und Service-Geschäftsmodelle ableiten.

Die Nutzung der Erfahrungen aus gescheiterten Gründungen wirken sich über zwei Mechanismen auf prognostische Aufgabestellungen von Gründungsteams aus:
- Die Entwicklung von Gründerpersönlichkeiten oder Gründungs-Teammitgliedern
- Die Übertragung von Daten aus gescheiterten Gründungen zur prognostischen Nutzung

Gründer bzw. enge Mitglieder des Gründerteams, die bereits einen Unternehmenszusammenbruch erlebt haben, tragen sehr einschneidende Erfahrungen in sich. Sie werden mit großem Nachdruck versuchen, eine Wiederholung dessen zu verhindern. Je nach Ursache des Scheiterns ist anzunehmen, dass sie für eine vorsichtige und zielgruppennahe Unternehmensentwicklung sowie Prognostik eintreten werden. Sie kennen die Risiken und werden auf entsprechende Berücksichtigung hinwirken. Es ist also insgesamt vorteilhaft, wenn im Team Erfahrungen des Scheiterns vorhanden sind.

Grundsätzlich hilft die Auseinandersetzung mit gescheiterten Vorgängerunternehmen auf eigenen Zielmärkten jedem Gründungsteam – egal ob es persönlich Teil des betroffenen Pleite-Startups war oder nicht.

Die Übertragung von Daten aus gescheiterten Gründungen gelingt immer dann besonders gut, wenn es sich um die gleiche Zielgruppe, eine ähnliche Produkt-, Marketingsowie Branchenpositionierung oder um eine vergleichbare Lokation, bzw. den gleichen geografischen Markt handelt. Liegt eine hohe Ähnlichkeit der Parameter zu dem neu planenden Gründungsunternehmen vor, so können sich die Erfahrungen des gescheiterten Unternehmens als verlässliche Grundlage für neue Prognosen erweisen. Die Reaktionen der Zielgruppe können analysiert und neu bewertet werden und die Preisakzeptanz für das Produkt im Markt kann eingeschätzt werden. So gelingen realistischere Umsatzprognosen als bei unreflektierter Ableitung.

Die prognostische Verlässlichkeit bemisst sich am Grad der Ähnlichkeit zwischen planendem und gescheitertem Unternehmen. Ist diese Übereinstimmung hoch, können Risikoabschläge entfallen.

6.2.1.10 Bewertung der Methoden der Umsatzplanung

Das entscheidende Problem in der Vor-Gründungsphase ist die Prognose des Erfolges, also die Umsatzschätzung. Mit einer realistischen Prognose von absetzbarer Produktanzahl bei einem akzeptierten Preisniveau (in Multiplikation = Umsatz) kann der Umfang unternehmerischer Prozesse im Rahmen der Geschäftsmodellentwicklung (vgl. Kap. 5) passend geplant werden, die Investitionen und Kostenhöhen entsprechen dann einem realistischen Szenario, ebenso die Bestimmung der erforderlichen Finanzmittel. Über- oder Unterkapazitäten werden vermieden und infolge dessen teure Nachfinanzierungen oder Marktaustritte. Wie in den vorangegangenen Absätzen jedoch deutlich wurde, ist der Blick in die Zukunft und die Voraussage des unternehmerischen Erfolges alles andere als einfach. Alle zuvor dargestellten Methoden dienen der Erleichterung dieser Zukunftsvorhersage, aber alle Methoden haben auch ihre Vor- und ihre Nachteile. Es ist leider so, dass es keine Methode gibt, die für alle Gründungsplanungen gleichermaßen ideal wäre. Die prognostische Qualität hängt jeweils von den speziellen Umständen des jeweiligen Gründungsvorhabens ab. Startup-Planungen sind komplex und unterscheiden sich hinsichtlich ihrer Parameter und hinsichtlich der jeweils zugänglichen Datenquellen. Insofern muss auch für jedes Vorhaben ganz individuell entschieden werden, mit welcher Planungsmethode die verlässlichsten Ergebnisse zu erwarten sind.

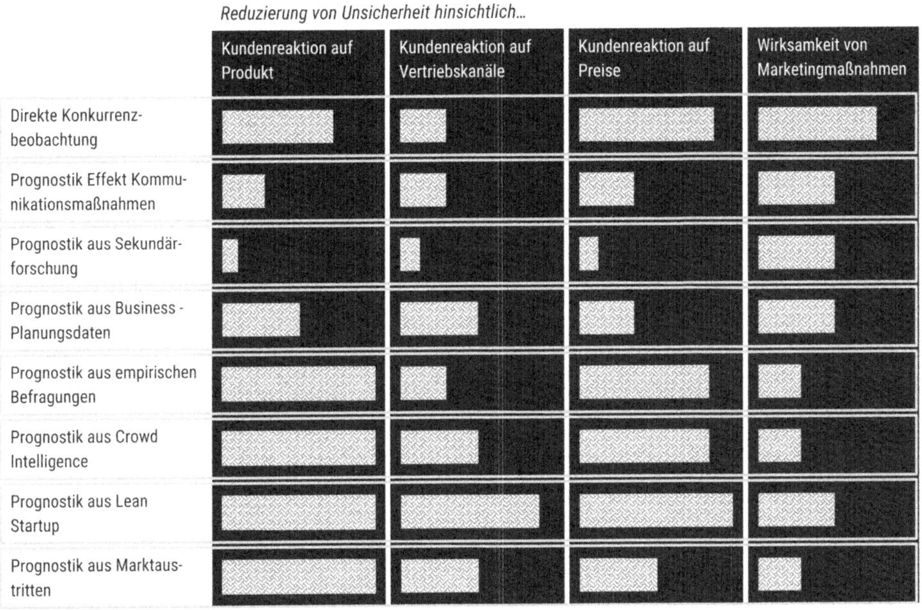

6.2 Planungsmethoden

Abb. 6.12 Prognosemethoden zur Umsatzplanung und ihre Wirkung auf die Reduktion von Unsicherheit. (Quelle: eigene Darstellung)

In Abb. 6.12 ist ein zusammenfassender Überblick zu den zuvor diskutierten Planungsmethoden dargestellt. In Abschn. 6.2.1.1 wurde die Reduktion von Unsicherheit in Hinblick auf Kundenreaktionen bezüglich Produktakzeptanz, Vertriebskanälen, Preisen und in Hinblick auf die Wirkung von eingesetzten Marketingmaßnahmen als Ziele der Umsatzplanung beschrieben. Die einzelnen Planungsmethoden erfüllen diese Ziele in unterschiedlichem Maße. In direktem Vergleich der einzelnen Maßnahmen wird sichtbar, welche Vor- und Nachteile sie jeweils hinsichtlich der Reduktion der verschiedenen Unsicherheitsbereiche haben und in welcher prognostischen Richtung sie besondere Vorzüge aufweisen. Letztlich ist dies eine erste Orientierung, die der Einordnung der Planungsmethoden dient. Vor einer prognostischen Anwendung sollte unter Kenntnis der konkreten Parameter des jeweiligen Gründungsprojektes entschieden werden, welche Methode(n) ideal ist/sind und die meisten Vorteile verspricht/versprechen.

Während die direkte Konkurrenzbeobachtung Vorteile hinsichtlich der prognostischen Analyse dort ablesbarer Kundenreaktionen auf ein vergleichbares Produkt sowie Preis und der Beobachtung der Wirksamkeit von Marketingmaßnahmen der Konkurrenten anbietet, ist sie eher suboptimal hinsichtlich der Eruierung kundenseitiger Wertschöpfungsstrukturen – sind diese doch regelmäßig schwer von außen zu erkennen. Die Methode der Ableitung von Umsatzprognosen aus der Wirkung von Marketingmaßnahmen ist generell hypothetisch und somit hinsichtlich aller Unsicherheitsbereiche von vergleichsweise geringerer Verlässlichkeit. Einzig die Übertragung von Daten aus Sekundärmarktforschung erscheint aufgrund ihrer generalisierten Inhalte noch weiter entfernt. Ebenso stimmen fertige Businesspläne nicht immer mit den Spezifika junger Gründungsplanungen überein und haben insofern auch eine eher mittel einzuschätzende Prognoseverlässlichkeit. Methoden, bei denen sowohl die Zielgruppe als auch externe Experten, Communities oder Stakeholder in direktem Dialog mit den Gründerteams stehen, haben aufgrund ihrer Kundennähe und ihrer Meinungsvielfalt eine sehr konstruktive und prognostisch aussagekräftige Wirkung. Am stärksten jedoch ist eine reale Teilgründung im Rahmen von Lean Startup. Hier geben die Kunden selbst Antworten auf alle Sphären der unternehmerischen Planungsunsicherheit. Was könnte man sich noch mehr an Verlässlichkeit und klar ableitbarer Umsatzhochrechnung für ein Startup wünschen? Das große Problem hierbei bleibt jedoch die nur bedingte Anwendbarkeit dieser Methode. In vielen Gründungsprojekten gelingt keine halb fertige Vor-Gründung oder viele Gründer mögen diese Option aufgrund der dann für jedermann offenliegenden Geschäftsidee mit verbundener Kopiergefahr nicht. Die Prognostik aus Marktaustritten ermöglicht ebenso wie die Übertragung bereits vorgedachter Businessplanungen eine nur eingeschränkte Übertragbarkeit und hieraus resultierend eine nur bedingte Reduktion der vier Unsicherheitsbereiche von Gründern.

Alle Prognosemethoden haben Vorteile und Defizite. Lean Startup dominiert zwar und hilft, viele Unsicherheitsbereiche zu erhellen, jedoch ist diese Methode nur sehr schwierig zu realisieren und kann auch nicht für alle Gründungsprojekte angewendet werden. Zudem sollte auch bei Lean Startup nicht vergessen werden, dass andere Methoden durchaus Stärken haben, die Lean Startup nur sehr schwer abdecken kann. Machen die Gründer sich beispielsweise die Mühe, die einzelnen Marketingmaßnahmen für ihr Gründungsunternehmen zu durchdenken und ihre Wirkung zu prüfen (Methode „Effekt Kommunikationsmaßnahmen"), so erhält das Gründerteam nicht nur eine realistische Vorstellung vom betriebswirtschaftlichen Zusammenhang zwischen Marketingausgaben und Expansionsgeschwindigkeit, sondern das Team ist bereits ein gutes Stück auf dem sowieso zu beschreitenden Weg der Kostenplanungen gegangen. Die Beziehung „Kommunikationsausgaben" – „Umsätze" ist zudem ein essenzieller Bestandteil des betriebswirtschaftlichen Musters eines jeden Unternehmens, welchen es primär zu verstehen gilt (vgl. Abschn. 6.2.1.3). Lean Startup allein würde diese Antworten so ausführlich nicht geben.

Der ideale Weg ist somit die Kombination verschiedener Planungsmethoden miteinander. Hierdurch kann einerseits die Verlässlichkeit der Planung erhöht werden und andererseits können die Vorteile der Methoden ergänzend genutzt werden. Wenn beispielsweise für ein Gründungsprojekt weder Lean Startup infrage kommt noch Konkurrenzbeobachtung möglich ist, es keine Studien oder Erkenntnisse aus Marktaustritten oder keine branchennahen Studien oder fertigen Businesspläne gibt, dann gelingt immer eine Planung der zielgruppenbezogenen Marketingmaßnahmen sowie Ableitung der Umsätze aus ihrer Wirkung. Ebenso kann in den allermeisten Gründungsprojekten auch eine Kontaktaufnahme mit der Zielgruppe erfolgen – hier primär, um die Hypothesen der Absatzmenge und Preisakzeptanz zu hinterfragen. In Kombination sind allein schon diese beiden Prognosemethoden deutlich stärker und aussagekräftiger als die beiden Planungsansätze alleine. Auch wenn keine andere Informationsquelle zur Verfügung steht: diese beiden Planungsmethoden lassen sich fast immer ausführen.

Risikoabschläge, die bei unsicheren Planungsmethoden von den Umsätzen abgezogen werden, können bei kombinierter Anwendung zweier (oder mehrerer) Planungsmethoden und der damit verbundenen höheren Verlässlichkeit der Umsatzplanung reduziert werden oder es kann ganz auf sie verzichtet werden.

6.2.2 Investitionsplanung

Die Investitionsplanung ist eine sehr wesentliche Aufgabe für Gründer. Zusammen mit den Kosten addieren sich Investitionen zu den „Ausgaben", welche eine Verminderung des unternehmerischen Geldvermögens darstellen (vgl. Dennerlein et al. 2018). Sollte sich durch die Ausgaben eines Unternehmens das zur Verfügung stehende Geldvermögen derart vermindert haben, dass fällige oder demnächst fällig werdende finanzielle Verpflichtungen nicht mehr erfüllt werden können, so handelt es sich um eine „Insolvenz" (vgl. Schmitt 2018). Dies ist üblicherweise das Ende des Unternehmens. Um eine Insolvenz zu verhindern, muss also immer genügend Liquidität (Geldvermögen) vorhanden sein. Quellen für Liquidität können eingeworbene Finanzierungsmittel (sowohl Eigenkapital als auch Fremdkapital) sein, Umsätze oder vom Unternehmen veräußerbare Vermögensgegenstände. Um aber Finanzierungsmittel unter Berücksichtigung der Umsätze immer in richtiger Höhe zur Verfügung zu haben, muss das Volumen und der Zeitpunkt der Ausgaben bekannt sein. Das gilt für die Investitionen, aber auch für Kosten (vgl. Abschn. 6.2.3).

Investitionen werden auf Grundlage des Geschäftsmodells geplant. Für jeden internen Prozess der Leistungserstellung des Unternehmens werden Maschinen oder Anlagen benötigt, mittels derer die geplanten Produkte gefertigt werden können. Investitionen werden dabei verstanden als mehrperiodisch verwendbare oder mehrperiodisch gebundene materielle Vermögensgegenstände (vgl. Pape 2018). Für die Planung des Gründungsunternehmens ist entscheidend, wie viele Investitionen wann in welcher Ausgabenhöhe getätigt werden müssen, damit die Leistungserstellung im angestrebten Umfange funktionieren kann.

Hier ist sichtbar, wie fundamental entscheidend für eine Investitionsplanung die vorangehende Umsatzplanung ist. Ohne Kenntnis der verkaufbaren Anzahl der Produkte kann keine sinnvolle Kapazitätsplanung der Produktion und damit auch keine Bestimmung der Anzahl erforderlicher Maschinen (Investitionen) vorgenommen werden.

Die Investitionen werden entsprechend ihres Einsatzzieles oder entsprechend ihrer Prozesszuordnung sortiert geplant und in Höhe der zu erwartenden Ausgaben sowie des Ausgabezeitpunktes im Investitionsplan erfasst. Für bereits feststehende Investitionen in der Zukunft sollten die Bepreisungen der Investitionen ggf. einen Teuerungsaufschlag enthalten.

Die Investitionen werden im Investitionsplan in voller Ausgabenhöhe erfasst. Die Thematik der mehrperiodischen Nutzbarkeit der Investitionsgüter und der damit verbundenen Bestimmung von jährlichen Abschreibungen ist im Rahmen der Gründungsplanung nicht relevant.

6.2.3 Kostenplanung

Zu den Ausgaben gehören ebenso die Kosten (vgl. Abschn. 6.2.2). Auch für sie gilt der Grundsatz, dass die Nichterfüllung von finanziellen Verpflichtungen aus ausgabewirksamen Kostenpositionen zur Insolvenz führt (vgl. Abschn. 6.2.2). Für die Gründungsplanung relevante Kosten umfassen sämtliche Ausgaben einschließlich Ausgabeverpflichtungen, welche für die Erstellung der Produkte, Dienstleistungen und des Betriebes insgesamt – also für die gesamte Leistungsbereitschaft – erforderlich sind (vgl. Wischermann et al. 2018 und Weber 2018) unter separater Betrachtung der Investitionen (vgl. Abschn. 6.2.2).

Die Kostenplanung wird ebenso wie die Investitionsplanung in Hinblick auf die prognostizierte absetzbare Produktmenge vorgenommen. Die im Rahmen der Umsatzplanung vorgenommenen Absatzprognosen sind also auch für die Kostenplanung bestimmend.

Die Kostenplanung wird zudem auf Basis des Geschäftsmodells vorgenommen. Für alle internen Prozesse des Unternehmens werden die Kosten geplant und in typischen Kategorien erfasst. Wie ausführlich und detailliert die Kostenplanung ist hängt sehr wesentlich vom konkreten Einzelfall ab. Je umfangreicher die zukünftige Geschäftstätigkeit und je komplexer der Start, desto ausführlicher muss auch die Kostenplanung vorgenommen werden. Da alle Planungen für externe Partner (wie beispielsweise für Finanzierungspartner) relevant sind, gilt das Prinzip der Klarheit und Transparenz. Insofern sind für besondere Ausgaben auch die dafür vorgesehenen Kostenarten anzuwenden. Es ist insgesamt wichtig, alle für die operative Leistungserstellung relevanten Kostenarten auch separat auszuweisen und nicht zu aggregieren.

Für kleinere Gründungsprojekte sind insbesondere folgende Kostenarten planungsrelevant:
- Marketingkosten (vgl. Abschn. 6.2.1.3)
- Materialkosten
- Personalkosten
- sonstige betriebliche Aufwendungen

Die Marketingkosten enthalten alle zuvor für die Umsatzprognostik bereits erfassten Maßnahmen in zeitlicher Abfolge und Kostenhöhe (vgl. Abschn. 6.2.1.3). Es ist empfehlenswert eine detaillierte Aufstellung aller Marketing-Einzelmaßnahmen in einer Tabelle vorzunehmen und für die Diskussion mit Investoren zur Verfügung zu stellen. Die Höhe der Marketingausgaben ist aufgrund ihrer direkten Bedeutung für Marktanteil und Umsatzhöhe für Investoren eine sehr wesentliche Größe.

Die Materialkosten enthalten alle durch den betriebszweckbedingten Verbrauch entstehenden Kosten wie Hilfsstoffe (bspw. Nägel, Schrauben, Verpackungsmaterial), Betriebsstoffe (bspw. Brenn-, Reinigungs- und Schmierstoffe, Benzin, Öl oder Alkohol), Verschleißwerkzeuge (bei geringer Nutzungsdauer unter einem Jahr und/oder geringem Wert < Euro 410), Energiekosten sowie Kosten für Rohstoffe (sämtliche Grundstoffe und Ausgangsmaterialien, welche direkt in das Fertigungserzeugnis eingehen und somit dessen

Hauptbestandteil bilden), Fremdbauteile und/oder bezogene Vorprodukte, Fremdleistungen und Handelswaren (Fremderzeugnisse, welche unbearbeitet und ohne fertigungstechnische Verbindung mit eigenen Erzeugnissen weiterverkauft werden) (vgl. ohne Verfasser 2020).

Personalkosten umfassen alle Kosten inklusive Sozialabgaben und Versicherungen für temporäres sowie dauerhaft im Unternehmen arbeitendes Personal. Für die Planung der Personalkosten ist sowohl eine Bezugnahme auf das Geschäftsmodell als auch auf die Umsatzplanung bedeutsam, denn es müssen ja alle internen Prozessschritte der Leistungserstellung von Mitarbeitern betreut werden und die Anzahl des einzusetzenden Personals ist somit abhängig von der Produktionsmenge. Die Bestimmung der verkaufbaren Produktionsmenge ist ein wesentlicher Bestandteil der Umsatzplanung (vgl. Abschn. 6.2.1). In der Personalkostenplanung sind auch die Aufwendungen für den Unternehmerlohn wichtig und sollten nicht vergessen werden.

Die Kategorie „sonstige betriebliche Aufwendungen" rundet bei vielen kleineren und mittleren Planungsvorhaben die Kostenplanung ab und verhindert unerwünschte Komplexität. Hier werden alle Kosten mit geringerer Höhe und ohne signifikante operative Relevanz aufgelistet. Zu den typischen sonstigen betrieblichen Aufwendungen gehören Mietkosten, betriebliche Versicherungen, Kfz-Kosten (sofern es sich nicht bspw. um ein Taxiunternehmen mit operativ relevantem Anteil von Kfz-Kosten handelt – in diesem Fall wäre diese Kostenart separat auszuweisen), Reisekosten, Kosten der IT-Infrastruktur (sofern es keine Investitionen sind und sofern es sich nicht bspw. um ein IT-Hostingunternehmen handelt – in diesem Fall wäre diese Kostenart wiederum genau aufzuschlüsseln und separat auszuweisen), Fax, Telefon, Porto und Internet, Bankgebühren sowie Gründungskosten.

Wichtig für die Kostenplanung ist es, keine wesentlichen Positionen zu vergessen.

Die Kostenpositionen werden entsprechend ihres ausgabewirksamen Zeitpunktes geplant (für das erste Geschäftsjahr monatsgenau, für das zweite bis dritte Geschäftsjahr quartalsweise und – sofern die Planungen darüber hinausgehen – würden sie für die Folgejahre halbjährlich prognostiziert).

6.2.4 Liquiditätsplanung und Bestimmung des Finanzierungsbedarfes

Die Ergebnisse der Umsatzplanung, der Kosten- und der Investitionsplanung werden im Liquiditätsplan erfasst (vgl. Abb. 6.13).

Der Liquiditätsplan ist ein Ausweis aller ausgabe- und einnahmewirksamen Geldbewegungen des Planungsunternehmens für den Planungszeitraum. Dieser wird für die Majorität der Gründungsplanungen auf einen 3- bis 5-Jahreszeitraum ausgelegt. Die Länge des Planungszeitraumes ist dabei abhängig von der Genauigkeit und Verlässlichkeit der Planungsprognosen sowie von der Dynamik der jeweiligen Branche. Sind Planungen über 5 Jahre mit hoher Eintrittswahrscheinlichkeit prognostiziert, so ist durchaus eine entsprechend lange Liquiditätsbetrachtung sinnvoll. Ist hingegen die Veränderungsdynamik

Liquiditätsplan							20XX						
Prognose in €	Jan	Feb	Mar	Apr	Mai	Jun	Jul	Aug	Sep	Okt	Nov	Dez
Einnahmen	0	0	0	0	60.000	180.000	190.000	280.000	430.000	500.000	520.000	380.000
Ausgaben												
Marketingaufwendungen	20.000	20.000	20.000	20.000	15.000	10.000	8.000	8.000	8.000	8.000	8.000	8.000
Löhne und Gehälter	25.000	25.000	25.000	60.000	80.000	120.000	150.000	150.000	150.000	150.000	150.000	150.000
Materialkosten	0	0	4.000	8.000	0	8.000	12.000	0	0	15.000	0	0
Investitionen	500.000	0	0	0	0	0	0	0	0	300.000	0	0
Sonstige betriebliche Aufwendungen	4.000	4.000	3.000	6.000	6.000	6.000	6.000	6.000	8.000	10.000	10.000	10.000
Ausgaben (Summe)	549.000	49.000	52.000	94.000	101.000	144.000	176.000	164.000	166.000	483.000	168.000	168.000
Liquiditäts Saldo	-549.000	-49.000	-52.000	-94.000	-41.000	36.000	14.000	116.000	264.000	17.000	352.000	212.000
kumulierter Liquiditätssaldo	-549.000	-598.000	-650.000	-744.000	-785.000	-749.000	-735.000	-619.000	-355.000	-338.000	14.000	226.000

Abb. 6.13 Liquiditätsplanung. (Quelle: eigene Darstellung)

6.2 Planungsmethoden

der jeweiligen Branche erheblich oder die Eintrittswahrscheinlichkeit der Prognosen unterhalb der Grenze methodenfreien Ratens, so macht ein Ausweis der Zukunftszahlen naturgemäß keinen Sinn.

Da für das erste Geschäftsjahr die Abschätzung üblicherweise sehr verlässlich ist, wird die Liquiditätsplanung hier in Monaten ausgewiesen. Für das zweite und dritte Geschäftsjahr sind Quartalsausweise üblich und für die am wenigsten verlässlichen Zukunftsprognosen in den Geschäftsjahren 4 und 5 werden Halbjahreszahlen dargestellt.

In Abb. 6.13 wurde ein sehr typischer Verlauf der Liquiditätsplanung für ein kleines Produktionsunternehmen exemplarisch dargestellt. Das Unternehmen betreibt in den ersten Monaten seines Bestehens schon sehr aktiv Marketing, die Produktion muss jedoch erst anlaufen. Dafür wurden im ersten Monat für 500.000 Euro Maschinen gekauft, die aufgebaut, getestet und eingestellt werden müssen. Die Rekrutierung des Personals wird in den ersten Monaten sukzessive begonnen und im Planungszeitraum ausgeweitet. Die Materialkosten beinhalten hauptsächlich erforderliche Vorprodukte für die Produktion, die von Zulieferern bestellt und im dritten Monat erstmalig bezahlt werden. Ab dem fünften Monat hat das Unternehmen eigene Produkte fertiggestellt zur Verfügung, die an erste Kunden verkauft werden. Die damit verbundenen Umsätze steigen in den Folgemonaten vorsichtig, aber kontinuierlich. Mit zunehmender Bekanntheit reduziert das Unternehmen ab dem fünften Monat langsam seine Marketingaufwendungen. Mit Ausweitung der Produktion entsprechend steigender Nachfrage werden mehr Mitarbeiter eingestellt und es wird zur Kapazitätsausweitung im zehnten Monat eine weitere Maschine erworben.

Der jeweilige monatliche Liquiditätssaldo zeigt die Differenz zwischen Einnahmen und Ausgaben (Einnahmen minus Ausgaben). Es ist sichtbar, dass in den ersten fünf Monaten die Ausgaben die Einnahmen deutlich übersteigen – der entsprechende monatliche Liquiditätssaldo ist negativ. Im sechsten Monat kehrt sich dies um, die Einnahmen übersteigen die Ausgaben und der Liquiditätssaldo ist positiv.

Von hoher Relevanz ist die Kumulation des monatlichen Liquiditätssaldos. Alle negativen monatlichen Liquiditätssalden müssen vom Unternehmen finanziert werden. Gelingt dies nicht und kann das Unternehmen Ausgaben nicht mehr bezahlten, so ist es insolvent (vgl. Abschn. 6.2.2). Im Laufe mehrerer Monate mit negativem Liquiditätssaldo addieren sich naturgemäß auch die erforderlichen Finanzierungsmittel, um alle Ausgaben zu bezahlen. Schließen sich – durch höhere Umsätze bedingt – in den Folgemonaten positive Liquiditätssalden an, so tragen diese jeweils dazu bei, die zuvor aufgebauten Finanzierungsvolumina wieder abzubauen.

Der kumulierte Liquiditätssaldo zeigt also den genauen Finanzierungsbedarf für das Startup. Im Falle unseres Beispiels summiert sich der Finanzierungsbedarf im Planungsmonat fünf auf 785.000 Euro und schmilzt in den Folgemonaten wieder ab. Sofern also das Unternehmen im Rahmen der Gründung Eigenkapital in Höhe von 785.001 Euro mitbringt, kann es in den ersten Monaten seines Bestehens – wo die Ausgaben die Einnahmen noch deutlich übersteigen – davon alle Zahlungsverpflichtungen erfüllen und sichert so seine Existenz. Das anfängliche Eigenkapital von 785.001 Euro würde dabei in den ersten Monaten kontinuierlich abschmelzen, bis es in Monat fünf dann eine Höhe von nur noch

1 Euro hätte. Danach würden die sodann positiven Liquiditätssalden das Eigenkapital wieder aufbauen, bis es zum Ende des ersten Planjahres eine Höhe von 1.011.001 Euro hat (785.001 Euro bei Gründung plus 226.000 Euro aus Einnahmeüberschüssen).

Die Liquiditätsplanung hat den erheblichen Vorteil, nicht nur die Zahlungsfähigkeit des neuen Unternehmens in der Planungsphase erkennen zu können, sondern auch die Höhe ggf. erforderlicher Finanzierungsmittel direkt ablesen zu können.

Die Komplexität und Detailliertheit des Liquiditätsplanes folgt den verfügbaren Informationen zum Planungsprojekt. Je mehr liquiditätsrelevante Informationen vorliegen, desto ausführlicher muss die Liquiditätsplanung gestaltet sein (vgl. auch Abschn. 6.2.3 Kostenplanung). Alle Einnahme-/Ausgabeausweise inkludieren zudem die Mehrwertsteuer.

6.3 Planungsergebnis und Identifikation des betriebswirtschaftlichen Strukturmusters

Ziel der Umsatz-, Investitions- und Kostenplanung ist es, das „betriebswirtschaftliche Muster" des Planungsunternehmens zu erkennen. Das betriebswirtschaftliche Strukturmuster beschreibt die für jedes Unternehmen spezifische Konstellation aus verschiedenen unternehmerischen Handlungen (ausgedrückt in Ausgaben und Investitionen) und ihrem Erfolg (ausgedrückt in Umsätzen).

Am Beispiel des jungen Produktionsunternehmens aus Abb. 6.13 (Liquiditätsplanung) sei dieses Muster exemplarisch erläutert:

1. *Verhältnis Marketingaufwand – Umsatz*: Die Höhe erforderlicher Marketing-Aufwendungen zur Erreichung einer bestimmten Umsatzhöhe ist extrem zielgruppen- und produktspezifisch. Jede Kundengruppe reagiert anders auf unternehmerische Kommunikationsansprache. Zudem unterscheidet sich die Wirkung der Marketinginstrumente in Abhängigkeit vom jeweiligen Produkt. Am Beispiel des jungen Produktionsunternehmens (vgl. Abb. 6.13) führen 153.000 Euro Marketingausgaben zu 2.540.000 Euro Umsatz im ersten Planjahr. Das Verhältnis von Marketingaufwand zu Umsatz beträgt für dieses Unternehmen mit seinem speziellen Produkt und seiner Zielgruppe also 1 zu 16,6: Ein Euro Marketingaufwand führt zu 16,6 Euro Umsatz. Andere Unternehmen haben entsprechend ihrer gewählten Konstellation ganz spezifisch andere Verhältnisse.
2. *Verhältnis Personalkosten zu den Gesamtausgaben und Investitionen sowie Vorkosten zu den Gesamtausgaben*: Die gesamten Personalkosten betragen während des ersten Planjahres 1.235.000 Euro, die gesamten Investitionen + Vorkosten zusammen 847.000 Euro. Der Anteil von den Personalkosten an den gesamten Ausgaben beträgt 53 %, der Anteil von Investitionen + Vorkosten an den gesamten Ausgaben 37 %. Es ist damit sichtbar, dass es sich bei dem Planungsprojekt um ein Unternehmen handelt, welches einen Teil der Wertschöpfung maschinenbasiert selbst ausführt, jedoch nicht in

vollständiger Automatisierung, sondern durch Personen gesteuert. Es ist auch sichtbar, dass in der frühen Entwicklungsphase des Unternehmens nicht operative Aufgaben, wie Verwaltungsmitarbeiter oder Geschäftsführung, die Personalkostenquote anheben. Es ist somit für die Expansionsphase ein sinkendes operatives Personalkostenverhältnis zu den Gesamtausgaben zu erwarten. Sofern das Unternehmen eine hohe Prozessexzellenz umsetzt, liegen seine Kostenverhältnisse nahe an internationalen „Best Practices" in dieser Branche und sie sind in Hinblick auf das Geschäftsmodell spezifisch. Zudem bleiben die Ausgabequoten zueinander – sofern keine grundlegenden betriebswirtschaftlichen Änderungen umgesetzt werden und mit kleinen Abweichungen (vgl. oben) – auch bei Expansion des Unternehmens konstant.
3. *Verhältnis Ausgaben zu Einnahmen*: Das Verhältnis Ausgaben zu Einnahmen beträgt 1:1,1 – was eine positive Realisierung des Geschäftsmodells indiziert, zumal hier auch die umsatzlose Startphase inkludiert ist. Das Unternehmen kann sich nach einer Anlaufphase selbst tragen und generiert Einnahmeüberschüsse.
4. *Entwicklung des kumulierten Liquiditätssaldos*: Der Verlauf des kumulierten Liquiditätssaldos zeigt eine stark aufwärts gerichtete Tendenz, so dass es auch für externe Investoren von Interesse sein wird. Insgesamt ist anzunehmen, dass die Beschaffung der anfangs erforderlichen Finanzierungsmittel in Hinblick auf die langfristig hohen Überschüsse nicht schwerfallen wird. Das Chancen-Risiko-Profil dieses Geschäftsmodells ist positiv.

Aus der Geschäftsidee resultiert in Konkretisierung ein Geschäftsmodell, welches – auf dem Niveau internationaler Best Practices technisch und prozessual optimal umgesetzt – zu einer sehr spezifischen Konstellation von Einnahmen und verschiedenen Ausgabearten zueinander führt. Davon ausgehend, dass die Best Practices auch bei Expansion in adäquater Weise umgesetzt werden, ändern sich diese liquiditätsbezogenen Relationen zueinander dann grundsätzlich nur geringfügig. Verschiebungen der Verhältnisse zueinander können beispielsweise durch betriebswirtschaftliche Optimierungen (beispielsweise Scale-Effekte bei erheblich gestiegenen Einkaufsmengen, zunehmender Bekanntheit und resultierender Abnahme der Marketingkosten oder anderen internen Maßnahmen) oder auch durch Entwicklungen der Best Practices branchenweit (beispielsweise durch neue Technologien oder neue Substitute am Markt) ausgelöst werden.

Dies „Bild" oder anders ausgedrückt, dieses „betriebswirtschaftliche Muster" des Planungsprojektes, was sich in den Zukunftsplanungen zeigt, ist von erstaunlicher Langlebigkeit. Es typisiert unternehmerische Strukturen und repräsentiert eine ganz spezielle Art etwas zu tun – die Art des jeweiligen Geschäftsmodells.

Dabei zeigt das betriebliche Strukturmuster die Wirkungszusammenhänge zwischen einzelnen unternehmerischen Entscheidungsbereichen. Es reagiert dabei in etwa wie ein System der kommunizierenden Röhren. Werden beispielsweise die Marketingausgaben erhöht, so vergrößert sich in Folge die Nachfrage, es erhöht sich die Beschäftigung und die Produktionskapazitäten werden knapp. Also folgen zwingend Erweiterungsinvestitionen, was wiederum die erhöhten Einnahmen in entsprechendem Verhältnis vermindert. Sofern dies ein rationales System ist, sind die jeweiligen Entscheidungen quasi vorbestimmt durch die Sachzwänge des Geschäftsmodells.

Die Genauigkeit des Musters ist abhängig von den Freiheitsgraden betriebswirtschaftlicher Entscheidungen. Sofern es für die Realisierung von Geschäftsmodellen mehrere Varianten gibt (beispielsweise die Investition in IT-Infrastruktur in größerem Umfang oder ein Outsourcing mit monatlichen Kosten), ist die Determiniertheit des betriebswirtschaftlichen Musters geringer, es entsteht ein diffuseres Bild des Unternehmens. Wenn betriebswirtschaftlichen Entscheidungen jedoch die Annahme der rationalen Optimierung zugrunde liegt und wenn der Strukturierung des Unternehmens die bestmöglichen technischen und prozessualen Erkenntnisse zugrunde liegen, so werden auch verschiedene internationale Experten bei der Übersetzung des Geschäftsmodells in betriebswirtschaftliche Strukturen unabhängig voneinander zu vergleichbaren Ergebnissen kommen – zu genau diesem typischen Muster nämlich. Auch die eben benannte Entscheidung zu Insourcing oder Outsourcing beispielsweise würde bei einer Analyse der jeweiligen Vor- und Nachteile durch Dritte erwartungsgemäß ebenso klar dafür oder dagegen getroffen werden können. Dies auch von verschiedenen Personen unabhängig voneinander.

Gründe einer Beschäftigung mit dem betriebswirtschaftlichen Muster, welches die verschiedenen Faktoren des unternehmerischen Systems zueinander kennzeichnet sind folgende:
1. Planer erkennen, ob das System aus sich heraus erfolgreich sein kann.
2. Die Erfolgstreiber – die wichtigsten betriebswirtschaftlichen Handlungsbereiche des Unternehmens sind erkennbar.
3. Alternativen zu betriebswirtschaftlichen Entscheidungen können leichter erarbeitet und verstanden werden.
4. Sofern ein betriebswirtschaftliches System nicht funktioniert, ist sehr leicht identifizierbar, warum nicht.
5. Alle Entscheidungen innerhalb des Unternehmens lassen sich leichter einordnen und in ihrer Wirkung verstehen.

Sofern das betriebswirtschaftliche Muster für ein Planungsvorhaben erkennbar ist und nicht positiv funktioniert, würde das Planungsteam im Rahmen einer Iteration zurück zum Geschäftsmodell und den zugrunde liegenden Entscheidungen denken und versuchen, die Schieflage zu korrigieren. Wenn auch dies nicht funktioniert, müsste sich das Team noch mal mit der grundlegenden Geschäftsidee befassen und diese kreativ überarbeiten oder ganz neu konzipieren. Diese Iterationszyklen im Rahmen von Planungen sind normal und ein Teil der Methodik. Es wäre im Gegenteil eher Zufall, wenn die Entwicklung einer Geschäftsidee bis hin zum Liquiditätsplan in einem Arbeitsprozess sofort optimal aufginge.

Sämtliche Planungen haben Prognosecharakter und sind – obwohl sie methodenbasiert hergeleitet wurden – in ihrem Eintritt unsicher. Es ist bereits ein gutes Ergebnis, wenn ein Planungsteam für das erste Geschäftsjahr die Einnahmen und Ausgaben mit einer Genauigkeit von 70 % vorhersagen kann. Für die Prognose des zweiten Geschäftsjahres sind Ein-

6.3 Planungsergebnis und Identifikation des betriebswirtschaftlichen Strukturmusters

trittswahrscheinlichkeiten für die Liquiditätsplanung von 60 % und für das dritte Geschäftsjahr von 50 % nicht unüblich. Insofern ist klar, dass es sowohl bei den Planungen als auch bei der Diskussion des betriebswirtschaftlichen Musters um die Erfassung der grundlegenden Strukturen des Vorhabens geht, nicht jedoch um Optimierungsdiskussionen hoch entwickelter Unternehmensstrukturen. Insofern ist die Beschäftigung mit beispielsweise steuerlichen und rechtsforminduzierten Themen für das Verständnis der betriebswirtschaftlichen Basisstrukturen unerheblich. Die Prognosen im Liquiditätsplan werden daher beispielsweise alle inklusive Mehrwertsteuer vorgenommen und die Optimierung steuerlicher wie anderer formeller Parameter erfolgt zu einem späteren Zeitpunkt. Wenn ein Planungsunternehmen nur aufgrund seines besonders ausgeklügelten steuerlichen Setups funktioniert, das zugrunde liegende betriebswirtschaftliche Strukturmuster jedoch nicht aufgeht, sollte dieses Unternehmen nicht gegründet werden. Wenn ein grundsätzliches betriebswirtschaftliches Muster jedoch funktioniert, so sollte zu einem späteren Zeitpunkt der Realisierung natürlich auch noch das erwähnte Potenzial aus Steuer- und Rechtsformoptimierung identifiziert und gehoben werden.

Für die Förderung betrieblicher Gründungsstrukturen ist es in diesem Sinne erheblich zu erkennen, ob ein Förderprojekt ein aussichtsreiches betriebswirtschaftliches Muster hat oder nicht. In ein Vorhaben mit grundsätzlich negativem Ausblick Fördermittel zu investieren ist nicht sinnvoll. Wenn ein Geschäftsmodell nur mit Fördermitteln lebensfähig ist, wäre dessen Realisierung ebenso falsch, als wenn der Erfolg nur aufgrund von Steueroptimierung funktioniert. Hieraus folgt, dass es für den Einsatz von Fördermitteln in unternehmerischen Planungsprojekten nur ein sinnvolles Szenario gibt: wenn das betriebswirtschaftliche Muster indiziert, dass es grundsätzlich ein aussichtsreiches, sich in Zukunft selbst tragendes Projekt ist, welches aber möglicherweise eine problematische Anlaufphase hat. Zeigt das betriebswirtschaftliche Muster, dass keine Aussicht auf selbsttragendes Wachstum und Erfolg besteht, wären auch die Fördermittel sinnlos verbranntes Geld. Zeigt das betriebswirtschaftliche Muster hingegen, dass das Projekt sehr schnell eine erfolgreiche und aussichtsreiche Zukunft hat, wäre eine Förderung nur ein Mitnahmeeffekt – im Prinzip vermutlich ebenfalls wirkungslos. Es geht in der Förderdiskussion also primär um aussichtsreiche Vorhaben, die jedoch des Ausgleichs eines behindernden Nachteils bedürfen. Für deren Identifikation ist das Erkennen der jeweilig zugrunde liegenden betriebswirtschaftlichen Strukturmuster essenziell.

Kontrollfragen

1. Wie viele Gründungen scheitern im Durchschnitt?
2. Durch welche Maßnahmen lässt sich das Risiko des Scheiterns reduzieren?
3. Was bedeutet es für ein Gründungsprojekt, wenn das individuelle Vertrauen des Gründerteams in die eigenen Fähigkeiten zu hoch ist?
4. Welche Wirkung hat eine umfangreiche Gründungsplanung auf das individuelle Fähigkeitsvertrauen von Gründern und auf deren Gründungsmotivation?
5. Welche Ziele hat die Umsatzplanung von Startups?

6. Wie können im Rahmen der Methode der direkten Konkurrenzbeobachtung mögliche Reaktionen bereits bestehender Wettbewerber am Markt auf neue Startup-Produkte vorhergesagt und berücksichtigt werden?
7. Welche Methode der Umsatzprognostik ermöglicht den höchsten Grad an Unsicherheitsreduktion für Gründerteams und warum?
8. Was beinhaltet die Investitionsplanung?
9. Welche Kostenarten werden üblicherweise bei Gründungsplanungen ausgewiesen?
10. Welche extrem wichtige Information liefert der kumulierte Liquiditätssaldo?
11. Warum ist es für die Förderdiskussion wichtig im Rahmen prognostischer Planungen das jeweilige betriebswirtschaftliche Strukturmuster zu erkennen?

Literatur

Backhaus K, Erichson B, Weiber R (2006) Multivariate Analysemethoden: Eine anwendungsorientierte Einführung. Springer-Lehrbuch Verlag, Heidelberg

Buchholz W (1998) Timingstrategien – Zeitoptimale Ausgestaltung von Produktentwicklungsbeginn und Markteintritt. ZfbF 50(1):21–40

Cooper AC, Woo CA, Dunkelberg W (1988) Entrepreneurs perceived chances for success. J Bus Ventur 3:97–108

Dennerlein B, Weber J, Eggert W, Minter S (2018) Ausgaben. In: Gabler Wirtschaftslexikon. https://wirtschaftslexikon.gabler.de/definition/ausgaben-31469/version-255026 zugegriffen am 19.02.2018 – 15:29

Egeln J, Falk U, Heger D, Höwer D, Metzger G (2010) Ursachen für das Scheitern junger Unternehmen in den ersten fünf Jahren ihres Bestehens, ZEW (Hrsg). http://ftp.zew.de/pub/zew-docs/gutachten/Scheitern_junger_Unternehmen_2010.pdf, zugegriffen: 27.12.2020

Hair JF, Anderson RE, Babin BJ Tatham RL, Black WC (2006) Multivariate data analysis. Upper Saddle River, Pearson Prentice Hall, NJ

Hoffmann-Riem C (1980) Die Sozialforschung einer interpretativen Soziologie. Der Datengewinn. KZfSS 32(2):339–372

Institut für Mittelstandsforschung (Hrsg) (2016) Gewerbliche Existenzgründungen, Liquidationen und deren Salden 2011 bis 2015 in Deutschland. Bonn, https://www.ifm-bonn.org/fileadmin/data/redaktion/statistik/gruendungen-und-unternehmensschliessungen/dokumente/GewExGr_Li_D_2009-2019.pdf, zugegriffen: 27.12.2020

Kelle U, Kluge S (1999) Vom Einzelfall zum Typus. Fallvergleich und Fallkontrastierung in der qualitativen Sozialforschung. Leske + Budrich Verlag, Opladen

KfW Bankengruppe (Hrsg) (2018) KfW Gründungsmonitor 2018. Frankfurt am Main, https://www.kfw.de/PDF/Download-Center/Konzernthemen/Research/PDF-Dokumente-Gr%C3%BCndungsmonitor/KfW-Gruendungsmonitor-2018.pdf, zugegriffen: 27.12.2020

Kirchgeorg M (2016) Definition „Motivation". In: Gabler Wirtschaftslexikon. Wiesbaden. http://wirtschaftslexikon.gabler.de/Definition/motivation.html. Zugegriffen am 20.10.2017

Kuckertz A, Mandl C, Allmendinger MP (2015) Gute Fehler, schlechte Fehler. Eine repräsentative Studie zur Einstellung der deutschen Bevölkerung gegenüber unternehmerischem Scheitern, Universität Hohenheim, https://www.uni-hohenheim.de/uploads/media/2015_Kuckertz_et_al_Gute_Fehler_15-08-24.pdf, zugegriffen: 27.12.2020

Laubacher R (2012) Entrepreneurship and venture capital in the age of collective intelligence. In: MIT center for collective intelligence working paper no. 2012-02

Literatur

Leimeister JM (2010) Kollektive Intelligenz. Wirtschaftsinformatik 4:239–242

Maurya A (2012) Running lean: iterate from plan a to a plan that works. O'Reilly Media, Sebastopol, CA, USA

Meffert H, Burmann C, Kirchgeorg M (2015) Marketing. Grundlagen marktorientierter Unternehmensführung Konzepte – Instrumente – Praxisbeispiele. Springer Gabler, Wiesbaden

Ohne Verfasser (2020) Definition Materialkosten. In: Lexoffice. https://www.lexoffice.de/lexikon/materialkosten/

Pape U (2018) Definition: Investition. In: Gabler Wirtschaftslexikon. Wiesbaden. https://wirtschaftslexikon.gabler.de/definition/investition-39454/version-262862. Zugegriffen am 15.02.2018

Ries E (2014) Lean Startup. Schnell, risikolos und erfolgreich Unternehmen gründen. Redline Verlag, München

Salamouris IS (2013) How overconfidence influences entrepreneurship. J Innov Entrepreneurship 2:Artikel Nummer 8

Schmitt MF (2018) Insolvenz. In: Gabler Wirtschaftslexikon. https://www.gabler-banklexikon.de/definition/insolvenz-58857/version-345238. Zugegriffen am 12.11.2018

Surowiecki J (2004) The wisdom of crowds: why the many are smarter than the few and how collective wisdom shapes business, economies, societies, and nations. Doubleday Verlag, New York

Wagner T (2014) Entwicklung innovativer Geschäftsmodelle im digitalen Zeitalter. Köln, https://kups.ub.uni-koeln.de/5702/1/Entwicklung_innovativer_Geschaeftsmodelle_im_digitalen_Zeitalter.pdf, zugegriffen: 27.12.2020

Weber J (2018) Definition: Entscheidungsorientierter Kostenbegriff. In: Gabler Wirtschaftslexikon. Wiesbaden. https://wirtschaftslexikon.gabler.de/definition/entscheidungsorientierter-kostenbegriff-32407/version-255950. Zugegriffen am 04.10.2020

Weigert M (2012) Die meisten Startup-Produkte sind zum Scheitern verurteilt. In: Wirtschaftswoche. https://www.wiwo.de/technologie/digitale-welt/gruender-die-meisten-start-up-produkte-sind-zum-scheitern-verurteilt/7521708.html. Zugegriffen am 13.07.2020

Wischermann B, Weber J, Piekenbrok D (2018) Definition Kosten. In: Gabler Wirtschaftslexikon. Wiesbaden. https://wirtschaftslexikon.gabler.de/definition/kosten-39327/version-262738. Zugegriffen am 19.02.2018

Die Unternehmerpersönlichkeit und Zusammensetzung von Gründerteams 7

Zusammenfassung

Das Kapitel nimmt die Leser mit in die Welt der persönlichkeits- und eigenschaftsorientierten Gründerforschung: Es werden dabei zunächst neue Forschungsergebnisse zu Eignungsmerkmalen unternehmerisch erfolgreicher Personen vorgestellt und Möglichkeiten der Testung und Identifizierung dieser Merkmale referiert. Ebenso wird die Sphäre des Wissens als Personeneigenschaft thematisiert und ihre Bedeutung für den Gründungserfolg hervorgehoben. Insgesamt werden sowohl persönliche Eignungsmerkmale als auch Wissen in ihren jeweiligen Ausprägungen nicht als absolut feststehend begriffen, sondern als veränderbar und dynamisch. Dieser Auffassung entsprechend werden Hinweise zur Entwicklung unternehmerisch bedeutsamer Persönlichkeitsmerkmale angeboten und es wird auch auf die Chancen verwiesen, welche eine persönlichkeitsmäßig heterogene Zusammensetzung von Gründerteams haben kann.

Die wissenschaftlichen Diskurse um die Bedeutung von Persönlichkeitsmerkmalen für den Erfolg von Unternehmensgründungen sind vielfältig und komplex. Wesentliches Ziel der Forschungen ist es zu klären, welchen Einfluss Persönlichkeitsmerkmale auf den Erfolg von Unternehmensgründungen haben und welche Persönlichkeitseigenschaften der Unternehmer es sind, die eine positive Wirkung entfalten.

Die bedeutsamsten empirischen Arbeiten zur Erforschung des Zusammenhanges zwischen Persönlichkeitsmerkmalen und unternehmerischem Handeln gehen auf Arbeiten von Prof. Dr. Günter F. Müller an der Universität Koblenz-Landau zurück. Müller übernahm 1985 den englischen „Entrepreneurial Potential Questionnaire" von King und verwendete ihn in übersetzter und verbesserter Fassung zur Untersuchung ökonomischer, sozialer und psychologischer Bedingungen beruflicher Selbstständigkeit. Müller unterschied in der ersten Testversion 5 psychologische Persönlichkeitsmerkmale und konnte Unterschiede in den Ausprägungen der Merkmale bei abhängig Beschäftigten und Selbstständigen nachweisen (vgl. Müller et al. 1997). In 13 Jahren Forschungsarbeit differenzierte Müller die Persönlichkeitsmerkmale und testete sie in diversen empirischen Untersuchungen. Im Ergebnis ist der bis heute beste und verlässlichste Test zur Analyse der unternehmerischen Neigung von Testpersonen entstanden, der verfügbar ist. Der aktuelle „F-DUP-Test" untersucht 10 Persönlichkeitsmerkmale für den Erfolg in beruflicher Selbstständigkeit und differenziert 90 Items, welche in Untersuchungen bei Existenzgründern, Führungskräften und leitenden Angestellten sowie niedergelassenen Ärzten entwickelt und erprobt wurden. Die Zuverlässigkeitswerte liegen für die Retestüberprüfung zwischen .62–.77. Die interne Konsistenz der Testfragen variiert zwischen .59–.71 (Müller 2000, S. 3 und Informationen des „Innovate" Testcenters zum F-DUP-Test 2020).

Die Eignungsmerkmale unternehmerisch erfolgreicher Persönlichkeiten sind (vgl. o.V. 2020):

1. *Leistungsmotivstärke*: Dieses beschreibt die Bereitschaft von Personen, sich bevorzugt mit Aufgaben zu beschäftigen, die für die jeweiligen Fähigkeiten der Personen eine Herausforderung darstellen. Es sind die Aufgaben selbst, die für Personen reizvoll erscheinen und primär aus diesem Grund gesucht und in Angriff genommen werden. Leistung zu erbringen, ist per se eine Quelle von Stolz und Zufriedenheit, weniger Belohnungen, die sonst noch aus einer erfolgreichen Aufgabenbewältigung resultieren mögen. Leistungsmotivstärke gehört zu den Kernmerkmalen der unternehmerischen Persönlichkeit. (vgl. o.V. 2020)

2. *Internale Kontrollüberzeugung*: Dieses Testmerkmal diagnostiziert eine persönliche Dominanz, die Initiative ergreifen und von der eigenen Wirksamkeit überzeugt Dinge verändern zu wollen. Entsprechend disponierte Personen sind der Ansicht, dass Ergebnisse ihres Handelns eher der eigenen Kontrolle unterliegen und würden keine anderen Personen für unerwartete Ergebnisse verantwortlich machen. Starke internale Kontrollüberzeugungen motivieren auch deshalb dazu, eine selbstständige Tätigkeit anzustreben, weil sich Personen ungern fremd bestimmen oder bevormunden lassen. (vgl. o.V. 2020)

3. *Unabhängigkeitsstreben*: „Bei diesem Testmerkmal wird diagnostiziert, wie stark individuelle Bedürfnisse nach Autonomie, Selbstverwirklichung und persönlichem Wachstum ausgeprägt sind. Es ist ein wichtiger Beweggrund für viele Menschen, eine möglichst authentische und mit individuellen Bedürfnissen zu vereinbarende berufliche Identität entwickeln zu wollen. Dass aus einem stark ausgeprägten Unabhängigkeitsstreben Antriebskräfte erwachsen können, sich selbstständig zu machen, kann vielen Berichten und Biographien erfolgreicher Unternehmer entnommen werden." (vgl. o.V. 2020)

4. *Allgemeine Antriebsstärke*: „Werden hohe Ausprägungen bei diesem Testmerkmal diagnostiziert, können Personen als „kraftvoll", „anstrengungsbereit", „energiegeladen", „aktiv", „arbeitsfreudig", „vital", „unternehmungslustig" oder „unermüdlich" beschrieben werden. Physische und psychische Zustände, die für eine Aktivierung des Handelns verantwortlich sind, unterliegen zwar oft Schwankungen. Das durchschnittlich vorhandene Antriebsniveau ist jedoch eine relativ stabile Disposition. Antriebsstärke ist ein wichtiges Merkmal für berufliche Selbstständigkeit, weil unternehmerische Aufgaben zumeist einen dauerhaften Arbeitseinsatz erfordern." (o.V. 2020)
5. *Belastbarkeit*: „Belastbarkeit ist ein Testmerkmal, das die berufliche Stressresistenz diagnostiziert. Personen mit starker Merkmalsausprägung können auch unter Druck ihre volle Leistungsfähigkeit abrufen. Auch fällt es Ihnen leichter, Gefühlsblockaden zu überwinden und trotz vielfältiger Anforderungen effektiv und effizient zu handeln. Selbstständig tätige Personen müssen zumeist länger und härter arbeiten als abhängig beschäftigte Personen. Gut entwickelter Disposition, solchen Anforderungen gewachsen zu sein, ist es zuzuschreiben, dass sie weniger oft belastungsbedingt versagen oder gesundheitliche Probleme bekommen." (vgl. o.V. 2020)
6. *Problemlöseorientierung*: „Dieses Testmerkmal erfasst die Eignung, berufliche Aufgaben zu meistern, für die es noch keine Standardlösungen gibt. Für berufliche Selbstständigkeit ist dies von Vorteil, weil unternehmerische Aufgaben oftmals von „Nicht-Routine"-Tätigkeiten begleitet werden oder Schwierigkeiten bereiten, die besondere Bewältigungsstrategien erfordern. Dabei gibt es analytische und intuitive Herangehensweisen, wie eine Problemlösung gefunden werden kann. Für berufliche Selbstständigkeit sind beide Herangehensweisen von Vorteil, da sich hieraus ein Höchstmaß an geistiger Flexibilität ergibt." (vgl. o.V. 2020)
7. *Risikoneigung*: „Dieses Testmerkmal diagnostiziert Präferenzen des Umgangs mit unsicherheits behafteten Entscheidungssituationen. Für berufliche Selbstständigkeit ist ängstliche Risikovermeidung ebenso von Nachteil wie eine extrem hohe Risikobereitschaft. Im ersten Fall ist fraglich, ob Personen überhaupt unternehmerisch tätig sein wollen. Im zweiten Fall könnte die Neigung zu hochriskanten Geschäften zu einem raschen Ende der Selbstständigkeit führen. Der Test misst daher Merkmalausprägungen, die für Neigungen charakteristisch sind, mittlere Risiken einzugehen, die im Rahmen einer rationalen Nutzenabschätzung kalkulierbar erscheinen." (vgl. o.V. 2020)
8. *Ungewissheitstoleranz*: „Mit diesem Testmerkmal wird die Eignung festgestellt, konstruktiv und erfolgreich mit offenen, ungeregelten oder wenig strukturierten Berufs- und Lebenssituationen umgehen zu können. Selbstständig tätige Personen werden bei ihrer Arbeit oft mit Situationen konfrontiert, die wenig transparent sind oder unklare Anforderungen enthalten. Ungewissheitstoleranten Personen fällt es in solchen Situationen leichter, zielsicher zu handeln und angemessen zu reagieren. Sie fühlen sich von unstrukturierten Situationen angezogen, schätzen deren Informationsgehalt und haben wenig Mühe, den betreffenden Anforderungen aktiv und kreativ zu begegnen." (vgl. o.V. 2020)

9. *Durchsetzungsbereitschaft*: „Die Messung dieses Testmerkmals gibt Aufschluss, wie groß die Bereitschaft von Personen ist, eigene Interessen anderen Personen gegenüber zu vertreten. Wie bei der Risikoneigung sind auch bei der Durchsetzungsbereitschaft mittlere Merkmalausprägungen optimal. So müssen Unternehmer einerseits in der Lage sein, dominant, konkurrenzorientiert und unnachgiebig aufzutreten. Andererseits müssen sie aber auch in der Lage sein, eigene Interessen zurückzustellen, wenn der Umgang mit Kunden, Geschäftspartnern oder Mitarbeitern kooperatives Verhalten abverlangt. Optimal ist daher, eigene Interessen in sozial annehmbarer Weise durchsetzen zu können." (vgl. o.V. 2020)
10. *Soziale Anpassungsfähigkeit*: „Mit diesem Testmerkmal wird die Eignung zur Aufnahme und Aufrechterhaltung unterschiedlichster sozialer Kontakte diagnostiziert. Unternehmer stehen zumeist im Austausch mit vielen oder häufig wechselnden Kooperations- und Geschäftspartnern. Anpassungsfähige Personen verfügen über ein großes Repertoire an sozialen Verhaltensweisen. Sie sind flexibel, erkennen schnell, womit sie andere Personen für sich einnehmen können, und haben keine Schwierigkeiten, auf neue Partner zuzugehen und diese für eine Zusammenarbeit zu gewinnen." (vgl. o.V. 2020)

Die Untersuchungen von Müller basieren auf der Beobachtung im Geschäft stehender und aktiv als Unternehmer handelnder Personen im Vergleich zu angestellten Studienteilnehmern. Da bestehende Unternehmen seit einigen Jahren am Markt gegen Konkurrenten und im Verkaufsdruck mit Kunden stehend überlebt haben, können sie durchaus als erfolgreich eingeschätzt werden. Insofern sind die identifizierten Persönlichkeitsmerkmale unternehmerisch aktiver Personen gleichzeitig auch Persönlichkeitsmerkmale erfolgreicher Unternehmer. Welche konkrete Wirkung auf unternehmerischen Erfolg jedoch mit einzelnen Persönlichkeitsmerkmalen verbunden ist, kann nach aktueller Datenlage nicht beantwortet werden. Auch nehmen die Testergebnisse keine Unterscheidung unternehmerischer Eignungsmerkmale für verschiedene Branchen vor. Dennoch können sich Gründer ganz praktisch mit dem F-DUP-Test hinsichtlich des Ausprägungsgrades ihrer unternehmerischen Persönlichkeitsmerkmale testen sowie einschätzen lassen und werden mit oben genannter Genauigkeit eine Würdigung ihrer unternehmerischen Potenziale erhalten.

Neben Persönlichkeitsmerkmalen ist Wissen ein ebenso entscheidender Erfolgsfaktor unternehmerischen Handelns. Unternehmerisches Handeln beruht auf Lernergebnissen, welche zu Exzellenz im Wettbewerb und hinsichtlich der Erfüllung der Kundenanforderungen führen. Diese Kernkompetenzen (vgl. Abschn. 6.1) sichern das Überleben von Unternehmen. Ganz konkret würden Unternehmen, deren Angebot nicht qualitativ/innovativ „gleichwertig bis besser" oder kostenmäßig „identisch bis günstiger" ist als das Angebot der Konkurrenz oder der Kunden selbst (sofern Kunden entscheiden, die nachgefragten Produkte selbst zu fertigen), keine Aufträge mehr erhalten, sie würden scheitern. Insofern ist Wissen über die zu fertigenden Produkte und die dafür nötigen technischen sowie betriebswirtschaftlichen Prozesse für etablierte Unternehmen, aber auch für Startups eine entscheidende Säule des Erfolges. Wenn nicht DIE entscheidende Säule.

7 Die Unternehmerpersönlichkeit und Zusammensetzung von Gründerteams

Da Gründungsprojekte nicht über langjährige eigene Forschungserfahrung verfügen, um ihr Prozess- und Produktwissen zu entwickeln, müssen demnach wettbewerbsbezogene Wissenspotenziale in den Köpfen der Gründungsteams sein. Umso wichtiger erscheint die oft zitierte Empfehlung an Gründerteams, doch möglichst branchenerfahrene Spezialisten zu integrieren. Allerdings ist nicht nur technisches Wissen, sondern auch betriebswirtschaftliche Kompetenz erforderlich. Die Kombination von Experten aus beiden Wissensbereichen innerhalb von Gründerteams ist demnach sinnvoll.

In Integration sowohl der psychologischen Persönlichkeitsforschung als auch der marktrelevanten Kompetenzen sind die Gründungsteams besonders aussichtsreich, die einerseits eine starke Ausprägung unternehmerischer Eignungsmerkmale und andererseits eine heterogene Zusammensetzung verschiedener technischer und betriebswirtschaftlicher Expertisen in sich vereinen (vgl. Abb. 7.1). Damit ergibt sich auch die Notwendigkeit integrativer und kooperativer Entscheidungsstrukturen innerhalb der Teams. Es bringt nichts, wichtiges Expertenwissen zwar im Team zu haben, es aber nicht anzuhören und für Entscheidungen zu berücksichtigen. Ideale Gründungsteams sind demnach also heterogene und kommunikative Mischungen verschiedenster Experten und Unternehmertypen.

Die soeben dargestellte Individualebene idealer Gründungspersönlichkeiten darf jedoch nicht isoliert von ihrem Umfeld betrachtet werden. Sowohl Persönlichkeitsmerkmale

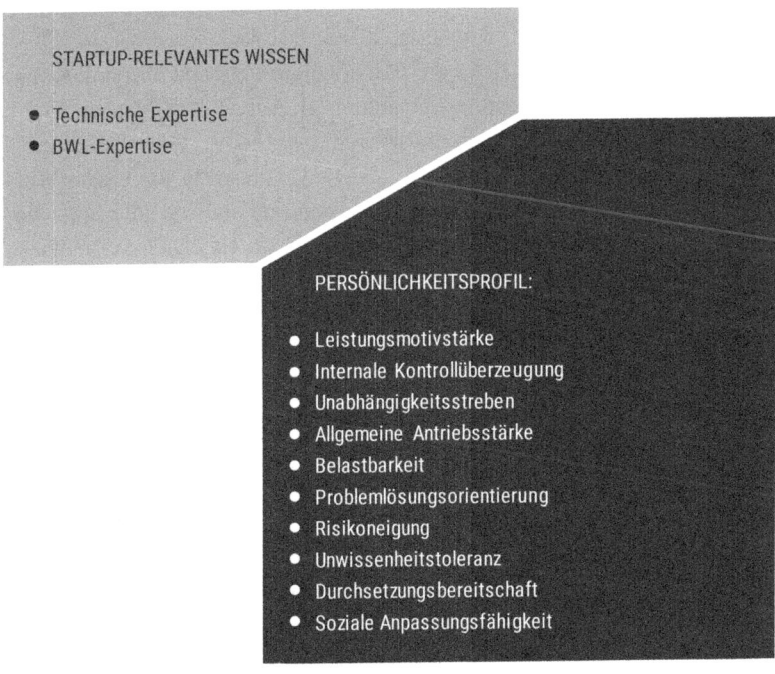

Abb. 7.1 Individuelle Kompetenzen und Persönlichkeitsmerkmale. (Quelle: eigene Darstellung nach Müller 2010)

als auch Wissen sind keine absoluten Faktoren, die eine Person entweder hat oder nicht hat, sondern die Ausprägung beider Bereiche ist wesentlich abhängig vom Umfeld, in dem die Personen verwurzelt sind oder waren.

So beeinflussen beispielsweise kulturelle Soziologien, in welchen die Gründerpersönlichkeiten eingebunden sind, ebenso wie die sie direkt umgebenden Netzwerke oder auch familiäre Erfahrungen sehr entscheidend die Ausprägung der unternehmerisch relevanten Persönlichkeitsmerkmale. Dass dies so ist, haben auch eigene Studien des Verfassers an einer mittelgroßen deutschen Hochschule gezeigt. So wiesen Studierende in ihren ersten Bachelor-Semestern an der Hochschule andere Merkmalsausprägungen des F-DUP-Tests auf wie dieselben Studierenden am Ende ihres Masterstudiums. Die Studierenden wurden in dieser Zeitspanne nicht nur älter und damit persönlich reifer, sondern hatten auch erste Erfolge ihres eigenen Handelns erlebt, was sich auf ihre Selbstsicherheit und auf die Ausprägung verschiedener Eignungsmerkmale unternehmerischer Persönlichkeiten im F-DUP-Test ausgewirkt hat. Es ist zu vermuten, dass auch Bill Gates den F-DUP-Test in seinem ersten Studienjahr an der Harvard University anders ausgefüllt hätte als nach einigen erfolgreichen Jahren als CEO von Microsoft.

Auch das Wissen der Gründer selbst ist nicht frei von der umgebenden Welt, in der sich die Wissensträger bewegen. In Volkswirtschaften ohne Ausbildungsinfrastruktur auf Weltmarktniveau und ohne international erfolgreiche Unternehmen können auch gründende Personen nur schwer konkurrenzfähiges Best-Practice-Wissen erwerben. Die Lernnachteile gegenüber Gründerteams, die aus wettbewerbserfahrenen Regionen stammen, müssen aufgeholt werden, was jedoch schwierig ist.

Die umgebenden Faktoren, welche die individuellen Persönlichkeitsmerkmale beeinflussen, werden „kontextuelle Faktoren" genannt (vgl. Abb. 7.2). Sie haben eine Wirkung auf die Ausprägung der „Individuellen Faktoren" (vgl. Abb. 7.2). Durch ein höheres Niveau an wettbewerbsrelevantem Wissen entsteht Vertrauen in die eigene Kompetenz. Unterstützt wird diese Vertrauensbildung durch unternehmerisch relevante Persönlichkeitsmerkmale und durch die individuelle Soziodemografie (beispielsweise unterscheiden sich Personen unterschiedlichen Alters hinsichtlich der Ausprägung ihrer Risikoneigung oder Belastbarkeit). Ist das resultierende Fähigkeitsvertrauen der Gründerperson hoch (Überzeugung „ich kann es") führt das zu einer Erhöhung der Gründungsmotivation (vgl. Abb. 7.2). Das ist einerseits positiv und für die oft sehr schwierigen Gründungsprozesse auch sehr wichtig. Allerdings führt das erhöhte Fähigkeitsvertrauen auch zu einer invers wirkenden Wahrnehmung des mit der Gründung verbundenen Risikos: Je höher das Fähigkeitsvertrauen, desto geringer die Risikowahrnehmung.

Erfolgswirksame Persönlichkeitsmerkmale (vgl. oben, o.V. 2020) und ein hohes fachliches gründungsbezogenes Wissen haben einerseits also eine positive Wirkung auf die Gründung und ihre zukünftige Wettbewerbsfähigkeit am Markt, können aber andererseits auch zur Übermotivation und erhöhter Risikoneigung beitragen. Dies ist ein Paradoxon der Diskussionen zur Gründer-Persönlichkeitsforschung. Als Auflösung bietet sich an, die in Abschn. 6.2 dargestellte Konkretisierung des Geschäftsmodells durch Prognoseplanungen des möglichen Umsatzes, der zu erwartenden Kosten und Investitionen als wichtige

7 Die Unternehmerpersönlichkeit und Zusammensetzung von Gründerteams

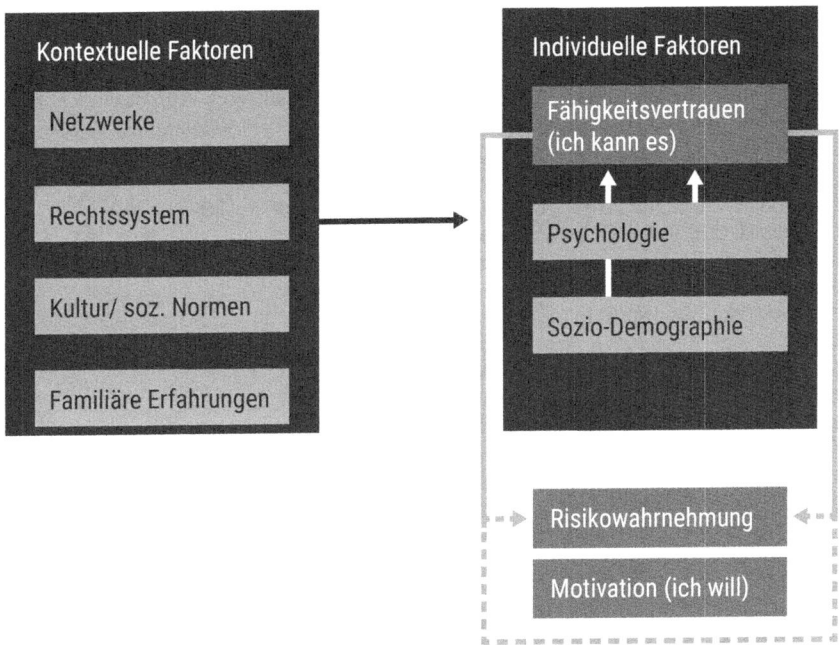

Abb. 7.2 Fähigkeitsvertrauen und Risikowahrnehmung als Treiber für Gründungs-Motivation. (Quelle: eigene Darstellung)

Übung für Gründerteams zu verstehen. Die Beschäftigung mit der realen Reaktion der Zielgruppe, mit den Preisen für Vorprodukte und mit Zulieferern, mit den Kosten für die einzelnen Schritte der internen Prozesskette und mit den Kosten für den Weg zum Kunden wirkt disziplinierend und desillusionierend auf möglicherweise zu sehr von sich selbst und ihrer Idee überzeugte Gründerteams. Die Kombination aus Wissen, unternehmerischen Persönlichkeiten und zielgruppennaher Planung ist es, was Erfolg für Gründungen bringt.

Die wissenschaftliche Forschung hat vielerlei Ansätze der eben beschriebenen Persönlichkeitsforschung empirisch und methodisch durchdrungen. Es gibt eine Fülle von Arbeiten hinsichtlich der kontextuellen und individuellen Faktoren mit Einfluss auf Gründungen (vgl. Abb. 7.3). Für weiterführende Forschungsarbeiten erscheint insbesondere die Entwicklung des F-DUP-Tests mit Branchenfokus und unter Berücksichtigung kontextueller Faktoren zur Generierung von Maßnahmen für eine soziologische Gründerförderung aussichtsreich.

Nicht alle Teammitglieder sind gleichermaßen sowohl persönlichkeitsmäßig als auch in Hinblick auf die verschiedenen gründungsrelevanten Kompetenzthemen vorbereitet. Das ist auch nicht erforderlich. Die ideale Teammischung ist in jedem Fall eine Art „Portfolio" aus verschiedenen Begabungen, Persönlichkeiten und Wissensgebieten, die sich im Gründungsprojekt vereinen. Oft ist es so, dass sich einzelne Teammitglieder aus spezialisierten – zumeist technischen – Bereichen zusammenfinden und mitunter Probleme haben, sie ergänzende Partner aus anderen wichtigen Wissensgebieten zu finden. Einerseits bieten

Kontextuelle Faktoren	Individuelle Faktoren
Chen et al. 1998; De Carolis et al. 2009; Kristiansen and Indarti 2004; Lim et al. 2010; McClelland 1961; Meek et al. 2010; Stewart et al. 1999; Lumpkin and Dess 1996; Lee and Peterson's 2000; Shane and Venkataraman's 2000; Baker and colleagues' 2005; Audretsch and Keilbach's 2005; Hundley 2006; Scherer et al. 1989; Shapero and Sokol 1982; Sanders and Nee 1996; De Carolis and Saparito 2006; Dencker et al. 2009; Chung 2006; Licht and Siegel 2006; Brüderal and Preisendörfer 1998; Le 1999; Roberts and Zhou 2000; Shapero and Sokol 1982; Boyd and Vozikis 1994; North, 1990;	Bourdieu 1990; Ajzen 1991; Bandura 1997; Boyd and Vozikis 1994; Krueger 1993; Douglas and Shepherd 2002; Casson 2003; Cromie 2000; Rauch and Frese 2007; et al...

et al...

Abb. 7.3 Empirische und erklärende Studien – eine Auswahl. (Quelle: Wang et al. 2010; Block et al. 2015)

sich für die Suche von Teamgründern Plattformen wie „Founderino.com" und andere an, andererseits aber vor allem international vernetzte Investoren. Viele Venture-Capital-Unternehmen stehen in Kontakt mit diversen technischen und betriebswirtschaftlichen Spezialisten, mit denen zusammen sie möglicherweise sogar schon mehrere Startups erfolgreich entwickelt und verkauft haben. Insofern ist die Teamzusammensetzung und Teamentwicklung in breiterem Rahmen zu verstehen: Auch das Ökosystem, welches das Gründungsunternehmen umgibt, ist integraler Teil der Gründungsentwicklung und ihres Erfolges.

Kontrollfragen

1. Was erfasst das Eignungsmerkmal „Leistungsmotivstärke"?
2. Was erfasst das Eignungsmerkmal „Unabhängigkeitsstreben"?
3. Was erfasst das Eignungsmerkmal „Allgemeine Antriebsstärke"?
4. Was erfasst das Eignungsmerkmal „Ungewissheitstoleranz"?
5. Welche zwei individuellen Faktoren sind es, die zusammen mit zielgruppennaher Planung den Erfolg von Gründungsprojekten ausmachen?

Literatur

Block J, Sandner P, Spiegel F (2015) How do risk attitudes differ within the group of entrepreneurs? The role of motivation and procedural utility. J Small Bus Manag 53(1):183–206

Müller GF (2000) Fragebogen zur Diagnose unternehmerischer Potenziale (F-DUP). Erweiterte und mehrfach verbesserte deutsche Version des Entrepreneurial Potential Questionnaire von A. S. King. Landau

Literatur

Müller GF (2010) F-Dup-Test. Landau

Müller GF, Daunenhauer E, Schöne K (1997) Selbständigkeit im Berufsleben: Dispositionelle und biographische Bedingungsfaktoren. ABOaktuell 4:2–7

o.V. (2020) Eignungsmerkmale. F-DUP-Test des Innovate Testcenters. https://testcenter.innovate.de/index.pl/f-dup-testinfo. Zugegriffen am 01.07.2020

Wang L, Prieto L, Hinrichs KT (2010) Direct and indirect effects of individual and environmental factors on motivation for self-employment. J Dev Entrep 15(4):481–502

Erfolgsfaktoren für die Entwicklung von Unternehmensgründungen

8

Zusammenfassung

Nachdem in den vorangegangenen Kapiteln alle wichtigen Vorgründungsphasen von Unternehmen erläutert wurden, erfolgt eine Exzerptierung der jeweiligen Erfolgsfaktoren der einzelnen Phasen. Von der Generierung von Geschäftsideen über die Ableitung von Geschäftsmodellen bis hin zu der Planungsdetaillierung hinsichtlich Umsätzen, Investitionen und Kosten und der persönlichkeitsorientierten Zusammensetzung der Gründerteams haben alle Phasen spezifische Treiber ihres Erfolges, welche identifiziert und hinsichtlich ihrer externen Beeinflussbarkeit hin untersucht werden. Für die Diskussion der Gestaltung wirksamer Förderinstrumente ist dies von entscheidender Bedeutung: Nur wenn Erfolgsfaktoren von Vorgründungsphasen auch extern beeinflussbar sind, können sie durch Fördermaßnahmen positiv verändert werden – wenn nicht, entziehen sie sich der Förderung.

Wie dargestellt unterteilt sich die Vorbereitung der Neugründung von Unternehmen in verschiedene Phasen, die aufeinander aufbauen und deren bestmögliche Erfüllung Vorteile für die Qualität des später folgenden Gründungsprojektes sind:

1. Phase der Entwicklung von Geschäftsideen (vgl. Kap. 4)
2. Phase der Erarbeitung des Geschäftsmodells (vgl. Kap. 5)
3. Phase der Umsatzprognostik (vgl. Abschn. 6.2.1)
4. Phase der Ausgabenprognostik (vgl. Abschn. 6.2.2 und 6.2.3)
5. Phase der Teamzusammensetzung und -entwicklung (vgl. Kap. 7)

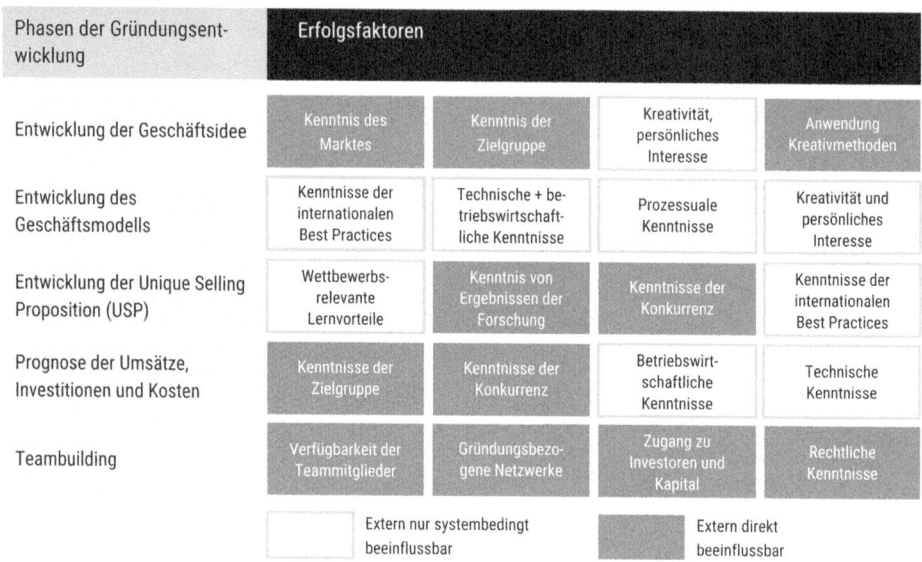

Abb. 8.1 Vorgründungsphasen und ihre Erfolgsfaktoren. (Quelle: eigene Darstellung)

Aus den vorstehenden Ausführungen zu den einzelnen Vorgründungsphasen lassen sich jeweils relevante Erfolgsfaktoren dieser Phasen ableiten (vgl. Abb. 8.1).

Der Erfolg der Phase der Entwicklung von Geschäftsideen basiert auf persönlichen Wahrnehmungen und vorhandenem Gründungsinteresse der Beteiligten. Wenn sich Akteure nicht gern zu Unternehmern entwickeln wollen, ist es naturgemäß auch nicht zu erwarten, dass sie Opportunitäten überhaupt wahrnehmen, geschweige denn, diese verfolgen oder entwickeln werden. Wie dargestellt gehören zudem genaue Kenntnisse des jeweiligen Marktes sowie der Zielgruppe dazu. Gründer werden umso mehr Facetten von möglichen geschäftlichen Möglichkeiten wahrnehmen, je präziser sie in die entsprechenden Technologien oder in die Welt des Marktes und der Zielgruppe involviert sind, aber vor allem werden sie nur so überhaupt auch erkennen können, welche Geschäftsansätze nicht laufen. Bei hoher Gründermotivation und entsprechender Expertise ist es schließlich auch die Kenntnis des Gründungsprozesses als solchem, was sinnvolle Perspektiven schafft.

In der Phase der Entwicklung des Geschäftsmodells ist umso mehr entscheidend, die technischen und betriebswirtschaftlichen Details zu durchschauen und so eine Planung zu ermöglichen, die dem Marktniveau der jeweiligen Branche entspricht. Es bringt ja keinen Erfolg, von Anfang an mit einer Gründung hinter den qualitativen Angeboten oder dem Preisniveau der Konkurrenz zurückzubleiben. Sollte sich dennoch ein Gründer dafür entscheiden, von Anfang an eine suboptimale Leistung anzubieten, so kann man das eher als Hobby denn als unternehmerische Positionierung bezeichnen.

Aus den Qualifikationen des Gründerteams, sich von einem bestehenden Markt- und Konkurrenzniveau mit besonderen Fertigkeiten abzugrenzen, entstehen Alleinstellungen des zu gründenden Unternehmens. Es ist klar, dass solche Lernleistungen und Angebotsentwicklungen, die idealerweise sogar noch über das bekannte Konkurrenzniveau hinausgehen, besondere Kenntnisse der Technologie, der Produkte, des Konkurrenzangebotes und der Nachfrage insgesamt erfordern. Insbesondere wenn es sich um zu gründende „Born Globals" (vgl. Kap. 2) handelt, sind hierfür international kompatible Wissensniveaus vonnöten. Gründer, die noch nie ein weltmarktfähiges Unternehmen von innen gesehen haben oder die das Potenzial ihrer Technologie nur in Ausschnitten kennen, werden kaum in der Lage sein, auf international konkurrenzfähigem Niveau zu planen, zu kalkulieren, zu gründen, zu produzieren und ihre Produkte am Weltmarkt zu verkaufen. Es ist mithin auch eine Frage des gesamten regionalen Ausbildungssystems, ob eine solche Entwicklung von Gründungspersönlichkeiten möglich ist. Natürlich gehört auch eine individuell definierte Gründermotivation zur Bewältigung der anstrengenden Arbeit – sowohl für die Entwicklung der Vorgründungsphasen als auch hinsichtlich der anschließenden Realisierung – dazu.

Wenig überraschend sind es insbesondere die bereits beschriebenen persönlichen Qualifikationen der Gründer in Bezug auf ihre angestrebte Produkttechnologie, in Bezug auf betriebswirtschaftliche und marktliche Perspektive (hinsichtlich Konkurrenz und Zielgruppe), welche eine profunde prognostische Detaillierung des Geschäftsmodells überhaupt erst ermöglichen (vgl. Abb. 8.1). Wissen Gründer beispielsweise nicht, wie die Zielgruppe auf Marketingmaßnahmen reagiert, können sie keine Umsätze prognostizieren oder wissen Gründer nicht, welche Maschinen für bestimmte Fertigungsprozesse zum Einsatz kommen müssen, können sie keine Investitionen planen. Entsprechende Defizite wirken sich auf alle Fragen der Planung, Prognostik und späteren Realisierung aus. Ohne Prognostik jedoch auch keine Kenntnis erforderlicher Finanzierungsvolumina und ohne sinnvoll geplante Finanzierung kein wahrscheinlicher Erfolg des zukünftigen Startups.

Im Kern laufen wesentliche Erfolgsfaktoren aller Gründungsphasen von der Idee bis über die Prognostik zur Realisierung auf motivierte und kenntnisreiche Gründerpersonen hinaus.

Die zentrale Frage ergibt sich also, wo Personen mit entsprechenden Fähigkeiten herkommen könnten. In der Phase des Teambuilding (vgl. Kap. 7) ergeben sich hierfür verschiedene Optionen: Sofern Teampartner für Gründungen nicht bereits aus dem Umfeld oder Netzwerk der Gründer selbst stammen oder aus der Zielbranche der Gründung, so sind es insbesondere auch Kapitalgeber, die mit ihren Netzwerken und ihrer Personalkenntnis wichtige Beiträge zur Teamzusammensetzung leisten können. Da Teamkonstellationen für Gründungen auch immer mit Abstimmungen, Konfliktlösungen, Ausstiegsszenarien, Gewinn- und Verlustverteilung sowie anderen fundamentalen Themen zu tun haben, ist es wichtig, diese Beziehungen verbindlich und zukunftsweisend möglichst früh zu definieren. Hierfür bieten sich entsprechende Gesellschaftsverträge und die Wahl relevanter Rechtsformen für die zukünftigen Gründungsunternehmen an. Eine profunde juristische Expertise ist demnach für erfolgreiches Gründen von nicht zu unterschätzender Relevanz.

Die genannten Erfolgsfaktoren für Gründungsentwicklungen finden ihre Bestätigung in verschiedenen Untersuchungen. Exemplarisch sei an dieser Stelle auf eine empirische Studie von Meyer und Sidler aus dem Jahr 2010 verwiesen, worin sie junge Unternehmer selbst nach den wichtigsten Faktoren ihres Erfolges befragt haben (vgl. Meyer und Sidler 2010). In der Vorgründungsphase sind es primär Faktoren der Gründerpersonen, die hier in den Fokus der Betrachtungen rücken. Die Nennungen in der Studie weisen deren „Persönlichkeit" sowie ihr „Know-how" an erster und zweiter Stelle zusammen mit ihrem „Engagement" (also auch Motivation) als die wichtigsten Erfolgsfaktoren aus (vgl. Meyer und Sidler 2010, S. 72).

Die Erfolgsfaktoren der Vorgründungsphase legen die Basis für den Erfolg nach Realisierung. Wenn sich ein Gründungsprojekt in der Planung als erfolgreich erweist, ist unter der Annahme gleichbleibender Motivation und betriebswirtschaftlicher wie technischer Expertise des Gründungsteams mit hoher Wahrscheinlichkeit davon auszugehen, dass es diesen Erfolg bei Umsetzung auch realisieren wird. Meyer und Sidler zeigen in ihrer Untersuchung, dass nach Gründung für junge Unternehmen die Ansprache von Kunden durch Marketing, die Qualität der Produkte sowie die Qualität des Managements und des gesamten Teams primär erfolgsentscheidend sind (vgl. Meyer und Sidler 2010, S. 72 ff.). Dies ist in oben genanntem Sinne nichts anderes als die Fortsetzung und Realisierung der bereits definierten Details aus der Prognostik.

Von erheblicher Bedeutung für die Förderdiskussion ist die Frage, ob die benannten Erfolgsfaktoren zukünftiger Unternehmensgründungen überhaupt extern beeinflussbar sind. Wenn keine externe Beeinflussbarkeit feststellbar ist, hat das natürlich insofern Auswirkungen auf die Förderdiskussion, als dass dann auch keine externen Fördermaßnahmen eine Wirkung entfalten könnten.

In Abb. 8.1 wurde eine Einschätzung vorgenommen, ob die Erfolgsfaktoren der einzelnen Vorgründungsphasen extern beeinflussbar sind oder nicht (weiße Unterlegung = nicht beeinflussbar, hellgraue Unterlegung = extern beeinflussbar).

Da viele der Erfolgsfaktoren sich auf originäre Qualifikation und Motivation der Gründerpersonen beziehen und auf deren grundsätzliche Verfügbarkeit, sind sie durch direkte externe Maßnahmen nicht beeinflussbar. Es ist nun einmal unmöglich, einem Gründer, der sich nicht selbst als solcher sieht, gründungsbezogene Motivation zu übermitteln. Ebenso wenig ist es denkbar, fehlendes Know-how von Markt und Technologie durch externe Maßnahmen zu kompensieren. Natürlich könnten Schulungen in den Bereichen angeboten werden, jedoch ersetzen diese keine jahrelange Branchenerfahrung mit entsprechenden Kundenkontakten oder ein Ingenieurstudium für komplexere technische Gründungen und es kann auch kein fehlendes betriebswirtschaftliches Wissen in einem kurzen Fortbildungskurs vollumfänglich vermittelt werden. Für diese Bewertung der externen Beeinflussbarkeit kommt es zudem stark auf die jeweilige gründungsbezogene Notwendigkeit der besagten persönlichen Fähigkeiten an. Defizite von Gründern zum Aufbau eines lokal agierenden Nagelstudios sind natürlich einfacher durch eine oder zwei Schulungen auszugleichen als Defizite von Gründern komplexer Technologieprodukte für den Weltmarkt. Für die Gesamteinschätzungen in Abb. 8.1 lag die Annahme mittelkomplexer Produktionsgründungen mit Expansionspotenzial zugrunde. Diese Art Gründungen ist es, welche regional sehr fokussiert und präferiert wird, denn sie verspricht Arbeitsplätze, Wachstum und Steuereinnahmen.

Im Ergebnis erscheinen lediglich Erfolgsfaktoren des Umfeldes, wie das Angebot von ergänzenden Methodenworkshops, Maßnahmen der Vernetzung (wie beispielsweise der Kooperation mit technischen und betriebswirtschaftlichen Fakultäten der Hochschulen und Universitäten sowie mit Forschungsinstituten und gründerbezogenen Netzwerken), die Bereitstellung von Kapital oder die Vernetzung mit Investoren sowie punktuelle Fortbildungen extern direkt beeinflussbar zu sein (vgl. Abb. 8.1).

Natürlich lässt sich verfügbares Wissen in einer Region auch durch schulische und universitäre wie weiterbildende Angebote generell entwickeln. Auch die aktive Ansiedlung von aussichtsreichen, wachstumsintensiven Zukunftsindustrien wird hoch qualifizierte potenzielle Gründer aus ihren Belegschaften hervorbringen, die dann natürlich nicht nur prozessual und technisch exzellent vorbereitet sind, sondern die auch internationale Kunden und Konkurrenten der jeweiligen Branchen persönlich kennen. Und natürlich lässt sich auch die grundsätzliche Gründerfreundlichkeit einer ganzen Region durch entsprechende Maßnahmen des Marketings, der Ansiedlungspolitik für internationaler Gründer, der Entwicklung gründerbezogener kultureller Angebote sowie der Verbesserung der Lebensqualität insgesamt beeinflussen und extern induziert entwickeln. Aber das alles sind sehr langfristige Ziele, welche nicht durch einzelne Förderprogramme im Laufe weniger Jahre erreichbar sind.

Im Resümee der Betrachtung externer Beeinflussbarkeit gründungsrelevanter Erfolgsfaktoren können direkte, kurzfristig umsetzbare extern fördernde Maßnahmen und solche mit indirekter Wirkung über längere Wege der regionalen Wirtschafts- und Strukturveränderungen voneinander unterschieden werden. Wichtige gründungsbezogene Erfolgsfaktoren (vgl. Abb. 8.1) lassen sich nur langfristig und indirekt induziert verändern.

Kontrollfragen

1. Welche Phasen der Gründungsentwicklung gibt es?
2. Was sind die wesentlichen Erfolgsfaktoren dieser Phasen?
3. Sind alle Erfolgsfaktoren gleichermaßen extern beeinflussbar?
4. Was bedeutet die externe Beeinflussbarkeit von Erfolgsfaktoren von Gründungsprojekten für die Gestaltung von Fördermaßnahmen für Gründer?

Literatur

Glasl F, Lievegoed B (2011) Dynamische Unternehmensentwicklung. Haupt, Bern
Meyer R, Sidler AU (2010) Erfolgsfaktoren junger Unternehmen: empirische Studie zur Situation junger Unternehmen in der Schweiz. edition gesowip, Basel

Gründungsförderung und ihre empirische Wirksamkeit 9

> **Zusammenfassung**
>
> In Vorbereitung der Erläuterungen zur Gestaltung von Fördermaßnahmen in den folgenden Kapiteln wird die Frage gestellt, welche empirischen Erkenntnisse zur Wirksamkeit von Förderprogrammen im Gründungsbereich überhaupt vorliegen. Hierfür werden zunächst internationale Daten zu Gründerquoten und nationalen förderrelevanten Merkmalen miteinander korreliert und es wird hieraus eine erste Evidenz abgeleitet. Diese These wird durch einen Überblick zu empirischen Studien und Meta-Studien zur Wirksamkeit von gründungsbezogenen Förderprogrammen ergänzt.

Westliche Industrieländer investieren erhebliche Summen in eine Förderinfrastruktur zur Erhöhung der Gründerzahlen, welche in zumeist sehr umfassender Weise die gesamten Entwicklungsphasen von Startups mit öffentlichen Geldern flankiert. Die finanzielle Ausstattung des Europäischen Sozialfonds für die Förderperiode 2014 bis 2020 beträgt für Deutschland insgesamt 7,49 Mrd. Euro (Europäischer Sozialfonds 2016a). In der vergangenen Förderperiode 2007 bis 2013 hatte Deutschland insgesamt sogar 26,3 Mrd. Euro erhalten (Europäischer Sozialfonds 2016b). Ein wesentlicher Förderschwerpunkt des ESF ist die Investitionspriorität *„Selbstständigkeit, Unternehmergeist und Gründung von Unternehmen, einschließlich von innovativen Kleinstunternehmen sowie innovativen kleinen und mittleren Unternehmen"* (Europäischer Sozialfonds 2016c).

In diesen Förderschwerpunkt fließen in den 7 Planjahren der Förderung bis 2020 allein auf Bundesebene insgesamt 368.875.000 Euro. Eine nicht unerhebliche Summe. Diese Mittel werden anteilig aus dem ESF finanziert und aus Co-Finanzierungsmitteln eines bundesdeutschen nationalen Beitrages. Die jeweilige Höhe des nationalen Beitrages schwankt in Abhängigkeit der Regionenkategorie. Maßnahmen in schwächer entwickelten „Übergangsregionen" werden zu ca. 80 % aus Mitteln des ESF finanziert, Maßnahmen in „stärker entwickelten Regionen" nur zu 50 % (Europäischer Sozialfonds 2016d, S. 227 f.). Übertragen auf die konkrete Förderung des Investitionsschwerpunktes „Selbständigkeit, Unternehmergeist und Gründung von Unternehmen" bedeutet dies, dass in der Förderperiode bis 2020 89,5 Mio. Euro ESF-Mittel zusammen mit 21,9 Mio. Euro nationalen Mitteln in Übergangsregionen investiert werden und 128,5 Mio. Euro ESF-Mittel zusammen mit weiteren 128,5 Mio. Euro nationalen Mitteln in stärker entwickelten Regionen (Europäischer Sozialfonds 2016d, S. 59 f.). In der Summe ergeben sich die zuvor benannten 368,9 Mio. Euro. Es sei nochmals betont, dass sich diese Summe ausschließlich auf den Bund bezieht. Diese Mittel werden über die jeweilig fachlich zuständigen Bundesministerien administriert. Für die Gründerförderung ist das Bundesministerium für Wirtschaft und Energie zuständig.

Zusätzlich betreiben auch die Länder entsprechend ihrer operationellen Programme Gründerförderung mit Mitteln des ESF. Ein Gesamtüberblick hierzu fällt angesichts fragmentierter und unterschiedlich verfügbarer Dokumentationen der einzelnen Bundesländer schwer, aber in Analogie des gründungsbezogenen Förderschwerpunktes des Bundes kann auf die insgesamt investierten Mittel auf Länderebene geschlossen werden. Für den Bund stehen insgesamt 2,7 Mrd. Euro ESF-Mittel zur Verfügung (Europäischer Sozialfonds 2016d, S. 227). Davon werden insgesamt 218 Mio. Euro in den Investitionsschwerpunkt „Selbständigkeit, Unternehmergeist und Gründung von Unternehmen" investiert (Europäischer Sozialfonds 2016d, S. 59 f.), also 8,1 % der Mittel. Hochgerechnet auf die für Deutschland insgesamt verfügbaren ESF-Mittel von 7,49 Mrd. Euro im Zeitraum 2014–2020 errechnet sich ein für Gründerförderung verfügbares Volumen von ca. 606 Mio. Euro europäischer Gelder. Zusammen mit ergänzenden Finanzierungsmitteln der Länder steht in Deutschland sogar eine Finanzausstattung für Startup-Förderung von über 1,2 Mrd. Euro für 7 Jahre zur Verfügung. Pro Jahr also knapp 200 Mio. Euro. Im gründerbezogenen Förderschwerpunkt des ESF sind die Mittel auf Bundesebene dabei zu 92 % so genannte „nicht rückzahlbare Finanzhilfen" (Europäischer Sozialfonds 2016d, S. 59 f.).

200 Mio. Euro Förderung pro Jahr entspricht knapp der Hälfte der gesamten Seed-Investments von sämtlichen Venture Fonds in den USA im Jahr 2014 (Statista 2016) oder es entspricht dem Fünffachen der gesamten Seed-Investments von 181 Kapitalbeteiligungsgesellschaften in Deutschland im Jahr 2015 (BVK 2016, S. 13).

Hinzu kommen weitere Förderaktivitäten auf Ebene des Bundes und der Bundesländer. Es erscheint angesichts dieser Zahlen daher nicht übertrieben, Deutschland eine gute bis sehr gute Förderung von Gründungen zu attestieren. Da der ESF auch in Ländern der übrigen Europäischen Union aktiv ist, kann ebenso hier von einer vergleichbar positiven Fördersituation im Gründerbereich ausgegangen werden.

Wenn diese erheblichen Transfers von Geld in Maßnahmen der Gründerförderung sinnvoll sein sollen, müssten in Deutschland und weiteren Ländern der EU statistisch signifikant mehr Gründer entstehen als ohne Förderung. Dies adressiert ganz konkret die grundsätzliche Frage nach der Wirksamkeit von Fördermaßnahmen im Gründungsbereich. Da jedoch schon allein die ESF-Förderung in Europa seit 1958 angewendet wird – mit gründungsbezogenem Schwerpunkt seit 1989 – ist ein Vergleich der Gründerzahlen in Deutschland (oder in anderen Ländern) mit Gründungsförderung und ohne Gründungsförderung unmöglich. Es ist aber durchaus möglich einen Vergleich zwischen Ländern mit hohen Förderinvestitionen im Gründungsbereich und solchen mit einer erheblich schwächeren Förderinfrastruktur vorzunehmen.

Abb. 9.1 zeigt eine Klassifizierung verschiedener Länder hinsichtlich der beiden Indikatoren „Total early-stage Entrepreneurial Activity (TEA)" und „Governmental Programs". „Total early-stage Entrepreneurial Activities" sind definiert als „Percentage of 18-64 population who are either a nascent entrepreneur or owner-manager of a new business" – also der Anteil der Erwerbsbevölkerung, welcher Verfügungsgewalt über ein Startup hat (Global Entrepreneurship Research Association 2016a). Der Indikator „Governmental Programs" bewertet „the presence and quality of programs directly assisting SMEs at all levels of government (national, regional, municipal)"- also staatliche Unterstützungsprogramme für kleine Unternehmen in den einzelnen Ländern (Global Entrepreneurship Research Association, 2016b). Der Indikator „Governmental Programs" misst hiernach eine Kombination aus der Verfügbarkeit von Förderprogrammen in den einzelnen Ländern und deren Qualität.

Das Ergebnis der Korrelationsanalyse beider Indikatoren ist ernüchternd (vgl. Abb. 9.1). Nicht nur, dass kein Zusammenhang zwischen staatlichen Förderprogrammen und unternehmerischen Aktivitäten nachweisbar ist – es deutet sich sogar ganz schwach ein negativer Zusammenhang an. Mit einem Korrelationskoeffizienten beider Datenreihen von -0,06 besteht eine sehr schwache Tendenz zu geringerer Ausprägung unternehmerischer Aktivitäten bei mehr staatlicher Förderung.

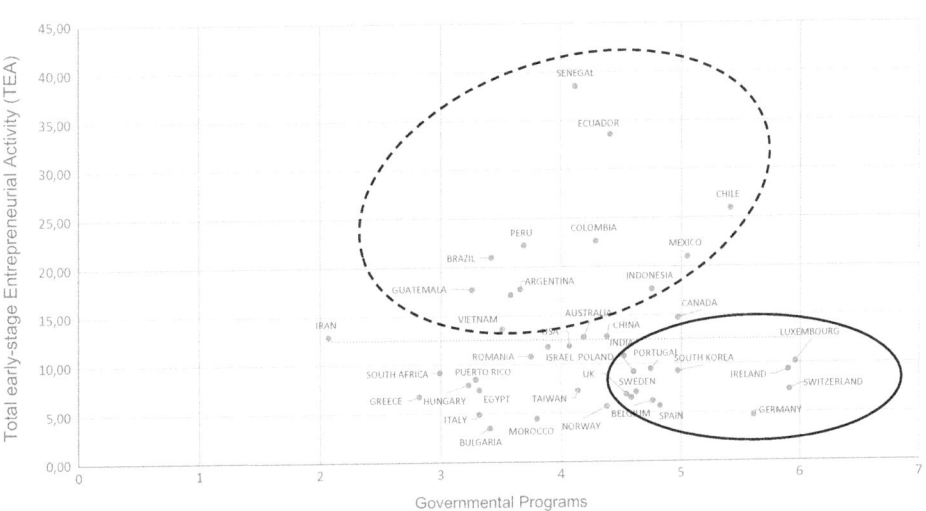

Abb. 9.1 Ländervergleich zur Wirksamkeit von gründungsbezogenen staatlichen Fördermaßnahmen (eigene Auswertung von Datensätzen des Global Entrepreneurship Monitors 2016)

Besonders eindrücklich zeigt sich dieser negative Zusammenhang bei einem separaten Vergleich von zwei Länderklassen: deutlich schwächer entwickelte Volkswirtschaften Südamerikas und Afrikas (bspw. Guatemala, Ecuador, Peru, Kolumbien und sogar Senegal) haben relativ gesehen weitaus mehr unternehmerisch aktive Einwohner als die reichen industrialisierten Länder Europas inklusive Deutschlands. Und das bei einer – wie oben dargestellt – erstklassigen und weltweit wohl einzigartig ausgestatteten Gründerförderung in Europa. Offensichtlich sind die Zusammenhänge zur Entwicklung einer aktiven unternehmerischen Soziokultur weitaus komplexer, als dass eine solche durch die einfache Intensivierung von staatlicher Förderung zu entwickeln wäre. Dies ist jedoch zugleich auch eine grundsätzlich dramatische Frage: Ist die Gründerförderung in Europa und der Bundesrepublik seit Jahren möglicherweise nicht wirksam?

Weitere Indikatoren der GEM-Datenbank 2016 geben ebenso wenig einen Hinweis auf die richtige Förderstrategie zur Entwicklung von unternehmerischer volkswirtschaftlicher Dynamik. Weder wirkt der Zugang zu gründungsförderlicher physischer Infrastruktur (Kommunikation, technische Verfügbarkeit, Räume für Gründer) positiv korrelierend auf die Erhöhung der Gründerquoten, noch eine hohe Marktdynamik, eine frühe schulische Entrepreneurship-Ausbildung oder gründerfreundliche Steuer- und Bürokratiesysteme (eigene Auswertungen der Datenbank der Global Entrepreneurship Research Association 2016). Alles dies sind Faktoren, welche in empirischen Befragungen zur Verbesserung unternehmerischer Handlungsbedingungen in Deutschland und international regelmäßig genannt werden. Umso verblüffender, dass diese Punkte im empirischen internationalen Vergleich keine nachweisbare Relevanz haben. Besonders eindrücklich zeigt sich dieser Widerspruch zwischen laufend veröffentlichten Gründer- und Unternehmer-Umfrage-Ergebnissen und der empirischen internationalen Realität der GEM-Datenbank 2016 (vgl. Abb. 9.2) hinsichtlich des Indikators „Verfügbarkeit finanzieller Ressourcen für Gründer (inklusive Zuschüsse und Beihilfen)".

Abb. 9.2 zeigt eine Klassifizierung verschiedener Länder hinsichtlich der beiden Indikatoren „Total early-stage Entrepreneurial Activity (TEA)" und „Availability of financial resources". Je mehr staatliche Finanzzuschüsse an Gründungsunternehmen gezahlt werden – inklusive Zuschüsse und Beihilfen – desto geringer ist die Gründungsdynamik in diesen Ländern. Mit einem Korrelationskoeffizienten von −0,312 ist dieser Zusammenhang zwar nur gering negativ, aber immerhin auch grafisch deutlich darstellbar. Ein nicht zu ignorierender Widerspruch zur Wirksamkeit staatlicher Gründungsförderung.

Die Korrelationsanalyse von 11 verschiedenen Indikatoren der GEM-Datenbank 2016 hinsichtlich ihrer Wirksamkeit zur Erhöhung der Gründerquote hat nur bei einem einzigen Indikator einen leicht positiven Zusammenhang erkennen lassen: der kulturellen und sozialen Wertschätzung von gründungsbezogenen Aktivtäten („The extent to which social and cultural norms encourage or allow actions leading to new business methods or activities that can potentially increase personal wealth and income") (Global Entrepreneurship Research Association 2016b).

Als einziger von 11 gründungsrelevanten Indikatoren der GEM-Datenbank 2016 hat eine unternehmer- und umsetzungsfreundliche Soziokultur einen schwach positiven Ef-

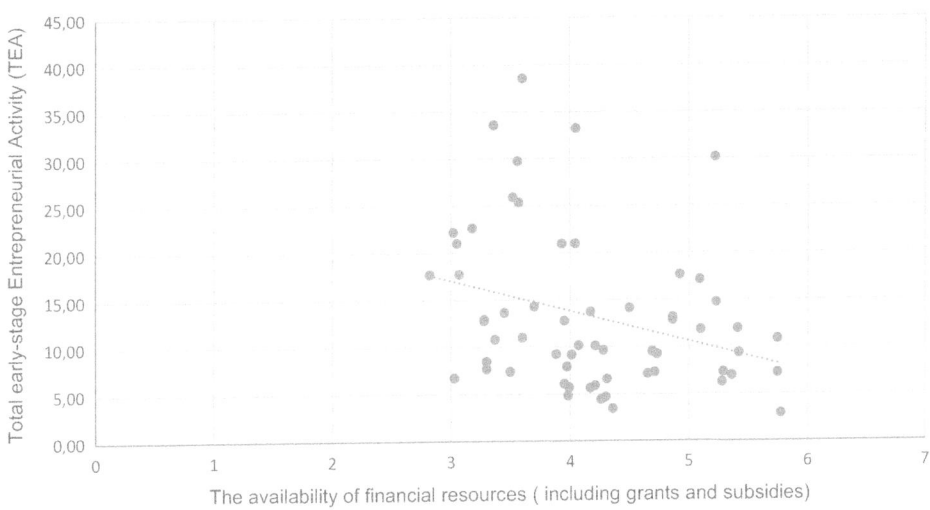

Abb. 9.2 Ländervergleich zur Wirkung von Verfügbarkeit finanzieller Ressourcen auf die Gründungsdynamik (eigene Auswertung von Datensätzen des Global Entrepreneurship Monitors 2016)

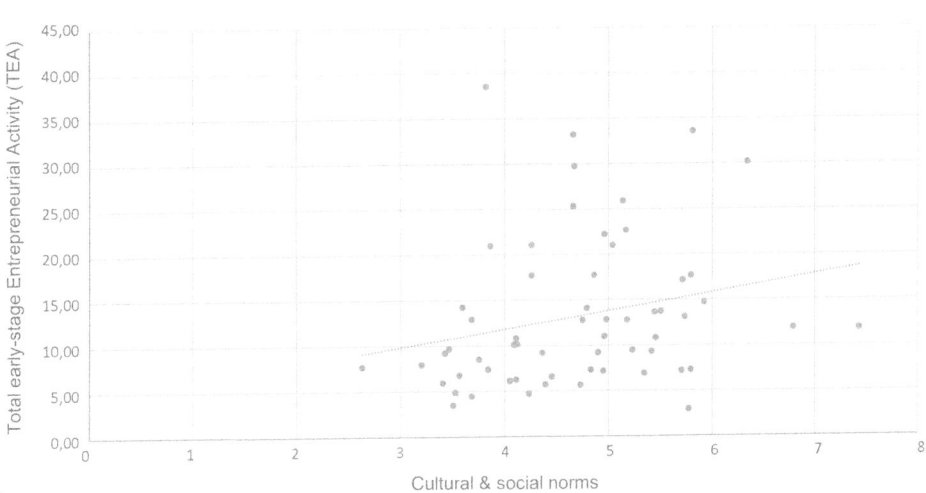

Abb. 9.3 Ländervergleich zur Wirkung von kultureller und sozialer Gründungswertschätzung auf die Gründungsdynamik (eigene Auswertung von Datensätzen des Global Entrepreneurship Monitors 2016)

fekt auf Gründungsaktivitäten (vgl. Abb. 9.3). Ein Korrelationskoeffizient von 0,229 ist diesbezüglich zwar weit entfernt von erheblicher Stärke, aber die deutlich sichtbare positive Beziehung ist zumindest auch theoretisch begründbar und plausibel.

Die beschriebenen Analysen stellen die grundsätzliche Wirksamkeit von Entrepreneurship-Förderung in sehr eindrücklicher Weise infrage. Aufgrund der Komplexität der beiden Phänomene „Gründungen" und „Gründerförderung" können die Auswertungen jedoch nur ein erster Schritt zur präzisen Klärung der Zusammenhänge sein.

Die Korrelationsanalysen der GEM-Datenreihen weisen folgende Probleme auf:
- Gründungen – gemessen in „Total Early Stage Entrepreneurial Activities (TEA)" als Anteil an einer Zielgruppengröße – sind international nur schwer vergleichbar. Die Bandbreite des Phänomens reicht von einem einfachen Imbissstand an der unbefestigten staubigen Straßenkreuzung eines armen Entwicklungslandes bis hin zu investitionsintensiven High-Tech-Gründungen patentierter Zukunftstechnologie im regionalen Forschungscluster hoch industrialisierter Regionen. In diesem Sinne unterscheiden sich die Gründerquoten verschieden entwickelter Volkswirtschaften in ihrer Struktur, genau wie sich auch die Gründerstrukturen in verschiedenen Regionen eines einzelnen Landes unterscheiden. Die digitale Gründerszene des Silicon Valley beispielsweise findet sich ebenso wenig im mittleren Nebraska wieder wie die 7 % Early Stage Entrepreneurship Activities (TEA) Ägyptens denen der Schweiz ähneln.
- Zudem sind auch die soziologischen Strukturen der untersuchten Volkswirtschaften fundamental verschieden. Die vom TEA-Index erfasste Zielgruppe der 18–65-Jährigen unterscheidet sich international nicht nur hinsichtlich ihrer entwicklungsrelevanten Merkmale, sondern auch hinsichtlich ihrer demografischen Struktur.
- Die Heterogenität der untersuchten Volkswirtschaften und ihrer Gründerquoten führt zu diversen zufälligen Ausprägungen der analysierten Indikatoren, welche sich gegenseitig teilweise wieder ausgleichen und so statistisch klare Bilder vernebeln. Insgesamt: Die Analyseperspektive auf das Problem ist unter Nutzung der GEM-Datenbank zu breit, zu wenig fokussiert.
- Schließlich ist auch die Erfassung von Fördermaßnahmen in einem einzelnen quantitativen Zahlenwert für ein Land viel zu ungenau, was somit die Vergleichbarkeit dieser Indikatoren grundsätzlich infrage stellt. Auch hier gilt: „Governmental Programs" in Portugal weisen ganz klar eine vollkommen unterschiedliche Zusammensetzung ihrer Maßnahmen auf wie solche in Indonesien, obwohl beide Länder einen fast identischen TEA-Index aufweisen.

Korrelationen – oder eben hier fehlende Korrelationen – kaum vergleichbarer Indikatoren reichen nicht, um die grundsätzliche Frage nach Wirksamkeit von Fördermaßnahmen im Gründungsbereich abschließend zu beantworten. Es lohnt folglich ein genauerer Blick auf die Thematik.

Sowohl die Fragestellung als auch die wissenschaftliche Auseinandersetzung damit ist kein neues Phänomen. Sowohl wissenschaftliche Einrichtungen als auch Träger von Fördermaßnahmen haben in der jüngsten Zeit insgesamt 50 Studien zur Prüfung der Wirksamkeit von Fördermaßnahmen durchgeführt oder durchführen lassen.

Von wichtiger Bedeutung hierbei ist die Metastudie vom Deutschen Institut für Wirtschaftsforschung DIW (Belitz et al. 2012). Die Studie wertet unter anderem die Ergebnisse von 48 einzelnen Untersuchungen bezüglich der gesamtwirtschaftlichen Wirkung von Technologie- sowie Innovationsförderung aus und stellt die Förderstrukturen von 4 OECD-Ländern vergleichend dar. Die Autoren haben sich hierbei methodisch sowohl der Auswertung verschiedener empirischer Analysen und Sonderstudien als auch differenzierter Experteninterviews und der Durchführung einer eigenen empirischen Untersuchung über die gesamtwirtschaftliche Bewertung der FuE-Förderung des Bundeswirtschaftsministeriums gewidmet (Belitz et al. 2012, S. 18).

Technologie- und Innovationsförderung im Sinne des Untersuchungsgegenstandes fokussiert die Entwicklung und Implementierung wettbewerbsfähiger Technologien in bereits etablierten kleinen und mittleren Unternehmen (Belitz et al. 2012, S. 50 ff.). Gründungsförderung technologieorientierter Unternehmen ist dabei nur ein Teilbereich der Untersuchung (Belitz et al. 2012, S. 54). Obwohl der Erkenntnisschwerpunkt der DIW-Studie im Bereich etablierter kleiner und mittelständischer Unternehmen liegt, so sind die Ergebnisse für die Diskussion um Wirksamkeit von Gründerförderung wichtig, denn letztlich sind auch Gründungen Formen des Technologietransfers und der Innovationsrealisierung im Wettbewerb, nur in einem früheren Stadium der Unternehmensentwicklung. Sollten Maßnahmen der Innovationsförderung bei kleinen und mittleren Unternehmen wirksam sein, wäre zu prüfen, warum sie dann – im Förderdesign angepasst auf die spezielle Situation von Startups – in einer früheren Realisierungsphase von unternehmerischem Handeln nicht mehr wirksam sein sollten. Ergebnisse der Metastudie können durchaus Hinweise zur Detektion von Wirkungsmustern oder zum grundsätzlichen Verständnis über die Wirksamkeit von Fördermaßnahmen mit Innovationsschwerpunkt geben.

Die Ergebnisse dieser sehr breit recherchierten Metastudien sind insgesamt ernüchternd. Einige der ausgewerteten Einzeluntersuchungen weisen eine Wirksamkeit staatlicher Förderung auf FuE-Aktivitäten von kleinen und mittelständischen Unternehmen nach, andere das Gegenteil (Belitz et al. 2012, S. 153). Immerhin zeigen die ausgewerteten Studien keine Anzeichen, dass öffentliches Geld private innovationsrelevante Investitionen verdrängen würde (Crowding-out, Belitz et al. 2012, S. 153).

Die Programmevaluationen der speziellen Förderprogramme des BMWi sowie des BMWF, welche ebenso im Rahmen der DIW-Studie mit einer eigenständischen Untersuchung vorgenommen wurden, sind hingegen positiven Ergebnisses. So wurde seitens der geförderten Unternehmen nach Förderung zum Teil überhaupt erst mit FuE-Maßnahmen begonnen oder es wurden selbige Maßnahmen ausgeweitet (Belitz et al. 2012, S. 154). Inwieweit die investierten Fördermittel jedoch einen saldiert positiven volkswirtschaftlichen Rückfluss durch messbare makroökonomische Effekte wie beispielsweise Steuern oder Beschäftigung ausgelöst haben, bleibt auch nach Studienauswertung des DIW unklar. Eine positive Evaluation im Sinne der DIW-Studie wäre im Ergebnis auch zu diagnostizieren gewesen, wenn 1 investierter Förder-Euro nur zu 0,5 Euro wirtschaftlichem FuE-Ertrag geführt hätte. Allein die Zunahme der FuE-Aktivitäten wurde gewürdigt, nicht jedoch ihr Verhältnis zu den dafür aufgewendeten Mitteln.

Eine spezielle Perspektive auf die Wirksamkeitsfrage von Förderung vermittelt eine Studie des ZEW hinsichtlich des Erfolges der Exist-Fördermaßnahmen des Bundesministeriums für Wirtschaft und Energie (Egeln et al. 2009). Einen spannenden Beitrag leistet diese Studie aufgrund der zu Beginn referierten vergleichsweise üppigen Mittelausstattung speziell des aktuellen Exist-Programms. Die Studie evaluiert die Exist-Maßnahmen des Bundes im Förderzeitraum 1998 bis ca. 2008. Die in diesem Zeitraum vergebenen Fördermittel lassen sich drei Förderperioden zuordnen. Mit Exist-I (1998–2002) wurden Hochschulnetzwerke zur Gründerunterstützung gefördert. Quantitativ ausgedrückt: Aus 200 Bewerbern wurden 5 Modell-Regionen ausgewählt (BMWi 2016). Im Zeitraum 2002 bis 2006 (Exist II) kamen 10 weitere Netzwerke hinzu. Schließlich wurden 2006 bis 2010 (Exist III) zusätzliche 47 Gründer-Fördernetzwerke an Hochschulen und außeruniversitären Forschungseinrichtungen gefördert (BMWi 2016). Flankiert wurde diese Netzwerkförderung durch zusätzliche Fördermaßnahmen an Wissenschaftsgründungen wie Stipendien oder Seed-Zuschüssen (BMWi 2016).

Die Ergebnisse der ZEW-Studie zur Wirksamkeit der Exist-Fördermittel sind wiederum erstaunlich ernüchternd:
- Weder die Exist-I, noch die Exist-II Förderung an Hochschulen hat zu einer statistisch signifikanten Erhöhung der Gründungen geführt (Egeln et al. 2009, S. 203 ff.)
- Eine Wirkung von Exist III auf die Erfolgswahrscheinlichkeit von Gründungen ist nicht nachweisbar (Egeln et al. 2009, S. 211).
- Die Exist-Programme konnten hingegen erreichen, dass Gründungen von Wissenschaftlern technologieorientierter sind – ein qualitativer positiver Effekt der Fördermaßnahmen. (Egeln et al. 2009, S. 204)

Im Ergebnis bietet auch die ZEW-Studie keine belastbare empirische Basis für eine Legitimation der Investition erheblicher Fördersummen. Allerdings zeigt sie einige Kriterien auf, welche die Wirksamkeit der Gründungsförderung im Hochschulbereich erhöhen können. Es sind dies vornehmlich Maßnahmen, welche die Problemlage der mangelnden Gründungsbereitschaft der Akteure direkt adressieren, wie bspw. veränderte Reputationsanreize für Wissenschaftler in Richtung Entrepreneurship oder ein begleitendes Konzept der Hochschulentwicklung inklusive ausreichende Mittel für Inkubatoren (Egeln et al. 2009, S. 210 ff.).

Bezug nehmend auf die zu Beginn des Abschnitts gestellte Frage nach einer empirischen Wirksamkeit von Gründerförderung ist unter Würdigung von 50 jungen und umfassenden Evaluationsstudien folgendes festzustellen:
- Es gibt keinen empirischen Beweis, dass eine breite und teure Gründerförderung wirksam ist, im Gegenteil: Die Studienergebnisse legen überwiegend nahe, dass generelle Gründerförderung keine Wirkung hat.
- Es gibt Anzeichen, dass speziell adressierte Förderprogramme, welche sehr präzise Engpässe im jeweiligen zielgruppenbezogenen und prozessbezogenen Handlungsablauf lösen helfen, durchaus wirksam sind. Welcher Grad der Wirksamkeit allerdings erreicht werden kann, bleibt auch in den gesichteten modernen Evaluationen unklar.

> **Kontrollfragen**
>
> 1. Zeigt die Auswertung internationaler Gründerdaten einen Zusammenhang zwischen staatlichen Förderinvestitionen in Gründungen und einer Erhöhung der Gründerquote?
> 2. Welcher internationale Indikator zeigt eine positive Korrelation mit der Erhöhung der Gründerquote in den jeweiligen Ländern?
> 3. Weisen empirische Studien nach, dass Gründerförderung zu einer Zunahme von Gründungsaktivitäten führt?

Literatur

Belitz H, Eickelpasch A, Lejpras A (2012) Volkswirtschaftliche Bedeutung der Technologie- und Innovationsförderung im Mittelstand – Schlussbericht. DIW, Berlin

Bundesministerium für Wirtschaft und Energie (2016) Exist-Rückblick. http://www.exist.de/DE/Programm/Ueber-Exist/Exist-Rueckblick/inhalt.html. Zugegriffen am 20.03.2016

Bundesverband Deutscher Kapitalbeteiligungsgesellschaften (2016) BVK-Statistiken. Das Jahr 2015 in Zahlen – Vorläufige Ergebnisse. Berlin

Egeln J, Fryges H, Höwer D, Gottschalk S, Müller K, Rammer C (2009) Evaluation von Exist III. ZEW, Mannheim/Wien/Berlin

Europäischer Sozialfonds (2016a) Finanzielle Ausstattung der Förderperiode 2014–2020. http://www.esf.de/portal/DE/Foerderperiode-2014-2020/ESF-Bundes-OP/inhalt.html. Zugegriffen am 09.03.2016

Europäischer Sozialfonds (2016b) Der ESF in Deutschland 2007–2013. http://www.esf.de/portal/DE/Ueber-den-ESF/Geschichte-des-ESF/Foerderperiode-2007-2013/Operationelles_Programm/inhalt.html. Zugegriffen am 09.03.2016

Europäischer Sozialfonds (2016c) Förderschwerpunkte 2014–2020. http://www.esf.de/portal/DE/Foerderperiode-2014-2020/Foerderschwerpunkte/inhalt.html. Zugegriffen am 09.03.2016

Europäischer Sozialfonds (2016d) Operationelle Programme im Rahmen des Ziels „Investitionen in Wachstum und Beschäftigung". http://www.esf.de/portal/SharedDocs/PDFs/DE/Aktuelles/2014/2014_10_21_op.pdf?__blob=publicationFile&v=2. Zugegriffen am 09.03.2016

Global Entrepreneurship Research Association (2015) GEM Database. London. http://www.gem-consortium.org/data. Zugegriffen am 04.03.2016

Global Entrepreneurship Research Association (2016a) GEM APS Key Indicators 2001–2015. London

Global Entrepreneurship Research Association (2016b) GEM NES Key Indicators 2007–2015. London

Ripsas S, Tröger S (2015) 3.DSM Deutscher Startup Monitor. KPMG in Deutschland. http://deutscherstartupmonitor.de/fileadmin/dsm/dsm-15/studie_dsm_2015.pdf. Zugegriffen am 03.03.2016

Statista (2016) Value of venture capital investment in the United States from 2010 to 2014, by stage. http://www.statista.com/statistics/424846/venture-capital-investments-usa-by-stage/. Zugegriffen am 09.03.2016

Fördermaßnahmen für den Gründungsbereich

10

Zusammenfassung

Das Kapitel beginnt mit einer Charakterisierung von Gründungsunternehmen im Kontext regionaler Entwicklung und regionaler Entwicklungspolitik. Gründer werden hierbei nicht als frei gestaltbarer Zusatzmotor für wirtschaftliche Konjunkturpolitik verstanden, sondern als Ergebnis des jeweiligen Entwicklungsniveaus ihrer Region. Diese Sichtweise determiniert die nachfolgende Förderdiskussion im Gründungsbereich bereits entscheidend: Gründerförderung mit der Zielstellung wirtschaftlicher Dynamik ist im Wesentlichen allgemeine Wirtschafts- und Ansiedlungsförderung. Sofern Förderung jedoch den Ausgleich von Nachteilen des Marktversagens mit einzel-betrieblichem Fokus anstrebt, lassen sich Maßnahmen der Entwicklung gründungsrelevanten Wissens und Maßnahmen des Ausgleiches von betriebswirtschaftlichen Engpässen voneinander unterscheiden. Das Kapitel endet mit der Darstellung von Restriktionen, denen die Gestaltung von Förderprogrammen grundsätzlich unterliegt.

Die Kap. 8 und 9 werfen ein sehr ernüchterndes Bild auf die Thematik der Wirkung von Förderprogrammen im Gründungsbereich und die damit verbundenen möglichen Hoffnungen auf eine mit Geld zu bezahlende signifikante Verbesserung der jeweiligen gründerbezogenen regionalen Situation. Schwingt bei vielen handelnden Akteuren auch die Fantasie eines neuen Startup-Valleys in ihrem Verantwortungsbereich mit, so ist die Realität doch regelmäßig wenig aufregend. Wie es scheint, erhält jede Region das Niveau an Gründungen, was zu ihr passt – egal ob viele Fördermillionen investiert werden oder wenige. Entwicklungsregionen Somalias mögen statistisch höchste Gründerquoten im weltweiten Vergleich haben, aber dies sind vor allem Notgründungen in Ermangelung alternativer angestellter Beschäftigungen und zur Sicherung des Nötigsten zum Überleben. Die fehlende Infrastruktur, mangelnde Ausbildungschancen, keine Verfügbarkeit von wettbewerbsfähigen Unternehmen, von denen man lernen und in deren Gefolge neue Gründer externe Angebote mit alternativen Produkten oder verbesserten Herstellungsprozessen machen könnten, ebenso wie fehlende essenzielle Finanzierungsmittel und geringe bis gar keine Aufmerksamkeit etablierter Gründungsnetzwerke verhindern komplexere Gründungsprojekte. Die stattdessen realisierten Gründungen sind klein bis sehr klein und sehr einfach: Straßenhandel, unabhängige Kfz-Reparaturwerkstätten, Friseure, lokale Märkte und kleinste Läden dominieren die Szene. Es ist evident, dass selbst umfangreich ausgestattete Förderprogramme in gründungsbezogene Fortbildungen oder Eigenkapital für neue Technologieunternehmen in dieser Region kaum eine Wirkung entfalten könnten.

Die Gründerszene eines Landes oder einer Region ist jeweils das Produkt der lokal dominierenden Wirtschafts- und Gesellschaftsstruktur. Wie ein Korsett können Gründer diese regionale Struktur nicht ohne weiteres durchbrechen. Gründer sind in ihrer Persönlichkeit Produkt der sie umgebenden Sozioumgebung und Kultur. Ist die Kultur gründerfreundlich eingestellt, so ist die soziale Hürde, eine Gründung durchzuführen geringer – die Gründerquoten haben ein vergleichsweise höheres Niveau (vgl. Röhl 2016). Ist die Kultur gründerfeindlich eingestellt, erhöht sich die soziale Hürde, eine Gründung umzusetzen – die Gründerquoten haben ein vergleichsweise geringeres Niveau (vgl. Röhl 2016). Gründer sind Produkt der sie ausbildenden Institutionen und der in der Region vorhandenen Branchen, Industrien oder Absatzmärkte. Sie haben die Ausbildung der vorhandenen Schulen oder Hochschulen genossen und haben gelernt, mit der lokalen Infrastruktur zu leben. Natürlich sind Gründer durchaus mobil. Bietet eine alternative Region bessere Verwirklichungschancen als die eigene, werden Gründungsprojekte umgesiedelt. Oft ist dabei die kulturelle und soziale Attraktivität einer Region für Gründer wichtiger als vorhandene Industriecluster. Berlin ist ein gutes Beispiel dafür. Die Niederlassungen wettbewerbsfähiger Weltmarktunternehmen und sie umgebender Industriecluster in Berlin sind überschaubar, dennoch boomt die Gründerszene in beeindruckender Weise. Allerdings funktioniert auch diese Ansiedlung gründeraffiner Personen nur in wirtschaftlich limitierten Grenzen. Ohne eine gründerfreundliche Infrastruktur, diverse sehr gute Ausbildungs- und Hochschulinstitutionen, genügend lokal ausgebildete und gründungsnahe Fachkräfte und ohne die Aufmerksamkeit liquider Investoren und ergänzender lokaler Finanzierungsmöglichkeiten wäre diese Entwicklung im aktuell sichtbaren Umfang nicht möglich.

Wie in den bisherigen Abschnitten des vorliegenden Textes dargestellt benötigen insbesondere erfolgreiche wachstumsorientierte Technologiegründungen profundes technisches und betriebswirtschaftliches Wissen sowie eine Reihe entsprechend ausgebildeter Mitstreiter für die Umsetzung. Davon ausgehend, dass nicht alle Gründer zuwandern, müssen die erforderlichen Lernprozesse somit primär regional stattfinden. Insofern sind Gründer und das Niveau ihrer Startup-Projekte „Kinder" ihrer Regionen: quasi „Absolventen" des jeweiligen Exzellenz- und Entwicklungsniveaus der sie umgebenden Wertschöpfungsstruktur.

Entsprechend der jeweiligen wirtschaftlichen, infrastrukturellen und soziologischen Angebote sind Regionen auch in sehr spezieller Weise mehr oder weniger attraktiv für Unternehmens-, Fachkräfte- oder Gründeransiedlungen. Derlei „Import" von ausgereiften Ideen und Teams gelingt nur, wenn die Region auch attraktiv für eine Umsetzung ist. Und das sind Regionen nur, wenn wichtige Standortfaktoren gegeben sind – was wiederum primär durch das bereits genannte wirtschaftliche Entwicklungsniveau und vor allem durch das wirtschaftliche Profil der Region bestimmt wird.

Folglich sind die Gründerquoten, das technische und betriebswirtschaftliche Niveau der Gründungen, ihre Beschäftigungswirkungen, ihre Weltmarktfähigkeit, die Entwicklung von regionalen Technologietransferclustern und die internationale Wettbewerbsfähigkeit der Gründer abhängig vom wirtschaftlichen Entwicklungsniveau der Regionen, von deren Standortattraktivität und von der regionalen soziologischen und kulturellen Gründeraffinität.

Diese Folgerung konnte im Rahmen der vorangegangenen Abschnitte methodisch abgeleitet werden und sie wird andererseits durch verschiedene makroökonomische Betrachtungen, insbesondere der kulturellen Korrelation mit Gründerquoten (vgl. Kap. 9), unterstützt.

Wenn Gründer als Motoren der wirtschaftlichen Entwicklung von Regionen verstanden und gefördert werden, so ist diese Vorstellung wahrscheinlich falsch: Gründer sind vielmehr Ergebnis des jeweiligen wirtschaftlichen und soziologischen Entwicklungsniveaus ihrer Region und wirken durch ihre Steuerzahlungen sowie durch ihre Gravitationswirkung auf andere Gründer und auf gründungsnahe Stakeholder als ein Teil der jeweils stattfindenden Entwicklungsspirale der Region.

Für die Gründerförderung bedeutet dies, dass man keine innovativen Gründercluster in Regionen bekommt, wo sonst kaum etwas ist – wo keine anderen Branchenunternehmen sind, keine Zulieferer, keine Abnehmer, keine Ausbildungsstätten, keine Infrastruktur und wo keine soziologische Standortqualität ist. Egal was man sich zu diesem Zweck auch für Förderprogramme einfallen lässt.

Im Umkehrschluss ist die Sinnhaftigkeit von Gründerförderung primär abhängig von ihren Zielen. Sind es die genannten Ziele der wirtschaftlich-innovativen Entwicklung von Regionen, so sollte Gründerförderung verstanden werden als Wirtschaftsförderung. Alles was der Ansiedlung neuer international wettbewerbsfähiger Unternehmen dient, dient auch der Erhöhung der Anzahl und der Verbesserung der Qualität der Existenzgründer. Auch Maßnahmen der generellen Standortattraktivität, der Wissenschaftsförderung, der Kulturförderung sowie der Infrastrukturförderung sind hierfür relevant.

In einigen Diskussionen wird Gründerförderung mit der Notwendigkeit zum Ausgleich von Marktversagen begründet (vgl. Staak 2011).

Dabei sind insbesondere drei verschiedene Arten des Marktversagens auf Absatzmärkten von Bedeutung:
- Informationsdefizite auf Absatzmärkten (vgl. Brockmann und Staak 2011, S. 29 ff.)
- Externe Effekte: kopieren von Gründungsideen oder Geschäftsmodellen durch Wettbewerber (vgl. Brockmann und Staak 2011, S. 33 ff.)
- Monopole auf Absatzmärkten (vgl. Brockmann und Staak 2011, S. 36 ff.)

Eine Beurteilung dieses Ansatzes ist schwierig, da bislang der empirische Nachweis der tatsächlichen Relevanz des Marktversagens-Arguments und dessen Ausgleich durch Fördermaßnahmen fehlt. Einige aus der betriebswirtschaftlichen Methodik zur Entwicklung von Unternehmensgründungen abgeleitete Erfolgsfaktoren (vgl. Kap. 8) sind auch in den Förderzielen zum Ausgleich von Marktversagen enthalten (vgl. Brockmann und Staak 2011, S. 41), aber einer konsequenten Harmonisierung beider Ansätze steht vor allem eine grundsätzliche Differenz im Wege: Während der vorliegende Text davon ausgeht, dass ein erfolgreich prognostiziertes betriebswirtschaftliches Strukturmuster auch seine Umsetzung im Markt finden wird (oder – sofern es nicht aussichtsreich erscheint – eben auch nicht), sieht die Marktversagensargumentation eben jene Verwirklichung in einigen Szenarien durch externe Dysfunktionalitäten behindert: Würden beispielsweise im Rahmen der in den vorangegangenen Abschnitten beschriebenen betriebswirtschaftlichen Gründungsplanungen ein Monopol oder dominierende Wettbewerber in einem begrenzten Zielmarkt erkannt, so würde eine Follower-Gründung in diese Situation hinein vermutlich als nicht aussichtsreich diagnostiziert und verworfen werden. Es ergibt sich an dieser Stelle die Frage, ob nun eine Förderung dieses Gründungsprojektes unbedingt dessen Umsetzung „ermöglichen" sollte, denn es müssten mit der Förderung ja nicht nur die Lernvorsprünge des Monopolisten aufgeholt werden, sondern es sollten diese sogar übertroffen werden. Zusätzlich müssten erhebliche Kosten für Marketing und Kundenakquisition aufgewendet werden. Und beides nur, damit ein zusätzlicher Wettbewerber das Angebot diversifiziert – und dies in einem begrenzten Markt, wo durch den neuen Startup-Konkurrenten am Ende der Kuchen vielleicht für keinen mehr auskömmlich groß ist? Sollte das aus volkswirtschaftlicher Sicht tatsächlich sinnvoll sein, aus betriebswirtschaftlicher Sicht erschließt es sich nicht. Ein betriebswirtschaftliches Strukturmuster von einem Gründungsunternehmen, was nur durch Subventionen aufgeht und nicht aus sich allein heraus tragfähig ist, erscheint suboptimal.

Die Marktversagens-Perspektive der „Informationsdefizite" würde im Rahmen des in diesem Text vorgestellten betriebswirtschaftlichen Ansatzes mit Marketingmaßnahmen kompensiert werden können und die „externen Effekte" durch ein verändertes Design des Geschäftsmodells. In keinem Fall bleiben aus betriebswirtschaftlicher Sicht ungedeckte Lücken. Diese zusätzlichen betriebswirtschaftlichen Maßnahmen zum Ausgleich des Marktversagens würden aber zu einer Erhöhung der Kosten des Gründungsunternehmens führen. Gehen die hierdurch behinderten betriebswirtschaftlichen Modelle dann nicht mehr auf, so stellt sich jedoch primär nicht die Förderfrage, sondern die grundsätzliche Sinnhaftigkeit. Durch eine Iteration zurück in die Phase der Geschäftsideen- und Geschäftsmodellkonzeption könnten vermutlich Wege zum jeweiligen Ausgleich der kostentreibenden Marktdysfunktionalitäten identifiziert werden (beispielsweise Kooperation mit anderen Wertschöpfungspartnern, ein verändertes Make-or-Buy-Design für das Startup, Teilung der internalisierten Wertschöpfungsprozesse bei befürchteten externen Effekten oder Investitionen in verstärkte Forschung und Entwicklung zur Verkürzung der Produktlebenszyklen usw.). Insofern ist zu besorgen, dass eine Förderung des ursprünglich konzipierten Geschäftsmodells den Druck auf weitere Optimierungen und neue Planungsiterationen bis zurück zur Phase der Geschäftsideen-Entwicklung unnötig machen würde – was in diesem Fall zwar zu einer Verwirklichung der ursprünglichen Startup-Planung führt – aber letztlich nun mit Dysfunktionalitäten auf betriebswirtschaftlicher Seite aufgrund nicht zu Ende gedachter Optimierung. Es steht zu befürchten, dass Förderung in diesem Sinne nur betriebswirtschaftliche Defizite kompensiert, welche es ohne die Förderung aufgrund von Weiterentwicklung gar nicht gegeben hätte.

Wäre dem so, dann wäre die Förderung ein Windfall Gain im Sinne eines Mitnahmeeffektes eines nicht zu Ende gedachten Geschäftsmodells. Es ist dies insgesamt eine Thematik, die nicht abschließend durch die in diesem Text entwickelte gründungsplanerische betriebswirtschaftliche Perspektive aufgelöst werden kann. Es ist stattdessen in weiteren Forschungen eine profunde empirische Prüfung der dargestellten Hypothesen wünschenswert, ebenso wie eine ergänzende makroökonomische Interpretation dessen.

Fördermaßnahmen, welche die primäre Zielstellung einer Verbesserung der einzelwirtschaftlichen Situation von Gründerteams und Startups haben, lassen sich in zwei grundsätzliche Kategorien einteilen:

1. Fördermaßnahmen, welche helfen, wettbewerbsrelevantes Wissen von Gründerteams zu entwickeln: Diese Fördermaßnahmen adressieren verschiedene erfolgswirksame Wissensbereiche von Gründerteams auf ihrem Weg zur Realisierung und geben Hilfen zum Erwerb des Wissens.
2. Fördermaßnahmen, welche helfen, Engpässe auf dem Weg der Realisierung der Gründungsprojekte zu reduzieren: Engpassorientierte Fördermaßnahmen sind zumeist finanzielle Fördermaßnahmen, aber auch Hilfen zur Suche nach Standort, Personal und Partnern. Finanzielle Fördermaßnahmen sind staatlich finanzierte direkte oder indirekte Beiträge zur Verbesserung der Liquiditätssituation von jungen Gründungsunternehmen.

Ein Blick auf die Förderlandschaft am Beispiel des Bundeslandes Sachsen-Anhalt aktuell und in den vergangenen Jahren zeigt beispielhaft, welche konkreten Designs die jeweiligen Fördermaßnahmen der beiden genannten Kategorien haben können.

Abb. 10.1 zeigt die verschiedenen Ausprägungen von Gründerförderung entsprechend der Kategorien „Förderzielgruppe", „Förderinhalte" und „Bewilligungshürden".

In Abb 10.2 sind Fördermaßnahmen der oben genannten Kategorie 1 hellgrau markiert.

So sind Qualifizierungen, Coachingleistungen und die Finanzierung von Machbarkeitsstudien direkte lernwirksame Instrumente, mit denen Gründerteams sowohl das Design des zukünftigen Unternehmens, als auch ihr wettbewerbsrelevantes Wissen für die spätere Gründung vertiefen können. Beteiligungen im Sinne einer Bereitstellung haftenden Eigenkapitals wirken durch die Erweiterung des gründungs-involvierten Personenkreises ähnlich, denn es sind zumeist gründungserfahrene institutionelle Partner, die diese Beteiligungen administrieren, begleiten und ihr Wissen dem Gründungsteam zur Verfügung

Wer wird gefördert?	Was wird gefördert?	Wie wird gefördert?	Bewilligungshürden
Existenzgründer vor der Gründung	Betriebliche Investitionen	haftendes Eigenkapital	Businessplan
Unternehmensnachfolger	Betriebsausgaben	Nicht rückzahlbare Zuschüsse	Besondere persönliche Voraussetzungen
Freiberufler	Ausgaben für F+E	Darlehen mit besonderen Konditionen	Qualitative Auswahlkriterien, bspw. Innovationsgrad
Kleine Unternehmen	Ausgaben für Markteinführungen	Bürgschaften	Unternehmensrelevante Kriterien, bspw. Branche, Expansionsplanung
Dritte mit Einfluss auf Gründungen	Auftragsvorfinanzierungen	Vorfinanzierungen	Rechtliche Voraussetzungen, bspw. Rechtsform, Patente
Forschungseinrichtungen	Immaterielle Wirtschaftsgüter	Übernahme Kosten Dritter	Ansiedlungsort
Hochschulen	Beteiligungen		Wachstumsaussichten
	Coachingleistungen		
	Machbarkeitsstudien		
	Gründerstipendien		
	Qualifizierungen		

Abb. 10.1 Freiheitsgrade der Förderprogrammgestaltung. (Quelle: eigene Darstellung, orientiert an Förderprogrammen Sachsen-Anhalt 2012–2020, http://www.ib-sachsen-anhalt.de/)

Wer wird gefördert?	Was wird gefördert?	Wie wird gefördert?	Bewilligungshürden
Existenzgründer vor der Gründung	Betriebliche Investitionen	haftendes Eigenkapital	Businessplan
Unternehmensnachfolger	Betriebsausgaben	Nicht rückzahlbare Zuschüsse	Besondere persönliche Voraussetzungen
Freiberufler	Ausgaben für F+E	Darlehen mit besonderen Konditionen	Qualitative Auswahlkriterien, bspw. Innovationsgrad
Kleine Unternehmen	Ausgaben für Markteinführungen	Bürgschaften	Unternehmensrelevante Kriterien, bspw. Branche, Expansionsplanung
Dritte mit Einfluss auf Gründungen	Auftragsvorfinanzierungen	Vorfinanzierungen	Rechtliche Voraussetzungen, bspw. Rechtsform, Patente
Forschungseinrichtungen	Immaterielle Wirtschaftsgüter	Übernahme Kosten Dritter	Ansiedlungsort
Hochschulen	Beteiligungen		Wachstumsaussichten
	Coachingleistungen		
	Machbarkeitsstudien		
	Gründerstipendien		
	Qualifizierungen		

Abb. 10.2 Fördermaßnahmen Kategorie 1 (Entwicklung von Wissen). (Quelle: eigene Darstellung, orientiert an Förderprogrammen Sachsen-Anhalt 2012–2020, http://www.ib-sachsen-anhalt.de/)

10 Fördermaßnahmen für den Gründungsbereich

stellen. Die Bewilligungshürde „Businessplan" ist nichts anderes als eine Verpflichtung zur Durchführung der gründungsbezogenen Planungsaufgaben im erweiterten Verständnis dieses Textes. Sofern sich die besonderen persönlichen Voraussetzungen für eine Förderung und die qualitativen Auswahlkriterien auf die Qualität des Wissensniveaus der Gründer oder auf die Qualität des Gründungsprojektes beziehen, motivieren diese Fördervoraussetzungen die Gründerteams zu entsprechender Aneignung des geforderten Wissens. Dies gilt ebenso, wenn die Wachstumsaussichten eines Förderprojektes Voraussetzung einer Förderung sind.

Finanzielle Fördermaßnahmen (vgl. Abb. 10.3) – seien diese direkte nicht rückzahlbare Zuschüsse oder indirekt wirkende Bürgschaften – haben eine weitaus stärkere Verbreitung im Vergleich zu Maßnahmen, welche auf die Qualifizierung von Gründerteams fokussiert sind. Die finanzielle Art der Förderung intendiert die Lösung eines wichtigen Engpasses von Gründerteams: dem Zugang zu finanziellen Ressourcen (vgl. Wolf 2006 und Kulicke 2000).

Förderung ist insgesamt kein einfaches Konstrukt, sondern sie unterliegt diversen rechtlichen und kameralistisch induzierten Restriktionen. Förderrelevante rechtliche Vorschriften können beispielsweise sehr komplex kombinierte Regularien aus diversen EU-Verordnungen, EU-Erlassen, Landeshaushaltsordnungen, ergänzenden Verwaltungsvorschriften und Richtlinienauflagen zur Erreichung des Förderziels sein.

Wer wird gefördert?	Was wird gefördert?	Wie wird gefördert?	Bewilligungshürden
Existenzgründer vor der Gründung	Betriebliche Investitionen	haftendes Eigenkapital	Businessplan
Unternehmensnachfolger	Betriebsausgaben	Nicht rückzahlbare Zuschüsse	Besondere persönliche Voraussetzungen
Freiberufler	Ausgaben für F+E	Darlehen mit besonderen Konditionen	Qualitative Auswahlkriterien, bspw. Innovationsgrad
Kleine Unternehmen	Ausgaben für Markteinführungen	Bürgschaften	Unternehmensrelevante Kriterien, bspw. Branche, Expansionsplanung
Dritte mit Einfluss auf Gründungen	Auftragsvorfinanzierungen	Vorfinanzierungen	Rechtliche Voraussetzungen, bspw. Rechtsform, Patente
Forschungseinrichtungen	Immaterielle Wirtschaftsgüter	Übernahme Kosten Dritter	Ansiedlungsort
Hochschulen	Beteiligungen		Wachstumsaussichten
	Coachingleistungen		
	Machbarkeitsstudien		
	Gründerstipendien		
	Qualifizierungen		

Abb. 10.3 Fördermaßnahmen Kategorie 2 (Engpass: finanzielle Fördermaßnahmen). (Quelle: eigene Darstellung, orientiert an Förderprogrammen Sachsen-Anhalt 2012–2020, http://www.ib-sachsen-anhalt.de/)

Fördermaßnahmen unterliegen zudem:
- Kumulierungsregeln
- Auszahlungsregeln
- Dokumentationsregeln
- Berichtsregeln
- Prüfrechten
- sonstigen Verfahrensregeln

Die Restriktionen von Förderung führen dazu, dass die entsprechende Programmgestaltung eine durchaus anspruchsvolle und mittelfristige Aufgabe ist. Zudem sind Förderprogramme in ihrer grundsätzlichen Ausrichtung schwer zu ändern, sie erfordern insofern eine strategische Perspektive.

Insgesamt ist es die Förderprogrammplanung, welche die Ziele der Förderung und ihre Restriktionen in ein sinnvolles Verhältnis balancieren muss.

Kontrollfragen

1. Können Gründer Motoren der wirtschaftlichen Entwicklung von Regionen sein oder sind sie selbst deren Ergebnis?
2. Können es Fördermaßnahmen ermöglichen, auch in sehr abgelegenen infrastrukturell unterentwickelten Regionen hochkarätige Gründungscluster hervorzubringen oder anzusiedeln?
3. Welche Arten von Marktversagen soll Gründerförderung ausgleichen?
4. Welche Fördermaßnahmen können helfen, wettbewerbsrelevantes Wissen von Gründerteams zu entwickeln?
5. Welche Fördermaßnahmen können helfen, finanzielle Engpässe von Gründern auf dem Weg der Realisierung des Vorhabens zu reduzieren?

Literatur

Brockmann H, Staak T (2011) Gründungsförderung zur Bereinigung von Marktversagen auf Absatzmärkten – ein konzeptioneller Ansatz. Gründungsförderung in Theorie und Praxis. KfW Research

Kulicke M (2000) Finanzierungsbedarf (Höhe, Art) und Finanzierungsprobleme bei Existenzgründungen im Dienstleistungsbereich. Fraunhofer IRB, Stuttgart

Röhl KH (2016) Unternehmensgründungen. Mehr innovative Startups durch einen Kulturwandel für Entrepreneurship? Institut der deutschen Wirtschaft IW policy paper, 2/2016

Staak T (2011) Allokatives Marktversagen im Gründungsgeschehen – eine wohlfahrtstheoretische Betrachtung. Gründungsförderung in Theorie und Praxis. KfW Research

Wolf B (2006) Empirische Untersuchung zu den Einflussfaktoren der Finanzierungsprobleme junger Unternehmen in Deutschland und deren Auswirkungen auf die Wirtschaftspolitik, Arbeitspapiere Unternehmen und Region U1/2006. Fraunhofer ISI

Planung von Fördermaßnahmen im Gründerbereich

11

Zusammenfassung

Entsprechend der Ergebnisse des vorangegangenen Kapitels beginnt das Kapitel mit einem zweistufigen Optionsmodell zur Gestaltung von Fördermaßnahmen im Gründungsbereich, welches allgemeinwirtschaftliche von einzelwirtschaftlichen Zielstellungen unterscheidet und jeweils entsprechende mögliche Fördermaßnahmen benennt. Für die Gestaltung einzelwirtschaftlich wirksamer Fördermaßnahmen wird der Weg über die Unterstützung der in den vorhergehenden Kapiteln herausgearbeiteten extern beeinflussbaren Erfolgsfaktoren der einzelnen Vorgründungsphasen empfohlen. Hierbei können unter Nutzung von Kreativmethoden sehr vielfältige und auf die konkreten Belange der jeweiligen Förderzielgruppe fokussierte sowie heterogene Maßnahmebündel entwickelt werden. In diesem Kapitel werden zudem wichtige Basisfaktoren für Förderinterventionen herausgearbeitet und es werden drei essenzielle Gestaltungsprinzipien für die Förderprogrammgestaltung abgeleitet. Ergänzend werden für die Auswahl von Fördermaßnahmen Kriterien angeboten, welche aus den dargestellten betriebswirtschaftlichen Inhalten der vorangegangenen Abschnitte kondensiert wurden. Das Kapitel schließt mit Hinweisen zur grundsätzlichen Analyse der Effektivität staatlicher Gründungsförderung.

Aus den beschriebenen Erkenntnissen zu gründungsbezogener Planungsarbeit, zur empirischen Wirksamkeit von Gründerförderung im Allgemeinen und zur Komplexität von Förderstrukturen im Besonderen ergibt sich nachfolgendes Vorgehen für die Planung von Fördermaßnahmen im Gründungsbereich (vgl. Abb. 11.1).

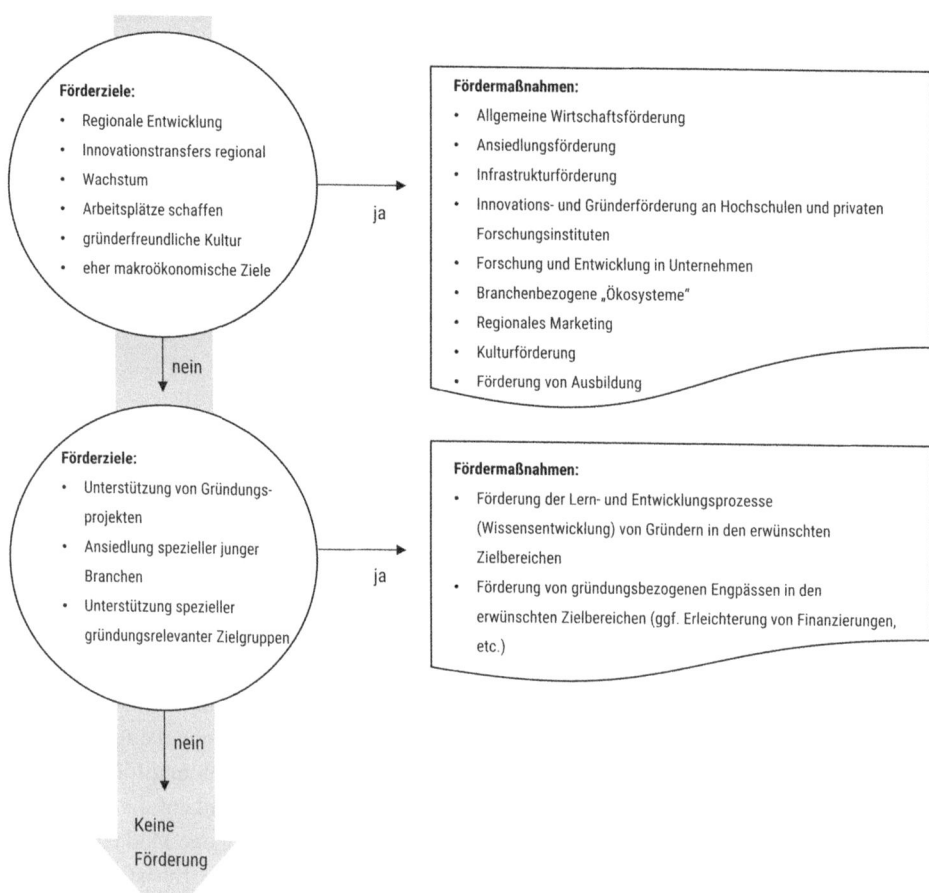

Abb. 11.1 Optionsmodell der Förderprogrammgestaltung. (Quelle: eigene Darstellung)

Von primärer Bedeutung ist die klare Zieldefinition der intendierten Fördermaßnahmen im gründerbezogenen Bereich. Sofern es um makroökonomische Ziele geht, sollten konsequenterweise auch makroökonomisch wirksame Maßnahmen umgesetzt werden (vgl. Kap. 8 und 10). Wie dargestellt ist es nicht sinnvoll, sich einen Zuwachs von innovativen und weltmarktfähigen gründungsinduzierten Arbeitsplätzen in einer Region zu wünschen und dafür beispielsweise Finanzierungshilfen für Gründerteams als Instrument zu wählen. Gründer folgen dem allgemeinen wirtschaftlichen Entwicklungsniveau der Region sowie deren kulturell-soziologischer Attraktivität und siedeln sich viel mehr freizeit-, markt- oder fachkräfte-bezogen an als förderinduziert, beziehungsweise entwickeln sich automatisch aus den vorhandenen wirtschaftlich-sozialen Strukturen heraus und mit ihnen oder eben auch nicht. Wenn nicht, scheinen auch keine partikular wirkenden Förderprogramme geeignet zu sein, dem abzuhelfen. Die erwähnten Finanzierungshilfen für Gründer würden in der Region vermutlich zu Mitnahmeeffekten führen und sicherlich einige Gründungen ermöglichen, die es vorher nicht gegeben hätte, es ist jedoch zweifelhaft, wie dauerhaft überlebensfähig diese Gründungen nach Abschluss der Fördermaßnahmen sind und welcher Qualität sie sind (vgl. Kap. 9). Nach aktueller Daten- und Erkenntnislage werden es wohl hauptsächlich weitere Gründungen auf dem jeweilig bereits vorhandenen regionalen Niveau sein, welche die Region auch ohne Interventionen hervorgebracht hätte.

Dynamische, innovative, technologisch zukunftsweisende Gründer in einer Region zu unterstützen ist Teil der Wirtschafts-, Kultur-, Standort-, Wissenschafts-, Ausbildungs- und Ansiedlungspolitik und einer mit ihr verbundenen Förderungsstruktur (vgl. Abb. 11.1). Durch diesbezügliche Maßnahmenpakete können vielleicht Wachstumsimpulse für die gesamte Wirtschaft angeregt werden, die Standorte können attraktiver gemacht werden mit schließlich einsetzender Gravitationswirkung auf dynamisches und innovatives Personal, welches dann natürlich in einem gewissen Verhältnis zu angestellten Beschäftigungsoptionen eben auch gründet. Durch solche innovativen Gründungsprojekte gelangen wiederum gründungsnahe Stakeholder in die Umlaufbahn der Region und mit etwas Glück entwickelt sich nach und nach eine international Aufsehen erregende Gründerszene, die ihrerseits weitere Gründer, Stakeholder sowie Mitarbeiter anzieht und so weiter.

Sind die Ziele hingegen darauf ausgerichtet, Gründern einzelwirtschaftliche Unterstützung zu gewähren und so die Hürde für Gründungsrealisierungen zu senken oder den Weg in eine selbstständige Existenz für spezielle Gründungszielgruppen zu erleichtern, dann kommen als externe Förderung insbesondere Maßnahmen infrage, welche die Erfolgsfaktoren der einzelnen Entwicklungsphasen von Gründungen (vgl. Kap. 8) anregen oder unterstützen und welche Engpässe einer Realisierung (vgl. Kap. 10) reduzieren. Diese Erfolgsfaktoren und Realisierungsengpässe sind dabei sehr spezifisch und abgängig von dem jeweiligen Setup der Geschäftsidee, von der konkreten Marktsituation, von der konjunkturellen Gesamtsituation und der zu dem jeweiligen Zeitpunkt vorherrschenden Situation der Branche insgesamt sowie von den regionalen Gegebenheiten.

Im Falle von Gründungsprojekten einer speziellen Branche kann beispielsweise die Analyse von gründungsvorbereitenden Planungsteams ergeben, dass in einem Fall besondere Defizite bezüglich der Erfolgsfaktoren „Zielgruppenkenntnis" und „Verfügbarkeit von Fachkräften" besteht (vgl. Abb. 11.2, durchgezogene Markierung), in einem anderen Fall bezüglich der Entwicklung der Geschäftsidee und des Zugangs zu branchenerfahrenen Investoren mit verbundenen Fachkräftenetzwerken in der Branche (vgl. Abb. 11.2, gestrichelte Markierung). In der Annahme, dass beide Defizite nicht aus den Teams heraus selbst gelöst werden können, würden somit vermutlich die Gründungen entweder unterbleiben oder suboptimal präpariert in die Realisierung starten – nach geltender Auffassung jeweils ein Grund für eine mögliche Inanspruchnahme von Fördermitteln.

Wünscht sich eine Region als Zielstellung die Intensivierung der Gründungen der eben erwähnten speziellen Branche, so könnte sie sowohl durch Fördermaßnahmen der Kategorie 1 (Entwicklung von Wissen) als auch der Kategorie 2 (Reduzierung von Engpässen) bereits mit dem bestehenden Instrumentarium am Beispiel Sachsen-Anhalts (vgl. Kap. 10) die beschriebenen Defizite beider Beispielunternehmen fokussieren und Hilfen zu einer Lösung anbieten.

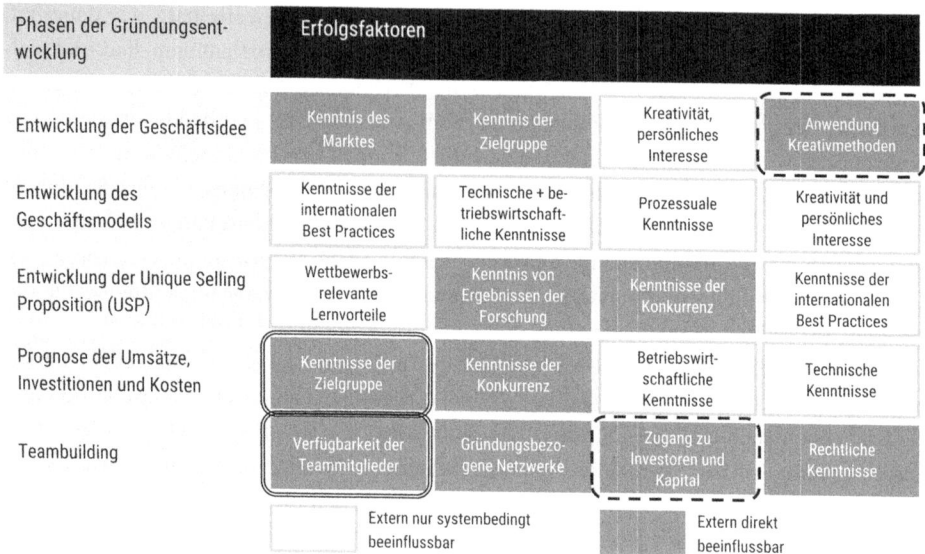

Abb. 11.2 Beispiele für Defizite bezüglich relevanter Erfolgsfaktoren (vgl. Kap. 8). (Quelle: eigene Darstellung)

Für Hilfen bezüglich des Engpasses „Finanzierung" kämen beispielsweise Fördermaßnahmen wie Eigenkapitalbeteiligungen oder Gründerstipendien infrage (vgl. Abb. 11.3). Eine unterstützende Maßnahme bezüglich des Engpasses „Verfügbarkeit der Teammitglieder" durch Netzwerke branchennaher Investoren könnte die Co-Finanzierung von speziellen Branchen-Venture-Fonds durch öffentliche Mittel sein (vgl. Abb. 11.3). Das bedeutet für die entsprechenden Fonds eine Risikoreduzierung ihrer Investments und damit ein größeres Interesse an Gründungsprojekten in den von ihnen präferierten speziellen Branchen in dieser Region. Diese Maßnahmen ergänzt durch Maßnahmen zur spezifischen Wissensentwicklung der Gründerteams (im erwähnten regionalen Branchenkontext zum Ausgleich von Defiziten bezüglich der Erfolgsfaktoren „Kenntnisse der Zielgruppe" als auch der „Anwendung von Kreativmethoden zur Entwicklung von Geschäftsideen") – wie beispielsweise Qualifizierungsworkshops oder Seminare – hätten eine direkte positive Wirkung auf die Gründerteams und würde ihnen helfen, die jeweiligen Projekte erfolgreich zu entwickeln. Um die Fördermaßnahmen überhaupt auf die jeweilige Branche auszurichten wäre als grundsätzliche Bewilligungshürde die Zugehörigkeit zur der fokussierten Branche möglich und sinnvoll. Zudem könnten entsprechende persönliche Anforderungen an die Gründer (vgl. Abb. 11.3) die Erfüllung fundamentaler Erfolgsfaktoren des Wissens und der Überlebensfähigkeit der Gründerteams in der fokussierten Branche sicherstellen (beispielsweise branchenbezogene technische und betriebswirtschaftliche Kenntnisse, sowie Prozesserfahrungen und Überblick über aktuelle Best-Practices auf Weltmarktniveau, vgl. Kap. 8).

11 Planung von Fördermaßnahmen im Gründerbereich

Wer wird gefördert?	Was wird gefördert?	Wie wird gefördert?	Bewilligungshürden
Existenzgründer vor der Gründung	Betriebliche Investitionen	haftendes Eigenkapital	Businessplan
Unternehmensnachfolger	Betriebsausgaben	Nicht rückzahlbare Zuschüsse	Besondere persönliche Voraussetzungen
Freiberufler	Ausgaben für F+E	Darlehen mit besonderen Konditionen	Qualitative Auswahlkriterien, bspw. Innovationsgrad
Kleine Unternehmen	Ausgaben für Markteinführungen	Bürgschaften	Unternehmensrelevante Kriterien, bspw. Branche, Expansionsplanung
Dritte mit Einfluss auf Gründungen	Auftragsvorfinanzierungen	Vorfinanzierungen	Rechtliche Voraussetzungen, bspw. Rechtsform, Patente
Forschungseinrichtungen	Immaterielle Wirtschaftsgüter	Übernahme Kosten Dritter	Ansiedlungsort
Hochschulen	Beteiligungen		Wachstumsaussichten
	Coachingleistungen		
	Machbarkeitsstudien		
	Gründerstipendien		
	Qualifizierungen		

Abb. 11.3 Maßnahmenmix Beispiel „branchenbezogene Gründerförderung". (Quelle: eigene Darstellung)

Mit zunehmender Entwicklung der betriebswirtschaftlichen Komplexität geht auch die Notwendigkeit einer Erhöhung der Kreativität der Fördermaßnahmen einher. Wie im eben beschriebenen Beispiel ist es daher sinnvoll, die in Abb. 11.3 dargestellte Auflistung der Maßnahmen zu erweitern, vor allem aber zu verfeinern. Insofern kann auch ein Maßnahmenset zu möglichen Fördermaßnahmen in einem eigenen „morphologischen Kasten" (vgl. Kap. 4) analog der Entwicklung von Geschäftsideen kreativ fortentwickelt werden.

Im Ergebnis sollten sich in der fördernden Region tatsächlich mehr Gründungsunternehmen der bevorzugten Branche entwickeln, welche auch eine bessere Startposition im Markt haben als ohne entsprechende Fördermaßnahmen.

Damit dies so ist, sind mehrere Faktoren wichtig:
1. Die Fördermaßnahmen müssen an den speziellen betriebswirtschaftlichen Erfolgsfaktoren und/oder Engpässen der Gründungsteams in der fokussierten Branche ausrichtet werden (vgl. Abb. 11.2, Kap. 8 und 10 sowie gesamter vorliegender Text).
2. Die Fördermaßnahmen müssen tatsächliche Defizite der Gründerteams ausgleichen, sonst wären es nur Mitnahmeeffekte von Teams, die auch ohne Förderung erfolgreich gegründet hätten.
3. Die Gründerteams müssen außer den förderfokussierten Defiziten wettbewerbsfähig sein. Konkret sollten sie also die sonstigen Erfolgsfaktoren für Gründungen in der

jeweiligen Branche klar erfüllen (vgl. Abb. 11.2 und Kap. 8), sonst verpufft die Förderung wirkungslos und auch die geförderten Gründungen werden mit hoher Wahrscheinlichkeit scheitern.
4. Das wirtschaftliche, soziologische, kulturelle und entwicklungsmäßige Niveau der Region muss für eine Ansiedlung der fokussierten Branche passend sein. Wenn die makroökonomische Positionierung der Region weder das erforderliche Ausbildungsniveau von Fachkräften, noch die nötige Infrastruktur oder auch keine generelle Ansiedlungsattraktivität bereitstellen kann, brauchen die Förderverantwortlichen über konkrete betriebswirtschaftliche, und an den Erfolgsfaktoren der herbeigesehnten Branche ausgerichtete, Fördermaßnahmen nicht nachdenken, die Gelder werden nicht die intendierte Wirkung erreichen (vgl. Kap. 8 und 9). Sollten entsprechende makroökonomische Defizite der Region diagnostizierbar sein, so müssen den betriebswirtschaftlich ausgerichteten Fördermaßnahmen immer erst die Fördermaßnahmen zur generellen Wirtschafts- und Standortentwicklung der Region vorausgehen (vgl. Abb. 11.1).

Aus den fünf genannten Erfolgsfaktoren für Fördermaßnahmen lassen sich drei generelle Gestaltungsprinzipien für Fördermaßnahmen ableiten:

A. Es gilt ein **pyramidales System** für erfolgreiche Förderung: Allgemeine (makroökonomische) Maßnahmen müssen speziellen (betriebswirtschaftlichen) Maßnahmen vorausgehen oder diese flankieren (vgl. Abb. 11.1). Das eine Maßnahmenbündel kann das andere nicht ersetzen.
B. Es gilt ein **Wettbewerbsprinzip** für Förderung: Erfolgsrelevante Defizite können ausgeglichen werden, aber die Gründungsteams müssen ansonsten fit für den Wettbewerb sein. Wenn die gesamte Fördermittelverfügbarkeit die Absorptionsfähigkeit der Antragstellenden übersteigt, werden sich auch mehr und mehr geringer aussichtsreiche Gründungsteams bewerben mit dann entsprechend größeren Chancen auf Erhalt der Fördermittel. In gleichem Maße sinkt jedoch der Erfolgsbeitrag der Fördermittel. Grundsätzlich aussichtslose Gründungsteams können durch Förderung nicht plötzlich zu erfolgreichen Champions transformiert werden und dürften schließlich sehr wahrscheinlich trotz Förderung scheitern. Wenn aber die Fördermittelverfügbarkeit begrenzt ist und die Zahl der potenziellen Antragsteller deutlich größer ist als mögliche Förderzuteilungen, kann im Wettbewerbsverfahren eine Auswahl der Gründerteams vorgenommen werden. Die Mittel würden so an die aussichtsreichsten Projekte ausgerichtet mit dem Ziel, dort spezielle Defizite oder Engpässe zu lösen. Die erfolgsindizierenden Kriterien für eine Förderauswahl können dabei sehr einfach in den Bewilligungshürden für die Antragsteller definiert werden (vgl. Kap. 10).

Diese Bedingung bedeutet aber auch, dass es sinnlos erscheint, in einer Region nur spärlich vorhandene Branchengründungen zu fördern. Je weniger die makroökonomischen, kulturellen und standortmäßigen Voraussetzungen in einer Region für gewisse innovative oder spezielle Gründungen geeignet sind, desto geringer ist die Auswahl an potenziell zu fördernden Gründerteams und je geringer diese Auswahl, desto geringer die Förderwirkung und desto höher die Wahrscheinlichkeit eines Scheiterns der Gründungen trotz Förderung (vgl. oben). Um dieser Logik zu entfliehen, sei nochmals auf die Notwendigkeit einer Adjustierung von wirtschaftlichen Entwicklungsniveaus mit der jeweilig dazu passenden Gründerszene verwiesen. Wie in Kap. 10 dargestellt, wird es eben durch Fördermaßnahmen nicht gelingen, technische Innovationsgründungen in einsamen ländlichen Regionen zu entwickeln.

C. Es gilt ein **Individualprinzip** für Förderung: Da erfolgsfaktorenbezogene Defizite oder Realisierungsengpässe immer für jede Branche, für jedes Gründungsteam und für jede Gründungssituation andere sind, muss auch erfolgreiche Förderung für jedes Team anders sein. Wenn schon die oben dargestellte pyramidale und wettbewerbsorientierte Gründerförderung aktuell in vielen Förderbereichen bisher nur vereinzelte Umsetzung findet, so ist das Individualprinzip fast kaum zu erfüllen. Fördermaßnahmen erfordern – wie oben beschrieben – sowohl eine längere Planungszeit als auch eine sehr komplexe rechtliche Regulierung. Eine Maßnahmenauswahl vorzusehen, wo sich vielleicht jedes förderwürdige Gründungsteam sogar selbst aussuchen und zusammenstellen kann, was es benötigt, erscheint illusionär.

Jedoch wäre ein solches „Cafeteria-System" bezüglich gründungsbezogener Fördermaßnahmen außerordentlich wünschenswert. Bei möglicher zukünftiger Verwirklichung eines solchen Systems sollte in jedem Fall die Testung der in diesem Text beschriebenen Erfolgs-Hypothesen wissenschaftlich flankierend geprüft werden. Erst auf Basis dieser zukünftigen Erkenntnisse kann dann die bestmögliche Wirksamkeit von Fördermaßnahmen diskutiert und konzipiert werden.

Öffentlich-rechtlich denkende Förderdesigner orientieren sich zumeist an wissenschaftlich basierten Empfehlungen zur Gründerentwicklung. War es beispielsweise im Rahmen von Exist-IV die wissenschaftliche Evidenz zur Wirksamkeit des Themas „Gründerkultur", die in einen Hochschulwettbewerb um die besten Maßnahmenvorschläge zur Entwicklung einer gründerfreundlichen Kultur in Universitäten und Hochschulen mündete, so war es im November 2018 mit der Richtlinie „Exist-Potentiale" das wissenschaftlich aktualisierte und sehr relevante Thema gründungsförderlicher „Ökosysteme" – verstanden als regionale Vernetzung – als eines von drei Schwerpunktthemen, welches im Fokus stand. Diese Vorgehensweise ist grundsätzlich sicherlich empfehlenswert und auch durchaus erfolgreich, aber es lenkt ab von der eigentlichen Problematik der Zielkonsistenz der Förderung. Solche und andere Maßnahmen sollten in einem Verbund wahrgenommen und evaluiert werden, je nach Ausrichtung und Ebene der Förderdiskussion im Gründungsbereich.

Sofern mehrere Maßnahmen zur Erreichung der Förderziele denkbar sind, bietet sich eine priorisierende Prüfung und Auswahl der bestwirksamen Maßnahmen an.

Als Kriterien für die Maßnahmenauswahl kommen in Betracht:
- Grad des Beitrages der Fördermaßnahme zur positiven Entwicklung defizitärer betriebswirtschaftlicher Erfolgsfaktoren von Gründerteams (vgl. Kap. 10 und 11)

- Grad des Beitrages der Fördermaßnahme zum Ausgleich von Engpässen für die Realisierung von Gründungsprojekten (vgl. Kap. 10 und 11)
- Administrativer Prüfaufwand für die Durchführung der Fördermaßnahme
- Effektivität der Fördermaßnahme
- Mehrwirksamkeit der Maßnahme

Während die Kriterien der jeweiligen Erfolgsbeiträge der Maßnahmen bereits in den vorangegangenen Abschnitten sehr eingehend erläutert wurden, erfordern die übrigen Auswahlkriterien eine genauere Betrachtung.

Der administrative Prüfaufwand für die Durchführung der Fördermaßnahmen bezieht sich auf die direkten und indirekten Kosten für die jeweiligen operativen Dienstleister für die Maßnahmen. In vielen Bundesländern sind dies die Investitionsbanken oder qualifizierte Projektträger, die mit Geschäftsbesorgungsverträgen gegenüber den zuständigen finanzierenden Ministerien handlungsfähig gegenüber den Antragstellern und Fördernehmern positioniert werden. Der administrative Aufwand bezieht sich auf alle Phasen von der Konzeption der Richtlinie, der notwendigen Abstimmungen zwischen Ministerien und Geschäftsbesorger, der Antragsprüfung, der Bewilligung, der Auszahlung der Mittel, der Kontrolle der Durchführung inklusive Auswertung der Berichte der Fördernehmer, der Prüfung des Abschlusses der Maßnahme sowie der Verwendungsprüfung und der gesamten Dokumentation und Archivierung der förderrelevanten Unterlagen.

▶ Die **Effektivität** von Fördermaßnahmen ist das durch die Fördermaßnahme nach Durchführung aller Förderprojekte erreichte Ergebnis im Verhältnis zum eingesetzten Fördermittelaufwand.

Das erreichte Ergebnis der Fördermaßnahmen im Gründungsbereich wird dabei verstanden als Summe der staatlichen Steuereinnahmen aus der unternehmerischen Tätigkeit (welche ohne die Förderung ausgeblieben wären) nach Abschluss der Gründungsförderung sowie der regional wirksamen indirekten Steuereffekte durch Abgaben der jeweiligen Angestellten, des Steuerbeitrages durch Mehreinnahmen der Zulieferer und verbunder Dienstleister. Der Fördermittelaufwand wird dabei verstanden als Summe aus wirksam ausgereichen Fördermitteln und Kosten für die Fördermitteladministration (vgl. oben) (Abb. 11.4).

Die Mehrwirksamkeit von Fördermaßnahmen bezieht sich auf die Lösung mehrerer betriebswirtschaftlicher Defizitprobleme oder die Beseitigung mehrerer Engpässe durch eine Maßnahme. Je mehr Problembereiche eine Maßnahme lösen kann, desto höher ist ihre Mehrwirksamkeit und desto relevanter ist sie.

Die vorgestellte Priorisierung von Fördermaßnahmen entsprechend der vorgestellten Kriterien erscheint sinnvoll, jedoch ist sie in der Praxis nur rudimentär verbreitet. Zu komplex ist beispielsweise die Erfassung oder Prognose der Fördermitteleffektivität oder die genaue Wirksamkeitsanalyse von Maßnahmen. Üblicherweise beschränkt man sich in

11 Planung von Fördermaßnahmen im Gründerbereich

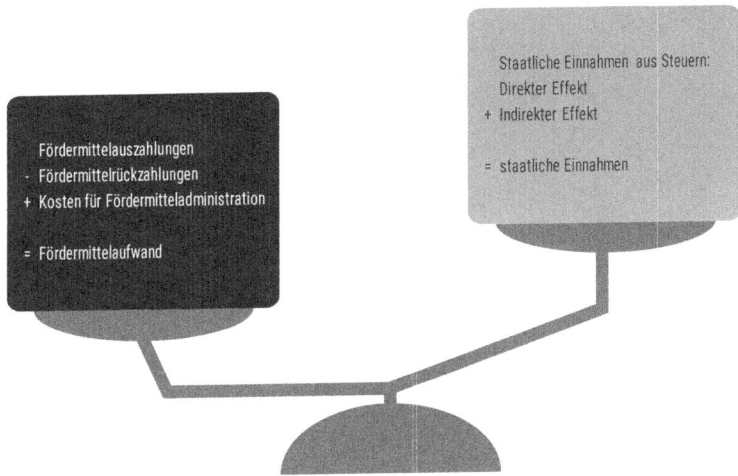

Abb. 11.4 Effektivität der Fördermittel. (Quelle: eigene Darstellung)

der Praxis auf argumentativ nachvollziehbare und vielleicht noch wissenschaftlich begründete Auflistungen von Förderzielen und ihrem intendierten wirtschaftspolitischen Ergebnis.

Kontrollfragen

1. Welche Fördermaßnahmen kommen infrage, wenn das Ziel die regionale Entwicklung durch Gründungsunternehmen ist?
2. Welche Fördermaßnahmen kommen infrage, wenn das Ziel die Ansiedlung spezieller junger Branchenunternehmer ist?
3. Welche 4 Faktoren sind für den Erfolg von Fördermaßnahmen auf betriebswirtschaftlicher Ebene wichtig?
4. Welche 3 Gestaltungsprinzipien gelten für gründungswirksame Förderprogrammentwicklung?
5. Wie kann die Effektivität von Fördermaßnahmen überprüft werden?

The manufacturer's authorised representative in the EU is Springer Nature Customer Service Centre GmbH, Europaplatz 3, 69115 Heidelberg, Germany. If you have any concerns regarding our products, please contact ProductSafety@springernature.com

Printed and bound by CPI Group (UK) Ltd, Croydon, CR0 4YY

25/03/2026

02078216-0014